笑出腹肌

的

中国史

⑤

藩镇割据——帝国覆亡

梁山微木

著

北京理工大学出版社
BEIJING INSTITUTE OF TECHNOLOGY PRESS

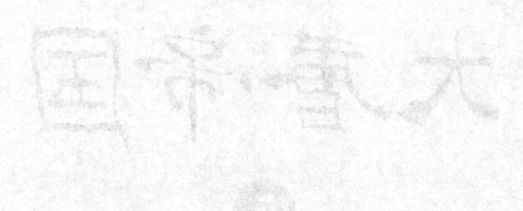

目 录

一百六十一　历史上的削藩，为何总是那么难

安史之乱以后，大唐的土地上诞生了九个实力比较雄厚的军阀：

汾州的仆固怀恩；西川的崔旰；山南东道的来瑱；淮西的李忠臣；淄青的侯希逸；卢龙的李怀仙；成德的李宝臣；魏博的田承嗣；昭义的薛嵩。

这九个军阀按照政治面貌又可以分为两派：

第一派，可以定性为"反动派"，代表藩镇是黄河以北的四个：

卢龙李怀仙、成德李宝臣、魏博田承嗣、昭义薛嵩，这四个人全部都是安史之乱的降将，从北向南依次控制着黄河以北地区。他们虽然挂着唐朝的大旗，但实际上就是独立的王国，税收、兵源、官吏任免全部由节度使说了算。

第二派，可以叫作"朝内右派"。

啥叫"右派"呢？就是和朝廷意见不同，不支持削藩的人。其代表有五个：

山南东道来瑱、汾州仆固怀恩、淮西李忠臣、淄青侯希逸、西川崔旰。

这些人除了崔旰以外，都是平定安史之乱的功臣。但是平叛胜利以后，他们没有经得起糖衣炮弹的考验，有的人养寇自重，有的人不愿交权，有的人割据

一方。

大唐这个大家庭，本来只有唐代宗李豫一家之主，现在突然冒出来了九个"爹"，李豫当然不高兴了。于是，李豫就准备削藩。

如何削藩呢？

要讲清楚这个问题，我们得先看一下，我国历史上最成功的案例：汉武帝削藩。然后再来对比一下李豫削藩，这样才能更加明白其中的成败得失。

汉武帝削藩被后世津津乐道的就是"推恩令"，即诸侯王去世之后，除了嫡长子继承王位以外，其他儿子也可以继承一部分土地成为列侯。如此重复下去，诸侯国就会越分越小，再也无力对抗中央。

很多人可能会觉得，推恩令就是汉武帝削藩成功的核心密码，以后的皇帝削藩，只要照抄就行了。

其实，这种想法是片面的。因为推恩令只是冰山一角，类似于秦始皇统一中国，他背后其实还有一个最关键的因素——"奋六世之余烈"。

西汉的削藩其实是从刘邦开始的。刘邦建汉之后，一共封了七个异姓王：燕王臧荼、赵王张敖、梁王彭越、韩王韩王信、楚王韩信、淮南王英布、长沙王吴芮。

随后八年，刘邦找各种借口，先后灭掉了六个异姓王，只留下最偏远、最低调的长沙王吴芮。

在这些异姓王的旧土上，刘邦又陆续分封了九个刘氏宗室子弟为诸侯王，并与群臣定下了白马之盟——"非刘氏而王者，天下共击之"。

汉文帝上台之后再接再厉，他采用贾谊的策略"众建诸侯而少其力"，把拥有七十座城池的齐国分为七个国家。

汉景帝登基之后继续努力，重用晁错进行削藩，结果爆发了七国之乱。但是，三个月后，七国之乱就被平定了，参加叛乱的七国，除了楚国以外，其余六国全部被废。

另外，汉景帝又借着战争余威，趁机收了其他诸侯国的核心权力。例如取消了诸侯王的官吏任免权、征收赋税权，而且诸侯王不得继续治理封国，必须由皇帝派去的官员治理。

经过这么一番折腾，诸侯国基本上已经名存实亡，失去了和中央对抗的实力。而此时，距离刘邦削藩已经过去五十年了。

又过了二十七年，汉武帝才颁布推恩令，彻底解决了诸侯割据的问题。

试想一下，如果没有前三代人（吕后不算）连续几十年的艰苦奋斗，使中央的实力大大加强，把异姓王变成刘姓王，把大诸侯变成小诸侯，把叛乱者全部干翻在地，汉武帝的推恩令，会有人听吗？

肯定不会，他们不但不会听，还会给汉武帝戴上一顶不遵祖制的大帽子。因为他们不是傻子。

所以，汉武帝的推恩令，其实不是一拍脑袋就灵光乍现的天才想法，而是奋三世之余烈的水到渠成。不是一场一决生死的擂台比武，而是一场需要几代人付出所有努力的接力比拼，而且这几代人中，只要有一代人稍不努力，就将功败垂成。

削藩也不是念两本厚黑秘籍，使用一点阴谋诡计，就可出现以小博大的奇迹；而是筚路蓝缕，披荆斩棘，一步一个脚印，几代天选之子优秀输出，慢慢地拉拢天下人心，增强中央的基本盘，让中央拥有绝对的政治优势、经济优势和军事优势。

削藩最难的地方就在这里，它不仅要求皇帝自己兢兢业业如履薄冰，而且还要求儿子、孙子连续几代同样优秀，而后代优秀与否，大概率得靠运气。

这就跟我们做人一样，想要成为人上人，不是把其他人变得更弱，而是让自己变得更强。不是寒窗十年就能一飞冲天，而是奋斗三代才能有所作为。

回到唐朝，我们来看一下唐代宗李豫当时所拥有的基本盘吧。

政治上，李豫虽然是合法的天子，但是，在安史之乱即将被平定的时候，他才登基几个月，无论是威望还是对朝堂的把控能力，都远不如他爹。更何况，他爹也不行，经过安史之乱，李唐皇室的威望已经跌落了神坛。

经济上，富有的江南虽然还在李唐的手中，但是经过安史之乱，唐朝人口从五千二百万，变成了一千三百多万（不是死了三千九百万，而是很多人口被藏匿了），纳税人口急剧减少，社会经济万般萧条，国库已经极为空虚。

例如李豫为了安抚回纥，给了十万匹帛，国库就空了，最后只好克扣了百官的工资，才凑够给回纥的赏钱。

军事上，和汉初的中央相比，李豫这时候就是一个三岁小孩。刘邦灭六个异姓王的时候，人家是从尸山血海中拼出来的天下第二（第一韩信被计擒），自带赫赫军功，谁见了都得两腿发软。

汉景帝平七国之乱的时候，人家有一支长年和匈奴作战的中央军，而且诛杀晁错之后又得到整个军功集团的支持，而叛军那边则是一帮承平日久、一触即溃的二流子，根本不是中央军的对手。

反观唐代宗李豫，这时候他能直接控制的军队，只有757年李亨重新组建的久疏战阵的北牙六军，总兵力估计有三万左右。而未来大唐的顶梁柱神策军，此时只有几千人。

也就是说中央军加起来，还不如一个藩镇的多。至于战斗力嘛，更不能和那些在安史之乱中拼杀出来的藩镇士兵相提并论。

将领方面，名将郭子仪被李亨、李豫父子又一次夺了兵权，正坐在家里面含饴弄孙；名将李光弼坐镇于临淮（今江苏盱眙），虽然仍忠于朝廷，但是他也在观望，不愿意立刻回到中央。

所以，李豫是既无兵，也无将，自己又没有军事才能，妥妥的"三无产品"。

但是李豫并不这么想，他从小接受的教育，都是太平天子的牧民之术，至于怎么做一个乱世皇帝，爷爷李隆基没学过，父亲李亨没教过，他自然也不懂。

所以在他看来，基本盘不牢靠无所谓，枪杆子不在自己手里无所谓，他依然能够运用各种帝王之术，逐渐地控制这些藩镇。

他准备灭的第一个藩镇将领叫作来瑱，时任山南东道节度使。

山南就是华山、终南山以南的意思，山南东道主要管辖如今的湖北长江以北、河南西南部及重庆东部的万州地区，治所在湖北襄阳。

来瑱，我们之前介绍过，出身于将门世家，从小就智谋超群，精通骑射，善于用兵。

安史之乱爆发时，他和郭子仪一样正在家里守孝。听到朝廷的调令，他立刻赶往了颍川抵御叛军。由于他作战勇猛，善于用计，因此被叛军送了一个外号"来嚼铁"。后来，他又参与平定了李璘的"叛乱"，平定了襄州将领的叛乱，因此被任命为山南东道十州节度使。

762年年初，唐肃宗李亨在驾崩前四个月，为了打击藩镇势力，曾经给来瑱写过一封诏书，表示想让他来长安。

来瑱虽知道李亨是在忽悠自己，但是他又不敢直接违抗命令，只好暗示自己的手下，让他们上表李亨挽留自己。

看到来瑱与手下人演的双簧，李亨虽很生气，可是也没办法，只好同意了他们的请求。

但从此以后，李亨就产生了得不到就毁掉的念头。

而这时，来瑱的行军司马裴奰（bì），敏锐地察觉到了皇帝的态度，想趁机拍一下龙屁。

于是，裴奰赶紧秘密上表李亨，表示自己可以沿江而下偷袭襄阳，除掉来瑱。

李亨大喜过望，当即封了裴冕一大堆官职，并催促他赶紧动手。但是，裴冕还没有出发，李亨就驾崩了。这件事，只好按了暂停键。

李豫登基之后，继续贯彻他爹李亨的政策，而且做得还更加阴险。

他下了一道诏令说："来瑱，你去淮西当节度使吧。"

当时的淮西节度使叫作李忠臣（原名董秦），安史之乱刚爆发的时候这位老哥挺忠心，但这时候他和来瑱一样，已经不愿意听从中央的命令了。

现在让来瑱去淮西，很明显就是驱虎吞狼，一箭双雕嘛。

来瑱又不是傻子，只好故伎重施，让手下的将领们继续上书挽留自己。

一计不成，李豫只好又启动他爹制定的计划，密令裴冕抓紧时间去攻打来瑱。

当年六月，裴冕经过很不充分的准备，率领两千名精兵就朝襄阳杀了过去。

开打之前，两人还争执了一番。

裴冕说："你不奉皇上的命令，皇上让我来打你。你看，这是皇上的诏书。"

来瑱说："你可拉倒吧，你那诏书是假的，这是皇上给我的诏书，他一直很看重我，还说是我的真命天子。"

两人争执不下，一声令下，就打上了。

结果可想而知，叛军在"来嚼铁"面前都能被嚼碎，更何况裴冕了。还没打两个小时，裴冕就被来瑱活捉，并被押送到了长安。

李豫一下子尴尬到了极点，刚当上皇帝两个月，给你密诏打来瑱，你竟然把它公布出来，真是丢人丢到家了。

但他不愧出身于德艺双馨的"甩锅"世家，转过身就当众表示，自己从来没有给裴冕下过密诏，完全是他假传圣旨，然后就杀了裴冕祭天。

本来想捏一个软柿子，没承想，上去就碰到了一块铁，李豫的郁闷可想而知。

但就在李豫越来越郁闷的时候，事情突然出现了转机。

来瑱不愿意去中央，但他更不愿意造反，原因有三：

第一，他们家世受皇恩，都是忠臣，名声不能毁在自己的手里。

第二，论单挑，自己谁也不怵，但是群殴就不行了。如果中央叫上一群人来揍自己，自己肯定扛不住。

第三，如果自己听从皇帝的诏令去了中央，李豫肯定不会杀自己，还会给自己高官厚禄，把自己当作所有节度使的榜样去宣传。因为这时候安史之乱还没有被平定，还有很多军阀需要安抚，杀自己有百害而无一利。

于是，来瑱思虑再三之后，便于762年八月孤身一人回到了长安。

飞走的鸭子又回来了，李豫欣喜若狂，立刻把来瑱提拔为兵部尚书、同中书门下平章事（宰相），另外，还让他继续担任山南东道节度使，只不过人需要留在京城而已。

事情发展到这里，应该说李豫赌赢了。

一条阴谋诡计便搞定了一个封疆大吏，还为其他藩镇树立了一个模范典型，其意义比花了两块钱中了两个一等奖还要伟大。

不过很可惜，人性的弱点千百年来都一样：凭运气赚的钱，终究还是会凭实力亏回去。

李豫这时候还没有经历过大风大浪，根本没有培养出驾驭这些财富的能力。

四个月之后，即763年一月，安史之乱还差几天被平定，李豫就把来瑱给杀了，并没收了他的家产。

表面上的原因是，太监程元振、右羽林将军王仲升等人诬陷来瑱，说他私下对李豫不恭，李豫这才大怒不已将其杀害。但实际上的原因，所有人都知道，李豫就是过河拆桥，卸磨杀驴。

狡兔还没死，走狗就被烹，而且还被端上了八人桌。这对于那些手握重兵的节度使来说，是无法忍受的。

来瑱死后，他的手下立刻在襄阳展开了火并。最后，右兵马使梁崇义杀掉了其他竞争对手，自立为山南东道节度使，并上书要求李豫为来瑱改葬，修建祠堂。

李豫想去揍梁崇义，但看了看手下的那点兵力，这才意识到，原来削藩并不是像他想的那么简单，原来一切阴谋诡计的背后还需要实力去背书。

被逼无奈，李豫只好同意了梁崇义的全部请求。直到十几年之后李豫驾崩，他也没有能够染指襄阳一步。

这还不是最可悲的事情，最可悲的是李豫一下子便失去了几乎所有藩镇的支持。

几个月后，一场巨大的危机，便朝李豫压了过来，让本就威严扫地的李唐皇室，差一点复制了东汉末年流落街头的汉室朝廷的悲剧。

一百六十二　风云再起，仆固怀恩要造反

整死来瑱二十天之后，历时八年的安史之乱终于被平定了。

在双喜临门的刺激下，唐代宗李豫相当地高兴，他立刻往自己脸上贴了一块金——上尊号为：宝应元圣文武孝皇帝（元圣的意思是大圣人）。

随后，他大宴群臣，大赦天下，改年号为广德。

就在李豫一边奏乐一边舞的时候，大唐的北京太原，突然传来了一封八百里加急奏疏：仆固怀恩外交回纥，内树四帅（卢龙、成德、魏博、昭义），必有窥视河东、泽潞之志。

上书的人是河东节度使辛云京，以及泽潞节度使（上党地区）李抱玉。

他们两人都是战功赫赫的大将，在平定安史之乱的时候，立下过大功。

河朔三镇之一的成德节度使李宝臣（控制河北中部），最开始投降的人是辛云京。薛仁贵的孙子昭义军薛嵩（控制山西、河北部分地区），最开始投降的人是李抱玉。

辛云京和李抱玉正准备派人去整编这些叛军，但是仆固怀恩突然下令，要求

叛军将领全部官复原职，继续管理原有的地盘。

眼看煮熟的鸭子飞了，辛云京和李抱玉大为恼火，开始四处搜集仆固怀恩养寇自重的证据。

不久之后，李抱玉就从回纥兵的口中，得知了比较可靠的情报（具体是啥，史书没记载）。因此，就有了上文中他们写给李豫的奏疏。

但是李豫还没来得及批示，仆固怀恩为自己鸣冤的奏疏也送到了京城。

原来安史之乱被平定之后，仆固怀恩奉命给回纥可汗送行，他们走到哪里，就吃到哪里，甚至还抢到哪里，干了很多违法乱纪的事情。

但是，等他们一行到达太原的时候，辛云京因为害怕他们造反，便紧闭了太原城门。

仆固怀恩因此大怒不已，我吃你，你竟然还不让？随后，他就反咬一口，表示自己忠心耿耿、日月可鉴，如今却被奸人诬陷谋反，李豫一定要替自己做主。

遇到这种事，最好的办法其实就是和稀泥。

派一个人去安抚辛云京、李抱玉，夸他们很敬业，可以继续私下提防，随时汇报。

再派一个人去安抚仆固怀恩，表示自己绝对没有疑心，甚至还可以再提拔他一下。

因为这个时候李豫谁也得罪不起。批评仆固怀恩，他肯定要造反；批评辛云京和李抱玉，不仅会寒了忠臣们的心，搞不好这两人也会造反。

但是李豫在杀了来瑱之后，自信心已经相当地爆棚了，他竟然对仆固怀恩的奏疏置之不理。

领导故意不理你是什么意思？

要么看不起你，要么不信任你，要么想刁难你，要么三者都有，反正是一个很不好的信号。

本来就做贼心虚的仆固怀恩，被这么一搞，就更加地惶恐不安了。

更悲摧的是，这时候一个叫骆奉仙的太监，恰好奉命出使太原，在回京的路上，恰好又和仆固怀恩闹了一场大误会。

骆奉仙本来是仆固怀恩的拜把子兄弟，但这家伙一直以来只遵奉一个原则：兄弟就是拿来卖的。

听辛云京说仆固怀恩要谋反，骆奉仙大吃一惊，赶紧回京汇报情况。

但是，走到半路的时候，他的智商又突然在线了，觉得不能只听原告的一面之词，也得问问被告怎么说。于是，他又拐到了汾州。

仆固怀恩见好兄弟来了，赶紧大摆宴席招待，希望好兄弟能够在皇帝面前为自己美言几句。

酒过三巡，菜过五味，双方在友好的气氛中，就共同关心的问题深入交换了意见，达成了广泛的共识。

可是，就在两人越聊越投机的时候，仆固怀恩他妈突然开玩笑似的来了一句："你和我儿子的关系这么好，前几天咋就和辛云京搞到了一起？以后可不能两面三刀哦！"

当着别人面，骂别人两面三刀，这谁能受得了，当妈的又怎样？更何况骆奉仙本来就不是什么君子，听他妈这么一说，脸色迅速就沉了下来。

仆固怀恩也吓了一跳，严重怀疑老爹是被老娘这张嘴给喷死的。他赶紧站起身来，扭动着粗胖的身体，跳了一支舞蹈，试图缓解尴尬的气氛。

骆奉仙身在屋檐下，不得不低头，只好皮笑肉不笑地应付了一下，又按照礼节送给了仆固怀恩一些缠头彩（唐朝习俗，刚开始类似于小费，是艺人的经济来源。后来演变成了礼节，不管谁跳舞，观赏者都得还礼，没有歧视的意思）。

看到兄弟还没有消气，仆固怀恩跳完舞后，又拉着骆奉仙的手说道："明天就是端午节，你可不能走，咱们兄弟俩必须再高高兴兴地喝一天。"

　　骆奉仙怎么可能愿意留下，心想今天被他妈损了一通，谁知道明天他爸会不会从地底下爬出来揍自己一顿。所以，他坚决推辞，一定要走。

　　仆固怀恩执意要留骆奉仙再住一晚，为了防止兄弟偷偷跑掉，他还把骆奉仙的马给藏了起来。

　　当天晚上，骆奉仙正准备开溜，走到马厩里一看，马竟然没了，顿时心就提到嗓子眼儿，还以为仆固怀恩要趁着月黑风高插兄弟两刀。于是，他双腿一蹬，伸手一钩，跐溜一下，翻过院墙，就开始往京城的方向一路狂飙。

　　第二天，仆固怀恩醒了以后，看见兄弟没了，不由得大吃一惊，这才意识到自己闯下了大祸，赶紧骑着马去追骆奉仙。

　　一个太监，跑得能有多快？所以，没过多久，仆固怀恩就追上了骆奉仙，把马还给了他，并且又是解释，又是道歉，希望骆奉仙千万不要误会。

　　但是结仇容易化仇难，骆奉仙到了京城以后，就添油加醋地把仆固怀恩如何准备造反，如何准备刺杀自己的事情禀报给了李豫。

　　仆固怀恩听说以后，赶紧把整件事情的前因后果写了下来，汇报给了李豫。

　　李豫一看，搞不好仆固怀恩真要反啊。直到这个时候，他才想起来和稀泥，表示他们两派都是好臣子，谁也不追究，让他们赶紧和解。

　　可是，为时已晚了。双方的矛盾已经不可化解，仆固怀恩对朝廷的戒心已经达到了顶点，他又给李豫上了一道奏疏，变着花样罗列自己的功劳，并把李豫登基以来的种种错误，罗列了一个遍。原文较长，我们就只列出以下几条最关键的信息：

　　臣有六宗罪。先帝在的时候，臣替先帝平定了同罗的叛乱，这是第一宗罪。

　　臣的儿子仆固玢被敌军所俘，趁机逃了回来，我杀了他，以严肃军纪，这是第二宗罪。

　　臣有两个女儿，全部嫁给了夷狄（回纥），为国家和亲，消除边患，这是第三宗罪。

臣和儿子仆固玚，不顾个人安危替国家效命，我们全家战死了四十六个人，这是第四宗罪。

河北刚刚平定，节度使掌握兵权，我为了安抚他们，才让他们官复原职，这是第五宗罪。

臣劝回纥前来帮助国家平叛，叛乱被平定以后，臣又送他们出境，这是第六宗罪。

臣有六罪，确实应该万死，又有什么好申诉的呢？

来瑱被杀，朝廷甚至都没有说他犯了什么罪，我很想回朝侍奉皇上，可是我敢回去吗？最近我听说，皇上下诏让几个节度使回朝，但他们全都没有回去。为啥呢？因为他们害怕被朝中宦官杀害啊。

臣前后两次上报，太监骆奉仙是个奸人，所陈述的事情全部都是事实，可是陛下居然没有处置，还对他信任有加。

臣听说朝中大事，陛下只和骠骑将军（太监程元振）商量，从来不交给宰相们处置。有时候，还会扣留几个节度使派往朝廷的使者，几个月也不放人，节度使和将士们怎么会不猜忌？

朔方军是中兴大业的主导力量，也是陛下当兵马大元帅时候的旧部。陛下却没有给他们优待，竟然还听信小人的谗言。郭子仪以前受小人的猜忌被夺兵权，臣现在又要被人陷害。古语说"飞鸟尽，良弓藏"，确实不假啊。

如果陛下不接受臣的言论，仍然一大堆毛病不改，臣保不住性命，陛下又怎么安定国家？忠言逆耳，希望陛下能够好好考虑考虑（赤裸裸地对李豫发出了死亡威胁，真性情）。

臣想回朝廷，但是害怕将士们不让我回。我现在就找借口去绛州（今新绛县）出巡，请陛下派一个使者到绛州来看我，我到时候和使者一起回京。

仆固怀恩的这份奏疏，有可信的地方，例如李豫的几个缺点，重用太监、乱杀功臣全部都是事实，让人看罢非常解气，这样的皇帝活该被骂。

但也有不可信的地方，例如他有多么忠诚，让河北四个节度使官复原职是为了大局着想，等等。

李豫看完奏疏之后，非常地生气，气自己不该杀了来瑱，也气仆固怀恩不给自己丝毫面子。可是，他又拿仆固怀恩没有一点办法，只好按照对方所说，派了一名使者去绛州劝仆固怀恩回朝。

让皇帝派使者去绛州，本来就是仆固怀恩的拖延之计。因为这个时候他已经和回纥在商量造反的事情了，为了防止事情败露，他还把唐代宗李豫派往回纥的御史大夫扣了下来。

所以，等使者到了绛州，仆固怀恩就和部将上演了一出双簧，自己装作要回朝廷，但手下人却跟亲爹要死了一样，就是不允许。

朝廷的使者也不是傻子，看到他如此忽悠自己，转过身就又回到了朝廷。

李豫大怒不已，自己才是骗子王，现在竟然有人敢骗自己！于是，他准备对仆固怀恩采取进一步的行动。

但就在此时，突然传来了一条爆炸性的战报：吐蕃的二十多万大军，已经杀到了距离长安只有一百里的奉天（今陕西乾县）。

原来几个月之前，吐蕃大军就已经朝唐朝杀了过来，边境将士也在第一时间向朝廷汇报了军情。

但是，太监程元振觉得这件事并不严重，竟然私下里把这些战报全部压了下来。直到吐蕃打到了家门口，事情彻底瞒不住了，他才报告给了李豫。

李豫顿时吓得满头大汗，放眼四周，只有一年多以前被他削去兵权的郭子仪可以用一下。于是，他赶紧靦着脸，把郭子仪请了出来，任命他为副元帅，去守卫长安的西大门咸阳。

安史之乱爆发的时候，郭子仪正在家里守孝，李隆基将其夺情，任命他为朔方节度使，以弱抵强，进攻叛军。

李亨在灵武登基称帝的时候，郭子仪正在河北连战连捷，把史思明打得窝在城中不敢迎战。结果李亨的一纸诏书送到前线，他二话不说，放弃大好局面，回到了朔方勤王。

经过几年的呕心沥血，他抱着必死的决心，终于率领大军收复了长安和洛阳，挽救大唐于水火之中。结果李亨怕他功高盖主，派太监鱼朝恩协调诸军，导致邺城大败。

此后，李亨竟然以邺城大败为由，将其雪藏了整整三年。

三年之后，因为李亨的错误，河东连续发生了三起兵变，以至于无人能平。李亨这才又想起了郭子仪，任命他为军兵马副元帅，晋封汾阳郡王，前去镇抚诸军。

郭子仪不计前嫌，立刻奉命而行，冒着极大的风险，赶赴河东，终于平息了兵变。但是，兵变刚刚平息，李豫就又一次夺了他的兵权。

如今二十万大军已经杀到了家门口，李豫才又一次想起郭子仪。

最冷不过人心，最凉不过人性。李唐皇室，祖孙三代，何其薄情，何其寡义，何其无耻，完全把郭子仪当成了一次性产品，用完就扔。

可是，郭子仪接到诏书之后，依旧和前几次一样，常思奋不顾身，而殉国家之急，仅仅率领二十名骑兵，便朝着咸阳狂奔而去……

一百六十三　六十九岁郭子仪，猛得无边又无际

763年十月二日，郭子仪带领二十名骑兵到达咸阳之后，发现情况比自己想象的严重太多。吐蕃的二十万大军在几十里的大路上密密麻麻，高歌猛进，其先头部队已经渡过渭水，距离咸阳不过八十里地。

于是，郭子仪急忙派出使者到朝中禀报情况，希望李豫赶紧给他增派援军。

但是，使者到了长安之后才发现，根本见不到皇帝。因为太监程元振统领着北牙六军（禁军），而他又不想交出兵权，所以根本不让使者去见李豫。

孤立无援的郭子仪，为了迟滞吐蕃大军的进攻，只好让渭北行营兵马使吕月，带领两千精兵前去阻击敌军。

两千抵二十万，根本就是以卵击石。但是吕月依旧打得十分勇猛，数次打退了敌军的进攻。终因寡不敌众，两天之后，两千名唐军全部英勇战死，吕月被俘。

李豫听说前方战事失利，吓得魂不附体、两腿发软，不知如何是好。第二天早上（十月七日），辗转反侧了一个晚上的李豫，终于下定了决心——做人要有

底线，在性命和尊严面前，必须选择性命！

于是，在没有通知前方战士，也没有通知大多数在京官员的情况下，李豫竟然带着少数禁军以及宫女、太监，向着陕州（今河南三门峡）疯狂地逃窜而去。

正准备坚守咸阳的郭子仪听说以后，大吃一惊，急忙从咸阳狂奔回长安，准备召集剩下的北牙六军，和吐蕃军进行周旋。

但是到达长安之后，他惊讶地发现北牙六军已经全部作鸟兽散了。

更让人气愤的是，禁军中一个叫王献忠的将军，本来是跟着李豫一起跑的，结果跑到半路，这位老哥又带着四百多名骑兵跑回了长安，正准备拥护丰王李珙（李隆基第二十六子）自立为帝，并向西迎接吐蕃大军入城。

郭子仪看到这帮乱军，立刻下令挡住他们的去路。王献忠正准备发火，但是抬头一看是郭子仪，吓得急忙跳下了战马，拱手拜道："皇上已经东逃，社稷无主，令公作为元帅，废立全凭您一句话。"

郭子仪冷冷地看着他，正在思索该如何回答。没想到，丰王李珙竟然着急了，上前逼问郭子仪："你为什么不说话？"

国难之际，别人不思报国也就罢了，你作为王爷，竟然也要另立朝廷？郭子仪听完大怒不已，将他狠狠地训斥了一顿，并派兵把他送到了李豫的行在，不久之后，李豫将其处死。

搞定了内乱，郭子仪看到京城已经无兵可用，只好又退出了长安，并派人四处打听北牙六军的下落。

十月九日，吐蕃大军兵不血刃占领了长安，对城中百姓进行了惨无人道的烧杀抢掠，并把李治的重孙李承宏立为皇帝，改设年号，任命百官。

安全到达陕州的李豫，听说长安已经被吐蕃攻占，终于想起了被他丢在后面的郭子仪。于是，他赶紧下令，让郭子仪前往陕州护驾，以免吐蕃大军突破潼关，向东进攻。

这是一道极其愚蠢，甚至可以说关系到大唐存亡的命令。

安史之乱的时候，唐朝把西域的主力调到中原平叛，为了抵御吐蕃的进攻，在河西、北庭、安西三地，建立了三道统一联防体系。

虽然这八年之中，西部的唐军在极其弱势的情况下，依然抵挡住了吐蕃的一次又一次入侵，但是，凤翔（今陕西宝鸡）、泾州（今宁夏泾源）、灵州（今宁夏灵武）以西的数十万平方公里土地，依然落入了吐蕃的手中。大唐大概以如今的兰州为界，被切为了东西两半。

如此一来，唐、吐的边境，距离长安不过四百里地，以至于吐蕃特别容易打到长安城下。吐蕃此次进军，是从泾州、邠州（今陕西彬县）一线打到的长安，而西边的凤翔还在唐朝的手中。

假如郭子仪听从李豫的命令，真的跑到了陕州，那些本来还准备抵抗的关中唐军，便会失去主心骨，大概率会一触即溃，这就等于把整个关中，甚至加上西域主动让给了吐蕃。

假如失去了关中，那么唐朝大概率要提前一百多年灭亡，因为此时唐朝的基本盘只有关中。把基本盘都丢了，那些本就拥兵自重的节度使，必然会像东汉末年一样，瞬间把大唐撕得四分五裂。

相反，如果郭子仪留在关中坚持抗战，则可以利用他巨大的号召力，调动依旧效忠于中央的关中诸军。

吐蕃军知道郭子仪的威名，看到他为主帅，心里肯定要发怵。再加上他们的后路随时会被凤翔的唐军切断，所以，他们必然不敢在长安久留。

作为当时最优秀的政治家、军事家，郭子仪自然知道关中的重要性，以及战争的可能走向。

所以，他果断地拒绝了李豫的命令，并表示："臣不收京城，无以见陛下。若出兵蓝田，虏必不敢东向。"

蓝田，在长安的东南方向。郭子仪之所以说出兵蓝田，是因为他刚刚得到情报，北牙六军的那帮逃兵已经窜到了商州（今陕西商洛，在蓝田东南），正在趁乱抢劫那里的老百姓。

听说这些逃兵和敌军一个德行，郭子仪也顾不得生气，急忙派人去召集他们，并给驻守在武关的唐军下令，让他们火速赶往商州。

在郭子仪巨大威望的号召之下，一周之内，商州便聚拢了四千多名精兵，虽然远远少于吐蕃的二十万大军，但是郭子仪已经想好了退敌之策。

他派了一千多名士兵，带着大量的旌旗和战鼓，跑到长安的周围，白天敲鼓插旗，晚上到处点火，让吐蕃军误以为唐朝勤王的部队，已经从四面八方赶到了长安。

另外，他又派了几百人混到长安城中，一到晚上就大喊大叫，到处宣扬郭令公已经率领几十万大军从商州杀过来了。

而这时，长安北边三百里的鄜（fū）坊（今陕西富县）节度使白孝德，以及判官段秀实，已经率领勤王部队，由北向南朝长安杀了过去。

正如郭子仪之前所料，吐蕃军被郭子仪、白孝德、段秀实这么一吓，顿时就慌了手脚，害怕后路被唐军切断，便于十月二十一日带着抢来的大量金银珠宝，主动撤出长安，回到了青藏高原。

至此，被吐蕃占领了十二天的长安城，终于又回到大唐的怀抱。

虽然这一次战争的规模不是很大，虽然吐蕃占领长安的时间并不长，但是这件事给唐朝的政坛，带来了极坏的影响。

它让本就残破不堪的关中，变得更加贫弱，进一步削弱了大唐中央的力量。

它把李唐皇室的威严，直接从地上扫到了地下，并且又踩上了三脚。

它让那些本就拥兵自重的节度使，更加不把中央放在了眼里。

吐蕃打到长安的时候，李豫曾向四方八面发去勤王令，但是除了关中一带的极个别节度使有所动静以外，全国各地的其他节度使全都按兵不动、作壁上观，其中就包括本来对唐朝还有点忠心的李光弼，以及本来就准备造反的仆固怀恩。

郭子仪收复长安之后，唐代宗李豫想测试一下李光弼是否依然忠心，便下了一道诏书，让他从徐州赶往洛阳，担任东都留守。

但是李光弼拒不奉命，并表示自己根本没有收到诏书。另外，江淮地区的租赋，也被李光弼给扣了下来，用于自己军队的开销。

幸运的是，李光弼的手下，并不想跟着他和朝廷对抗。于是，这些人对李光弼的态度越来越差。

而李光弼这个人吧，又特别的矛盾。面对手下人的不恭，一向杀伐决断的他却陷入了犹豫之中，因为他既不愿意背上造反的骂名，又不想丢掉兵权，听从中央。

在这种极其纠结的心理作用下，几个月后，李光弼竟然郁闷得生病了，而且越郁闷越病，越病越郁闷，第二年的七月，他竟然郁闷死了，享年五十七岁。

一代叱咤风云、战功赫赫的名将，最后竟然落了这么一个憋屈的下场。

前期他出备长城，入扶大厦，平贼之功，高于诸将，本可以树模范于后世。晚年他却拥兵不朝，以至于名不全、节微亏，怀恨而卒，实在让人扼腕叹息。

究其原因，虽有李唐皇室刻薄寡恩的责任，但主要在于他的政治觉悟低，远没有郭子仪的远见。

郭子仪能屈能伸，能忍常人所不能忍。自己带出来的军队，却被别人夺取了军权；自己创建的大好局面，却被别人毁于一旦。但是他依旧忠心不二，不计前嫌，数次挽狂澜于既倒，扶大厦于将倾。

而李光弼虽然才华出众，但性格刚直，野心也不小。手握重兵便不想服从中央，往轻了说，他是名不全，节微亏。往重了说，那就是不忠。不过，毕竟他没有造反，所以，总体来说，他依旧是不可多得的名将、大唐中兴的功臣。

与李光弼相比，仆固怀恩则毫无疑问，就是一个叛变者了，因为他于吐蕃攻入长安后的三个月，即764年一月，直接举兵反了。

在仆固怀恩看来，自己是和郭子仪、李光弼齐名的军事奇才，手下这群兵又是历经百战的朔方军，在自己的带领下，一定能够顺利地打下整个河东（今山西），甚至整个天下。

但仆固怀恩显然忘了考虑战争中最重要的因素——人心。

战场之上，统帅的指挥才能、武器的装备情况、兵力的强弱多寡固然重要，但人心的向背才是决定战争胜负的因素。

正义的战争，虽然开始时力量会比较弱小，甚至会遭受重大的失败和挫折，但是人心所向，只要得到老百姓的支持，就能够不断地发展壮大，愈战愈强，直至取得最后的胜利。

而非正义战争，也许刚开始力量会比较强大，但是人心背离，只要假以时日，最终必将以失败而告终。

河东是大唐的龙兴之地，河东裴氏世世代代在朝担任宰相一类的高官，太原王氏世世代代与李唐皇室和亲。当年李渊起兵时，还在河东搞过一次规模浩大的"官员大促销"活动，几万个平民百姓，被委以官职，他们的子孙还都记着大唐的好呢。

另外，安史之乱已经乱了八年，天下生灵涂炭，民不聊生，百姓们都期望着和平，不愿意再打了，谁又会跟着你仆固怀恩造反呢？

更何况，你手下的那群朔方兵，可是郭子仪带出来的啊，甚至包括你，也是郭子仪带出来的！

所以，仆固怀恩刚起兵造反，就遭到了四方八面的暴击。

仆固怀恩先用重金收买了河东都知兵马使李竭诚，希望李竭诚能够刺杀河东节度使辛云京，秘密夺取太原。但是，辛云京早就料到了这一手，还没等李竭诚起兵，就把他给反杀了。

仆固怀恩又派儿子仆固玚领军攻打太原，结果，辛云京亲率官军出城迎战，一战就把仆固玚打得大败而逃。

看到太原攻不下来，仆固怀恩又想搞农村包围城市，派儿子仆固玚去攻打太原周边榆次，但是打了十几天城墙也没有摸着。

朔方军本来就不想跟着仆固怀恩造反，经过这两番挫折，他们便直接反了，杀掉了仆固玚，投降了唐军。

而这时，刚刚被任命为朔方大使的郭子仪，已经率领平叛大军到达了河中（今永济）。

儿子死了，老领导又来了，刚刚还意气风发的仆固怀恩，顿时被吓得魂飞魄散，赶紧跑回家里，拽着他妈就准备跑路。

但是，他妈不但不走，还大声骂道："老娘不让你反，你偏反，今天老娘就要为国家宰了你这个反贼，挖你的心，以谢三军。"

仆固怀恩一看，差点吓死，又赶紧丢下他老娘，带了三百多名亲兵，向西狂奔一千多里，跑到了朔方军的老家灵州（今宁夏灵武）。

在这里，仆固怀恩休整了几个月。当年八月，他又带着回纥与吐蕃的十万大军，连续冲破泾州、邠州防线，向着长安杀了过去。

李豫急忙命令郭子仪率军前往距离长安仅有两百里的奉天（今陕西乾县）进行抵抗。十月，双方在李治和武则天坟头（乾陵）的南边摆开阵势，准备来一场大决战。

唐军几个将领觉得，仆固怀恩千里行军，必然疲惫不堪，完全可以趁他立脚未稳，给以迎头痛击。

但是，郭子仪却否定了这个方案，他认为仆固怀恩深入唐境，就是想速战速决。如果自己坚守不出，仆固怀恩肯定会认为自己胆怯，必来偷袭自己。到时候就可以趁其不备，踹他一脚。相反，如果匆匆应战，万一不胜，就会严重影响士气。

事实证明，郭子仪相当了解这个老部下。第二天黎明时分，仆固怀恩真的就率军溜到了唐军的阵地之前，准备发动突然袭击。

唐军将士不禁为郭子仪的神算暗暗称奇，还没等敌军进攻，他们就嗷嗷直叫着，向敌军杀了过去。

仆固怀恩大吃一惊，急忙率军回撤。

唐军乘胜追击，边砍边杀，一直追了几十里，才停了下来。

仆固怀恩本来还想整兵再战，但是，灵州方向突然传来了一条十万火急的战报：唐军已经拿下了灵州附近的两城，正在围攻灵州。

原来仆固怀恩率军向南进攻长安的时候，河西节度使杨志烈为了解救长安之围，在和中央断绝联系的情况下，主动派出五千名精兵，从武威出发，穿越了茫茫的戈壁沙漠，突袭了灵州。

前有猛虎，后有饿狼。仆固怀恩收到战报以后，只好率军火急火燎地赶回了灵州。

河西军因为没有防备，结果被仆固怀恩偷袭得手，死伤了两千多人，这才突围成功返回了河西。

几个月后，吐蕃又派大军进攻河西，杨志烈终因寡不敌众，丢掉了整个河西，西投甘州（今甘肃武威）。

一年之后，杨志烈跑到北庭征兵，准备重新收复河西，但是被伊西节度留后周逸串通沙陀兵所害（唐朝灭亡以后，建立后唐的李存勖即为沙陀人）。

至此，唐朝在西域建立的三道统一联防体系彻底解体，唐朝丧失了上百万平方公里的土地，直到将近一百年后，河西走廊才在张议潮的带领下，再一次回到大唐的怀抱。

就在杨志烈被杀害的同时，765 年九月，休整了将近一年的仆固怀恩，再一次联合回纥、吐蕃的几十万人马，兵分三路向长安杀了过去，其兵势之大，前所未有。

李豫听说之后大怒不已，士可杀，不可辱，自己已经丢下长安跑了一次，这次不能再跑了。

所以，他急忙下诏让各个节度使前往关中勤王，并亲自检阅六军，准备御驾亲征。但是，除了关中的节度使，以及淮西节度使李忠臣以外，各地节度使和上次一样全都按兵不动。

所以，几十天后，仆固怀恩的大军，便杀到了距离长安仅有二十多里的泾阳。

如果按此发展下去，长安恐怕就要再次落入敌手，李豫不跑也得跑了。但就在此时，估计是李世民显灵——仆固怀恩竟然发病死了。而且吐蕃与回纥得知仆固怀恩死了以后，又因为指挥权的问题闹了起来，分兵驻扎在泾阳的北边。

郭子仪大喜过望，立刻搞了一个反间计，派出使者前往回纥的军营，要求与回纥联合起来，共同攻打吐蕃。

哪知道，回纥的统帅根本不相信唐军的统帅是郭子仪，因为这次出兵之前，仆固怀恩骗他们说，李豫崩了，郭子仪也死了。

唐朝的使者很无奈，磨破了嘴皮，对方也不相信郭子仪还活着。最后，使者只好答应他们，劝说郭子仪亲自前往回纥军营，开一个记者招待会。

郭子仪听说以后，根本没有考虑个人的安危，立刻骑上战马，便准备前往回纥的军营。

但是他还没走两步，他的儿子郭晞便一把拉住马缰劝道："回纥都是狼子野心，您身为国家元帅，怎么可以亲入敌营？"

郭子仪一脸严肃地对他说："如今若两军对战，不仅我们父子会死，国家也会灭亡。如果我去和他们诚心交涉，他们也许还能听从我的建议。如果失败，只不过我一人死罢了。"

说罢，郭子仪没等儿子再劝，便用马鞭敲着他的手大喊一声："走开！"随后，他便率领几名骑兵，打开营门，策马而去。

回纥的各个酋长听说郭子仪来了，全都惊讶不已，骑着战马聚集在营帐的门口想看个热闹。

回纥的大元帅至此依然不相信郭子仪还活着，只见他弯弓搭箭站于阵前，准备只要发现郭子仪是假的，就把对方射个透心凉。

郭子仪远远地看着有一个人，拿着箭对着自己，他知道考验自己的最后时刻到了。

如果自己胆怯退缩，敌军一定会冲杀过来，也许自己能够逃得一命，但是两军必有大战，后果不堪设想。相反，如果自己不畏生死，回纥军未必敢拿自己如何。更何况，自己早就抱定了必死的决心。

于是，六十九岁的郭子仪丢掉了武器，脱掉了盔甲，露出了满头的白发和稀疏的白色胡须，迎着敌人的弓箭，走了过去……

两百米、一百米、五十米……

回纥的酋长们原本就跟着郭子仪打过几年仗，如今看到郭子仪还活着，并且胆识如此过人，便不约而同地发出了惊叹，赶紧下马就拜。

刚刚还弯弓搭箭准备射郭子仪的回纥大元帅，也尴尬得无地自容，赶紧表示自己上了仆固怀恩的当，才敢侵犯中原。如今知道天可汗还在长安，郭令公总领大军，仆固怀恩又被老天爷收走了，自然不敢再和唐军作战。

随后，双方歃血为盟，高喊："大唐天子万岁，回纥可汗万岁，两国将相万岁，有负盟约者，陈尸阵前，断子绝孙！"

当然，光喊口号是没用的，成年人讲究的是利益。

歃血为盟之后，唐朝又把国库里的所有金银财宝、绫罗绸缎全部送给了回纥，甚至把百官们的工资也分给了他们，这才结成了真正的同盟。

吐蕃大军看到原来的盟友竟然又跟大唐结盟，吓得当天晚上便卷起铺盖向北逃跑了。

唐军和回纥军趁机掩杀，追了几百里之后，终于追上吐蕃的大军，斩杀了一万多敌军，并解救了四千多名被掳掠的女人。

至此，仆固怀恩之乱，在断断续续地折腾了两年之后，终于结束了。

但是，它的影响还远远没有结束。

一百六十四　安史之乱以后，唐中央靠什么去削藩

仆固怀恩的叛乱给唐朝带来了非常大的影响。

不好的方面除了导致更加民不聊生以外，最重要的是增加了藩镇的军事实力，让削藩的难度提高了一个量级。

因为李豫下令勤王的时候，这些藩镇创造性地解读了这份诏书。他们高喊着勤王的口号就是不挪窝，相反还以勤王为借口，大肆招兵买马、修缮城池、训练军队，扩充自己的实力。

例如安禄山的养子、成德节度使李宝臣就趁机把军队扩充到了五万之众，战马五千多匹，成为河北势力最强大的节度使。

再例如西川大将崔旰和朝廷派过去的节度使郭英乂，因为一些矛盾就干了起来，崔旰打进成都，杀了郭英乂全家，自立为节度使。

唐中央派了两路大军去讨伐崔旰，但是全部被崔旰击败。朝廷无奈，只好顺水推舟，任命崔旰为西川节度使，原本效忠于中央的四川西部也变成了藩镇割据之地。

当然，不止有坏的影响，好的影响也有很多，比如中央连续三次打退了强大的外敌，让这些藩镇看到了瘦死的骆驼比马大，不敢轻举妄动。

最主要的影响，还是三场战争彻底打醒了唐代宗李豫，让他认识到乱世的皇帝不是天王老子，而是走在钢丝上的魔术师，一不小心就可能跌入万丈深渊。

他开始不断地反思并纠正以前犯下的种种错误。

他开始放低姿态，谨小慎微地处理每一件国事。

他开始呕心沥血地治理这个破碎的、混乱的、失血过多的国家。

他开始从一名自以为是的油腻中年男，蜕变成了一名优秀的政治家。

在随后的十几年里，他以全新的姿态，主要做了以下几项颇有成效的事情：

第一，安抚诸藩。

对拥兵自重的藩镇将领，李豫不再像对付来瑱那样杀人诛心，而是采取了一系列有效的安抚政策。

例如李光弼不听诏令的时候，李豫将李光弼的母亲接到了长安居住，并厚待李光弼的弟弟李光进（当然，也有当人质的嫌疑）。

仆固怀恩造反之后，李豫下达的每一道诏书，从来不说仆固怀恩是造反。

仆固怀恩的儿子被手下杀了，脑袋被送到了长安，群臣都在庆贺，李豫却悲痛万分地说道："我诚心对人，却让有功的人死了，我惭愧还来不及，又有什么好值得庆贺的？"

仆固怀恩死了以后，李豫又痛心疾首地对着大臣们说道："仆固怀恩没有反心，只是被左右所误啊！"

接着，李豫又把仆固怀恩的母亲接到长安居住，把他的女儿留在宫中当亲生女儿养。

再例如，平卢淄青节度使侯希逸拥兵自重，不听中央的调令。按照李豫以前的性格，逮着机会肯定会杀了他。

但是，765年侯希逸被自己的内弟李正己发动兵变，驱逐出境，到了中央以后，李豫不但没有杀他，还把他拜为三公之一的司空。他死了以后，李豫又追赠他为太保，并且废朝三日。

并不是说安抚诸藩就是好的政策，但是在唐中央自顾不暇的情况下，安抚是最优的解决方案。

从李豫前后的对比看，他的痛心多半是假的，优待家属也并不是出于真心，这一切都是作秀。

但是，作秀本来就是一名优秀的政治家所必备的技能，在拉拢人心方面，有着不可替代的重要作用，就像曹操优待杀死自己大儿子曹昂的张绣一样。

第二，连续诛杀奸臣，加强中央集权。

吐蕃占领长安之后，太常柳伉曾给李豫上了一道说得极为难听的劝谏奏疏，大概意思是：

其一，吐蕃不费一刀一箭，就攻入了京师，烧了你家的祠堂（太庙），挖了你家的祖坟，士兵们却没有一个人愿意抵抗侵略，这是将士抛弃了你。

其二，陛下这几年以来，亲小人，远贤臣，你犯了那么多错，大臣们都懒得劝你，这是公卿大臣抛弃了你。

其三，陛下刚从长安逃跑，老百姓就抢夺府库，相互杀害，这是老百姓抛弃了你。

其四，陛下十月一日就发布了勤王令，如今四十天过去了，连一辆入关勤王的兵车都没有，这是四方藩镇抛弃了你。

其五，朝廷内外都抛弃了你，陛下你可病得不轻啊，得赶紧吃点药（当病饮药），再不杀了权监程元振，向天下人低头认错，天下人就该自己搞民主，选举新皇帝了。

这道奏疏比后来海瑞给嘉靖皇帝上的"天下第一疏"难听了无数倍，放在以前，李豫早就发火了，甚至还会剁了柳伉。

但是，李豫这时候已经明显成熟了很多，他看了奏疏以后，不但没有发火，还顺水推舟把程元振贬回了老家，收回了北牙六军的指挥权。后来程元振又被流放到四川，途中为仇家所杀（把人流放，在中途下手，是皇帝杀人的一种手段）。

但是，杀了程元振以后，太监鱼朝恩手下的神策军，又慢慢地夺取了北牙六军的权力，成了名副其实的御林军。

不过这事不能怪李豫，因为北牙六军在吐蕃攻入长安的时候表现太差，几乎全部当了逃兵。

李豫从长安跑往陕州（今河南三门峡）的路上，只有鱼朝恩带领着神策军前去救驾护航，让李豫大为感动。

长安被郭子仪光复以后，神策军就跟着李豫回到长安，顺理成章担当起保卫皇宫的任务。鱼朝恩也因此成了宫中第一监。

李豫对鱼朝恩很不错，给了他一大堆官职，还封他为郑国公。

但是鱼朝恩并不想当一个德艺双馨的老太监，他把不断地干预政事、打压百官、迫害异己当作自己的职责。后来还让人把郭子仪他爹的坟给刨了，郭子仪因为没有证据，只好把这件事给忍了下来。

鱼朝恩还以为郭子仪怕了自己，从此更加为非作歹，甚至连李豫也不放在眼里，让李豫大为恼火。

770 年的一天，鱼朝恩当着文武百官的面，讲解《易经》的时候，又顺道讽刺了一下当朝宰相元载。

元载很生气，后果很严重，随后，他便密奏李豫请求杀了鱼朝恩。

在得到李豫的支持以后，元载便花重金收买了鱼朝恩的两个心腹，把鱼朝恩的一举一动全部汇报给了李豫。

当年寒食节的时候（曾为中国民间第一大祭日，后来融入了清明节），李豫按照惯例在宫中大摆宴席，款待百官。

酒足饭饱之后，李豫就把鱼朝恩单独留了下来，表示要共商国是。而鱼朝恩早就习惯了这种情况，并没有丝毫的防备。

等文武百官散了以后，只见刚刚还喜笑颜开的李豫，突然铁青了脸，指着鱼朝恩大骂其胆大包天，准备图谋不轨。

鱼朝恩大惊失色，但是他横扫了一周，发现周围都是自己的亲信，态度竟然傲慢起来，不但为自己争辩，嗓门比李豫的还要大。

李豫没有说话，只是冷冷地笑了一下。

鱼朝恩这才发现，情况好像不对，可惜为时已晚，他的那些被元载收买的心腹，已经带着武士走到他的跟前，把一条绳索套进了他的脖子……

鱼朝恩被勒死以后，宰相元载却开始走起他的老路。

元载的老爹本来姓景，之所以改成元，和李世民有一定的关系。

李世民和他弟媳巢王妃所生的儿子叫李明，李明有一个老婆是元妃。元载他爹是元妃家的仆人，因为收租有功，就请求元妃，把自己改成了元姓。

一个为了拍主子马屁，把姓都改了的人，能培养出啥样的儿子？

事实证明，能培养出很优秀的儿子，当然，除了道德方面之外。

元载从小就博览群书，尤其精通道家学说。天宝年间，唐玄宗李隆基曾下诏举办了一场关于老庄哲学的科举考试，恰好在元载的射程范围之内。于是，他一举夺得了优等，被任命为新平县县尉。

安史之乱的时候，元载因为能言善辩，做事周全，被唐肃宗李亨任命为户部侍郎，娶了名将王忠嗣的女儿。

后来太监李辅国当权，唐肃宗李亨为了拉拢李辅国，就想了一个很缺德的主意，把大臣元擢的女儿嫁给了李辅国。

如此一整，李辅国的老婆姓元，元载也姓元，但五百年前并不是一家。

靠着这层八竿子打不着的关系，李辅国就和元载搞在了一起。在李辅国的推荐下，元载当上了同中书门下平章事（宰相）。

唐代宗李豫即位以后，对李辅国当权极为不满。元载敏锐地察觉到李豫的态度变化，于是，他调转枪头，帮助李豫把自己的恩人给宰了。

随后，元载又花重金，在皇宫中安装了好几个人体监控，不断打探李豫的想法，无论李豫想做什么，他都能够提前知道，以至于李豫对他越来越信任。

再后来，就有了他辅助李豫杀掉权监鱼朝恩的故事。

从过往的经历看，就知道元载这位老兄，是一个为了目的不择手段，和道德有血海深仇的人。历史已经无数次证明，这种人权力越大，危害也就越大。

元载当权以后比太监鱼朝恩还要过分，他不但继承了鱼朝恩的所有缺点——独揽大权，排除异己，奢侈腐败，还要求吏部、兵部对六品以下官员的任命不得检验考核，以至于所有六品以下的官员，都得给他们家人送礼。

谁敢上书揭露他的罪状，他就编排罪名，把这人给活活打死。搞到最后，再也没有人敢公开和他作对。

不过，李豫也不是傻子，他一直都在密切地注视着元载的一举一动。

但是，李豫并不想杀了元载，因为他觉得元载为相多年，功劳很大，即便做了坏事，也属于内部矛盾，只要收敛一点，改造一下，还是可以善始善终，为百官做个榜样的。

所以，李豫曾经多次单独召见元载，苦口婆心地劝他赶紧放下屠刀、改邪归正。

可惜上帝欲使其灭亡，必使其疯狂，元载左耳朵进，右耳朵出，根本不把李豫的话放在心里。

李豫因此大为恼火，便逐渐收回了他的权力。777年的时候，李豫见时机成熟，就下令把元载及其同党，全部逮捕归案，并赐其自尽，拆其家庙，挖其祖坟，开棺抛尸。

随后，李豫相继任命了比较正直的杨绾和常衮为相，在他们两人的治理之下，唐朝中央的政治环境有了明显的好转。

第三，重用能臣郭子仪、刘晏，中央实力大增。

郭子仪在打退吐蕃、收复长安之后，得到了李豫的充分信任。平定仆固怀恩叛乱之后，李豫对郭子仪的信任更是达到了巅峰，准备授予郭子仪尚书令一职。

这个职位我们之前讲过，在此之前，唐朝只有李世民当过。郭子仪作为政治上的高手，自然知道尚书令意味着什么，所以，他坚决地拒绝了这个官职。

这件事让李豫感慨不已，特地下令让人把它详细记录了下来。

为了拉拢郭子仪，李豫又想了一个方法，把自己最疼爱的女儿升平公主嫁给了郭子仪的儿子郭暧。

夫妻俩在一起，难免磕磕碰碰，有一次郭暧和升平公主吵架，骂了一句："你仗着你爹是皇帝吗？我爹才不稀罕当那个破皇帝！"

升平公主一听，大怒不已，立刻赶回宫中，把事情告诉了李豫。

她本以为老爹会为自己撑腰，但没想到，李豫很坦诚地告诉她："他说的没有错，郭令公要是想当皇帝，天下就不是我们家的了。"

郭子仪听说以后，大吃一惊，赶紧将郭暧关了起来，跑到宫中向李豫请罪。

李豫像没事人一样，哈哈大笑道："俗话说，不痴不聋，不做阿姑阿翁，子女夫妻间的事，不用理他。"

看到李豫这么会做皇帝，郭子仪当然也很会做臣子了，回家以后，他就把郭暧狠狠地抽了几十棍。

俗话说，岂有权奸在内，而大将立功于外者乎？反过来的意思就是，朝中无奸，大将就会立功于外。

李豫和郭子仪之间的信任，达到了如此之深度，郭子仪在外立功，也就是顺理成章的事情了。

766年，郭子仪出兵平定了华州节度使周智光的叛乱，让全国各地的节度使全都为之一震。

767年到779年，郭子仪以七八十岁的高龄，至少五次在边境上大败吐蕃军，充分保证了唐朝的安全，为另一位能臣刘晏的改革，提供了稳定的环境和强有力的支持。

刘晏，就是《三字经》里面"唐刘晏，方七岁。举神童，作正字"的主人公刘晏。

725年，李隆基到泰山封禅的时候，年仅七岁的刘晏，曾献上了一篇颂文，李隆基看罢惊叹不已，命令著名宰相，也是当时的文坛领袖张说，去考察刘晏到底有多少才能。

张说考察完以后，不由得连连称奇，把刘晏夸成了"国瑞"。李隆基当即封刘晏为太子正字（九品），神童刘晏因此轰动了整个大唐。

天宝年间（742—756年），刘晏从县令干起，慢慢地升为了侍御史（从六品下）。安史之乱爆发以后，因为平定李璘叛乱有功，他又被唐肃宗李亨调到了中央。

唐代宗李豫即位以后，发现刘晏在经济建设方面，有着突出的才能，便让他担任了大唐的户部侍郎，兼京兆尹、度支使、转运使、盐铁使、铸钱使等职。

刘晏不负众望，在接下来的二十年中，对大唐的经济制度、税收制度进行了一系列的改革，其中最重要的有三件：

第一件：疏通了漕运。

他刚上任的时候，安史之乱还没有平定，因为运输不便，长安的米价竟然高达一千钱一斗，比最低时高了整整五百倍，连皇宫中的粮食，也不够吃三个月。

刘晏见此情景，立刻乘船视察了渭水、黄河、淮河等数条河流，几个月后就制定了一套行之有效的疏通运河的方法。

接着，他又立刻组织人力，逐段疏通了从江南到长安的各条河道，并且打造了两千艘坚固的大漕船负责运粮。

当年，江南地区便运往长安四十万担粮食，彻底解决了长期困扰长安的粮食问题，李豫欣喜若狂地称赞刘晏为唐代萧何。

第二件：改革了盐政。

唐朝最初，盐是可以自由贩卖的。安史之乱爆发以后，上一任户部侍郎第五琦为了增加中央财政，就把制盐、运盐、卖盐全部收归国有，并把盐价提高了十倍。

刚开始，这个政策效果还不错，一年之内，就为朝廷增加了四十万贯的财政收入。但是，这种政策有很明显的弊端。

首先，增加了老百姓的负担，凭什么一袋盐原来一块钱，现在要十块？

其次，官府垄断产生了大量的腐败。国家把盐价提高十倍，到了地方指不定就是二十倍，中间的利润全部进了贪官的口袋。

针对这种情况，刘晏在调查之后，立刻推出了新政。

他规定，以后不再实行国家专卖，国家只当中间商，左手进盐，右手批盐，赚取中间的差价。为了防止盐商哄抬盐价，他还在各地设置了平盐仓。

这样一来，参与买卖的官员减少了，国家的负担降低了。盐价也下来了，老百姓们也高兴了，政府在盐上面的收入，也从六十万贯增加到了六百万贯，妥妥的十倍，大大增加了国家的财政收入。

第三件：建立一套高效的经济情报网。

为了全面地掌握全国的经济情况，刘晏招聘了一大批刚毕业的太学生，到全国各地担任巡院官，主要负责收集各州县的市场动态、雨雪多少、庄稼好坏等情况。

这些刚进入官场的青年，虽然没有工作经验，但是富有激情，刚开始也不容易贪污腐败。

他们每半个月，都得向刘晏汇报一次全国各地的物价情况。

哪里粮价、布价低，刘晏就在那里大量收购粮食、布匹。哪里粮价、布价高，刘晏就把收购来的粮食、布匹运到那里。

一来可以平抑物价，二来还能增加中央的财政收入，实现了双赢。

在刘晏连续二十年的呕心沥血之下，唐中央和地方的财政收入，直接上升了一个台阶，很多州县的粮食储备竟然达到三百万石以上（将近五亿斤），大大增强了中央政府的经济实力。

除了以上几条重要的改革之外，李豫还做了不少增强中央实力的事情。

例如加强了与回纥之间的盟友关系，使唐朝北方的边境，实现了将近一百年的和平。收编了不少久经沙场、富有战斗力的藩镇部队，使得神策军的实力大增。

总之，这一系列的举措，让唐朝中央慢慢恢复了元气，有了比较雄厚的经济实力和军事实力，为以后的削藩、平叛打下了良好的基础。

我们之前讲过，削藩从来不是一件容易的事情，它的第一要务不是削藩，而是增强中央的实力。就跟我们做人一样，想要成为人上人，不是把其他人变得更弱，而是让自己变强。

从这个角度看，李豫在经历了吐蕃占长安以及仆固怀恩之乱以后，应该是彻底地领悟到了削藩的真谛。

人非圣贤，孰能无过，过而能改，善莫大焉。尤其是像李豫这样从头到脚、从里到外地改的，更是大好事。

就在李豫把中央实力变得越来越强的时候，地方的几个藩镇，却相继爆发了一系列的问题，李豫在蛰伏了十几年之后，终于迎来了一次难得的削藩机会……

一百六十五　不独不统，唐朝的藩镇割据为何会这样

在我们的印象中，一个帝国出现了军阀割据，最头疼的肯定是皇帝，因为这些军阀拥兵自重，对皇权是一个很大的威胁。

但我们细想一下就会发现，军阀其实比皇帝更加头疼。

因为他们在军事上可能有所作为，但在政治上却是天生的侏儒。

你不爱国，就不能要求部下爱国。你不忠心，就不能要求部下忠心。

你想加强统治，就不能用"道德""礼法""政治"这种低成本的驭民之术。

你只能花费巨大的成本，取军事之长，补政治之短，大量招兵买马，并给这些人超乎寻常的特权。

例如唐朝割据的那些藩镇节度使，无一例外地招募了大量牙兵（亲兵），并且允许这些牙兵"父子世袭，姻党盘互"，甚至牙兵们犯了法，节度使也不敢重罚。

随着唐代宗李豫的励精图治，唐朝中央实力的不断增强，那些割据的藩镇节

度使慢慢地发现，牙兵们的心态产生了一种特别奇妙的变化。

他们不想跟着节度使造反，因为他们知道，凭借自己的实力，根本打不过中央军，白白地牺牲，傻子才会干。

他们也不想回归中央，因为他们是藩镇割据的既得利益者，害怕回归中央以后失去特权。

他们的欲望越来越大，总想得到更多的利益，哪个节度使给不了他们更多特权，他们就有样学样，造节度使的反。

总之一句话，牙兵们希望不独不统，继续保持特权，而拥兵自重的节度使们，也被牙兵们慢慢地绑架了。只不过，能力差的节度使，被绑架得深一点，能力强的节度使，被绑架得轻一点而已。

随着牙兵们越来越尾大不掉，节度使们的日子越来越难过了。

765年，淄青节度使侯希逸，被他的内弟李正己发动兵变，赶到了长安。

同样是765年，淮西节度使李忠臣为了安全起见，主动率军入朝勤王。手下人劝他，应该选一个好日子再出兵，但他却说："哪有父母遇到强盗打劫，还要挑一个好日子才去解救的？"

从此往后的十四年里，李忠臣基本都听从了中央的调令，无论是抵御吐蕃还是平定叛乱，往往冲在第一线。

768年，西川节度使崔旰为了安全起见，也主动入朝了，让他弟弟崔宽担任西川留后。代宗一朝，崔旰数次大败吐蕃，立下了赫赫战功。

同样是768年，卢龙节度使李怀仙，被他的部下朱希彩发动兵变杀了。四年之后，朱希彩又被手下杀了，朱泚趁机夺得了卢龙节度使的职位（二朱只是同姓，没有血缘关系）。

朱泚一上台，就上书唐代宗李豫，让弟弟朱滔带了五千名精锐骑兵，跑了两千五百里，到泾州（今泾川）防备吐蕃。

当然，表面上是为了防备吐蕃，实际上却是作为外援，让他手下那群桀骜不驯的牙兵，不敢随随便便杀了自己。

774年，朱泚又主动上书朝廷，要求自己到中央任职，弟弟朱滔主持卢龙军务。

当年七月，朱泚走到蔚州（今河北蔚县）的时候，突然身患重病，生命垂危。他的手下要求他返回幽州，待病好了以后再去长安。

朱泚却义正词严地说道："就算我死了，也要把我的尸体抬到长安。"

大家可以为他的话感动，但也应该看到，他这只是一种自保的方法，和当年马腾入中央、马超在西北继续割据一样。

两个月后，朱泚到达长安，李豫亲自为他举办了一场规模浩大的宴会，并赏赐了一座金碧辉煌的别墅，以及大量的金银珠宝。

不过，和当年的马腾、马超父子一样，朱泚入朝不久，他的弟弟朱滔就慢慢地掌握了卢龙的兵权。

朱泚因此长期留在了长安，为唐代宗李豫所用。之后几年里，他为李豫平定过叛乱，抵御过吐蕃，也算是立下了一些功劳。直到十年之后的那场大变，他才又背叛中央。

至此，我们可以总结一下安史之乱以后九个藩镇的情况：一个被中央平定了，三个听从了中央的调令，五个依然割据严重。具体如下：

朔方节度使仆固怀恩，因为造反病死，朔方被收回中央。

西川的崔旰，主动入朝，听从中央调令。

淮西的李忠臣，主动入朝，听从中央调令。

卢龙的李怀仙，被手下所杀，后继者朱泚主动入朝，听从中央调令（目前他弟朱滔也听从中央）。

平卢淄青节度使李正己（驱逐了原节度使侯希逸），割据一方。

山南东道节度使梁崇义（原节度使来瑱死后，他自封为节度使），割据一方。

成德的李宝臣，割据一方。

魏博的田承嗣，割据一方。

昭义的薛嵩，割据一方。

短短十年时间，李豫对外抵挡住了吐蕃的一次又一次进攻，对内能够取得这样的成就，虽不能说是丰功伟绩，但也可以称得上事业有成了。

但就在节度使们越来越顺从中央的时候，魏博节度使田承嗣却想展示一下铁头功，一而再、再而三地挑战李豫的底线。

773年一月，昭义军节度使薛嵩突然病故，牙兵们逼着薛嵩年仅十二岁的儿子薛平担任节度使。

薛平年龄虽小，智商却很高，他知道自己肯定压不住这些坏叔叔。于是，他就找了一个理由，说是要给老爹送葬，一溜烟跑回了老家，让他叔薛崿担任了昭义军节度使。

魏博节度使田承嗣，看到邻居家死了人，高兴坏了，准备吞并了昭义六州。

但是，他又害怕朝廷出兵干预，没有敢立刻行动。

经过两百多天深入的思考，在浪费了无数脑细胞之后，田承嗣终于想到了一个只用两分钟就能想到的方法：先试探一下李豫的态度，再做进一步打算。

当年九月，他在河北大张旗鼓地给安禄山、史思明父子建了一座祠堂，并把他们称为四圣。

也不知道安禄山和史思明看见这俩逆子杵在身边啥感受，反正李豫听说之后非常生气，但是，他依旧忍了下来。

不是李豫想当忍者神龟，而是当时郭子仪正率领着中央军和吐蕃军干仗，朝廷实在无力讨伐田承嗣。

李豫只好派了一名使者，去劝说田承嗣毁掉祠堂。

田承嗣趁机提出了一个非常无礼的要求，让李豫把自己封为宰相，他才会拆掉祠堂。

李豫长叹一声，只好又忍了下来，不仅拜田承嗣为同平章事，封雁门郡王，还把自己的女儿嫁给了他的儿子。

可是，田承嗣把李豫的退让当成了放纵的资本。随后，他开始大胆地派出各种特务，打入昭义军的内部，收买他们的将领，引诱他们谋反。

775年，经过一年多的不懈努力，昭义军中的一个将领，终于举起了造反的大旗，把昭义节度使薛嵩赶到了长安，田承嗣趁机占领了相州（今河南安阳）、卫州（今河南卫辉）、洺州（今河北永年）、贝州（今河北清河）四州。

是可忍，孰不可忍，已经忍了十年的李豫再也忍不住了，如果任由田承嗣肆意妄为下去，自己辛辛苦苦十年，为李唐皇室树立的威严必将再次扫地。

就在李豫准备发兵镇压田承嗣的时候，成德节度使李宝臣、淄青节度使李正己，也给李豫上了一封奏疏，要求率兵群殴田承嗣。

原来李宝臣的弟弟，曾经娶了田承嗣的女儿。但是好景不长，李宝臣的弟弟在打球的时候马受惊了，一不小心把田承嗣的儿子给踢死了。

田承嗣一怒之下，就把李宝臣的弟弟，也就是自己的女婿给活活打死了。

而田承嗣不知道什么原因，一向看不起李正己，曾经扣过李正己的使者。

所以，李宝臣和李正己都很讨厌田承嗣。

李豫收到他们两个人的上书，瞬间有了一种连娶媳妇带过年的感觉，立刻命令成德、卢龙、淄青、河东、淮西、永平、汴宋、河阳、泽潞等九路节度使，同时发兵讨伐田承嗣。

我们在前面分析过，藩镇割据的士兵们是不愿意造反的，因为他们很有自知之明，知道打不过中央军，更何况九路大军了。

所以，不到一个月的时间，朝廷的围剿联军就攻下了磁州（今河北磁县）、德州（今山东德州）、瀛州（今河北河间）。

田承嗣大惊失色，这才意识到军事上根本不是联军的对手。但是，作为江湖老手，他也敏锐地察觉到围剿联军的弱点——貌合神离，各有各的打算。

他派人跑到山东狠狠地拍了一通李正己的马屁，并表示："我今年八十六岁，离死已经不远了，儿子都不肖，侄子田悦也软弱无能，我今天所有的东西，只不过在替李公看守而已，李公没必要兴师动众打我啊！"

李正己一听，觉得很有道理，真的就按兵不动了。

而这时，李宝臣和中央朝廷又出现了隔阂。

原来李宝臣打下几座城池之后，李豫为了嘉赏李宝臣，就派了一个极其不靠谱的太监前去慰问。

慰问结束以后，李宝臣给这太监送了一百匹丝绸，希望他能在中央替自己美言几句。

但是，这太监却把鸡毛当成了令箭，觉得一百匹丝绸太少，竟然把李宝臣臭骂一顿，并把丝绸全部扔到了路上。

李宝臣是谁啊？

安禄山可是他干爹，他从来就没有把中央放在眼里，如果不是他弟弟被田承嗣打死了，他才懒得出兵攻打田承嗣呢。于是，他大怒不已，差一点剁了这个太监。

他的手下见状，急忙出来劝他："将军刚立新功，宫中小人尚且这样对待将军，如果荡平田承嗣，一纸诏书令将军回朝，将军不知要受多少委屈。还不如不打田承嗣，作为自己的资本。"

于是，李宝臣就有了放过田承嗣的想法。

田承嗣听说以后，高兴地差点也认安禄山做干爹。他心生一计，找了一块破破烂烂的石头，在上面刻了十四个字"二帝同功势万全，将田为侣入幽燕（大概意思是谁和田承嗣结盟，谁就可以入主幽燕）"，埋在了李宝臣军营的附近。

随后，他又找来一个老道，天天眯着眼睛，盯着埋石头的地方看，谎称那块地上有王者之气。

消息传到李宝臣的耳朵里，五十七岁的人了，竟然没有丝毫的怀疑，就让士兵挖了起来。

等挖到那块破石头的时候，李宝臣高兴得像个傻子。因为他是幽州人，一直都想夺取幽州，如今看见了这个假谶语，还真以为老天爷给了他一份狗屎运。

而这时，田承嗣又派了一个使者去劝李宝臣："将军和卢龙节度使朱滔攻打沧州，即便攻克了，那也是国家的，而不是将军的。如果将军能与田承嗣联合，他不但会把沧州让给将军，还会和将军一起攻打幽州！"

李宝臣一听，和田承嗣联合，正好符合石头上的谶语。于是，弟弟的仇也不报了，转过身便把卢龙节度使朱滔打了一顿，准备夺取幽州。

可是，他刚火急火燎地跑到幽州城下，田承嗣就给他写了一封信，大概意思是说，老哥，兄弟有事，就不陪你去打幽州了，至于那块石头上的谶语嘛，是老弟找人刻上去的，您别在意哈！

李宝臣气得一口气没上来，差点当场就身亡了。他想回过头再打田承嗣，可是又害怕朱滔在后面踹自己一脚，只好气呼呼地退兵了。

这么一搞，围剿田承嗣的九路大军，撤退了三路，只剩下了六路中央军。

哎，不怕傻子多，就怕傻子聚一窝，李豫见此情景，就打了退堂鼓。而田承嗣又在这时候上表认了错，李豫便顺水推舟，下令撤了军。

这场为期五个月的削藩之战，就这么虎头蛇尾式地结束了。

此次失败，既有成德、淄青两个节度使捣乱的原因，也有李豫用人不察的原因，慰问李宝臣如此重要的事情，竟然派了一个傻子太监。

但最重要的原因，应该还是李豫把削藩的希望，寄托在了驱虎吞狼的战术之上，而这注定了不可能成功。

如果李豫能从一开始就高度重视这次平叛，让郭子仪率领中央军出征，不管李宝臣和李正己是否配合，都下定决心灭了田承嗣，其结果也许会大有不同。

不过，此战过后，朝廷还是有所收获的。昭义割据势力被扫进了垃圾桶，其控制的六个州，唐中央夺回了两个（磁、邢）。在没有浪费多少兵力的情况下，唐中央能够收回两个州，也算是一个不错的成绩吧。

但是，李豫还没有高兴一年，一直都在唐中央控制之下的汴宋地区（河南东部），又出现了大乱。

776年，原来的汴宋节度使田神玉死了，汴宋都虞候李灵曜觉得，唐中央既然搞不定田承嗣，估计也搞不定自己，于是，他就举起造反的大旗，联合田承嗣，趁机夺取了汴宋八州。

李豫急忙命令淮西节度使李忠臣、淄青节度使李正己等人前去平叛。虽然这场叛乱两个月就被平定了，但是，淄青节度使李正己却借着平叛的机会，吞并了原本属于唐中央的五个州。

不久之后，跟着李豫混了十四年的淮西节度使李忠臣，被他的养子李希烈发动兵变，赶出了淮西。不久之后，淮西也成了不听中央调令的藩镇。

一着不慎十州乱，十年呕心一场空。

在这两件事的沉重打击之下，在位十七年，拆东墙补西墙了十七年，呕心沥血治理国家十五年，装孙子安抚藩镇十五年的唐代宗李豫，终于耗干了最后一点精力。

779年五月二十一日，李豫把八十三岁的郭子仪叫到身边，任命其为冢宰（六卿之首），简单地交代了几句后事，便于当晚驾崩于紫宸殿，享年五十三岁。

又到了评价皇帝的时候，笔者突然觉得李豫特别的可怜，他虽然是至高无上的皇帝，但基本上没有享受过当皇帝的快乐。

对外，他要带领着百业凋敝、千疮百孔的唐朝，不断地和强大的吐蕃、回纥正面对抗。

对内，他每一天都必须小心翼翼地生活，小心翼翼地对付太监，小心翼翼地对待大臣，小心翼翼地抚慰诸将，小心翼翼地安抚藩镇。

即便如此，这十几年里，大权独揽的奸臣仍然一个接着一个，造反的藩镇依旧一批接着一批。

一系列的变故，让他有心杀贼，却无力回天，应该说，他已经尽了一个人能尽的所有努力。

他虽然在早期犯过错，但他为之付出了巨大的代价，并且他知错就改，一改就是十几年。

从他的身上，我们可以看到一个普通人努力的样子，以及一个普通人努力之后，却没有达成目的的无奈。

欧阳修评论他说："代宗之时，余孽犹在，平乱守成，盖亦中材之主也！"

《旧唐书》作者刘昫评价他说："议元振之罪，去朝恩之权，不以酷刑，俾之自咎……古之贤君，未能及此。"

两个人的评价都挺客观。与那些开创万世基业的雄才大略的皇帝相比，他的确是中材之主。但与那些在千疮百孔之中腾闪挪移的守成之主相比，他的确称得上贤君。

一百六十六　老李家的"好传统"，吃饭睡觉打郭子仪

779年五月，三十八岁的唐德宗李适（kuò），非常顺利地继承了大统。

为什么要特别强调"顺利"两个字？

因为他是李唐建国一百六十多年以来的十个皇帝中，唯一没有经历过夺嫡或者政变上台的皇帝。

这让我们不得不再一次对李适的老爹，唐代宗李豫，献上最崇高的敬意。

他有二十一个儿子，在内忧外患的情况下，还能拒绝出演"李唐皇位争夺大战"（第十季），如果李世民地下有知，估计也得爬出来为他鼓掌。

也许是前半生过于顺风顺水，李适从登基的第一天开始，就表现出一种超乎寻常的自信。在短短一年的时间，他就干了以下几件大事：

第一件，他力行节俭，遣散了宫中的几百名宫女和乐师，禁止朝臣们进贡珍禽和灵芝，并且把各国进贡的四十二头大象全部放归了山林。

不过，因为当时没有动物保护专家，所以，他一拍脑门把大象放到了陕西境内的荆山。结果可想而知，这些大象进山以后，肯定要倒八辈子的血霉：咦，这

叶子咋不是原来那个味？咦，这天咋就这么冷？咦……卒！

第二件，他不相信牛鬼蛇神。

他爹李豫和他爷爷李亨，都特别喜欢阴阳鬼怪，无论大事小事，都得请个老道占上一卦。但是，给他爹举办葬礼的时候，所有的流程，他只按礼法来。老道说，埋你爹那天，忌行丧。他说，你再乱说话，信不信我把你埋了？

第三件，他打击了皇亲贵戚们的不法行为。

从李隆基晚年开始，皇亲贵戚们在长安乱搭乱建，别墅规格全都超过了唐初的规定。

最为过分的是，战神李靖的家庙，竟然被杨国忠霸占，改造成了他们家的马厩。

李适对这种不法行为极为痛恨，刚登基就下令拆除了这些违建。

第四件，他严厉打击了太监群体。

李豫当皇帝的时候，为了增加中央财政，出了一个馊主意，允许太监们出差的时候向各个州县索要贿赂，哪个太监索贿少了，李豫还会很不高兴（前文讲到太监把军阀李宝臣的一百匹丝绸扔到地上，也有这方面的原因）。

李适当太子的时候，就觉得他爹做得不地道。所以，刚一上台，就把一个索贿的太监狠狠地打了六十大板，流放到边境上喝凉风。

从此以后，准确地说此后三年，地方再给太监们行贿，太监也不敢要了。

另外，安史之乱以后，国家的税收全部贮存在皇帝的小金库，由太监们全权管理。

这就导致大臣们两眼一抹黑，国家收了多少税？不知道！国家还剩下多少钱？不知道！

而且这些太监也不太老实，经常监守自盗。当然，官员们看管国库时，监守自盗的行为不会比太监少，但官员们起码有人监督，而太监除了皇帝，则没有人敢监督。

于是，在宰相杨炎的建议下，李适就把国家的财赋又全部搬到国库，重新恢复了唐初的政策。

第五件，他改革了税制，施行了两税法。

唐朝初期，实行的土地制度是均田制，就是每个二十岁以上的大老爷们儿，国家免费发给你一百亩土地。

国家给了你土地，那你是不是得交点税？

怎么交税呢？分为三种：租、庸、调。

你只要是成年爷们儿，注意"成年"和"爷们儿"这两个前提，女人和未成年是不统计在内的，不管你家有多少土地，一百亩也好，一千亩也罢，你都得按一个男人交两石米（约两百四十斤）的标准，给国家交地租。再次强调，只按人头交，不按土地面积交，这就是租。

另外，一年之中，你还得抽出二十天时间（不算路上的时间），给国家服兵役或者当免费的劳动力，这就是庸（庸，通"佣"）。

你要是结了婚的成年爷们儿，你就得让你老婆给国家织些布，这就叫调。调是户调，就是按户征税的意思。

有人可能要问了，为什么按人头交税，不按土地面积交税，很明显，土地多的多交，土地少的少交，更加公平嘛！

这事吧，得回到当时的实际情况看。

隋末天下大乱，中国人口从四千六百多万，减少到了一千两百多万，整个山东地区（崤山以东）的生态环境，基本回到了原始社会。用曹操的话说，就是"千里无鸡鸣，白骨露于野"。

举个例子，628年，唐朝都建立十年了，李世民还下令让各地的官员们，把路两边那些死了没人埋的尸骨赶紧埋了。

那时候的人口巨少，那时候的土地巨多，国家按照人头收税，老百姓们就会努力地开荒种地，国家经济就能快速好转。相反，如果按照土地的多少征税，不仅会遭到大地主们的反对，老百姓们开荒种地的积极性也会降低。

所以，当时按人头收税，就是最优的选择。

但是，按人头收税有个毛病。在王朝稳定发展几十年以后，阶层流动会越来越困难，土地兼并会越来越严重，以至于"富者田连阡陌，贫者无立锥之地"。这就跟很多国家的房子一样，富者别墅大平层，贫者租房贫民窟。

这时候，再按人头收税，"无立锥之地"的人，就必然要上梁山，或者当卖火柴的小女孩，或者卖身于大地主。几十年下去，给国家交税的人就会越来越少。

安史之乱以前，租庸调制就快执行不下去了，唐朝的土地税收就出现了严重的下滑。安史之乱以后，给国家交税的人就更少了，据唐朝官方统计，竟然不到原来的百分之五。

这就像一个家庭，原来一天收入一百块，现在变成了五块钱，如果不改革，老婆肯定会跟着别人跑嘛。

那么，怎么改呢？

当时有两种不同的意见：

第一种，从头开始，继续均田，继续租庸调。

隋末四千六百万人，唐初一千两百万人，土地多、人口少，施行均田制和租庸调，让国家越来越强大。

安史之乱以前五千两百万人，安史之乱以后，一千三百多万人，重新施行均田制和租庸调，按葫芦画瓢，国家肯定也会强大。

但是，这种意见看起来挺合理，马上就遭到整个官僚阶层的集体反对。

因为安史之乱和隋末乱世不同。

隋末大乱，原有的地主阶层被血洗了一波，千里无鸡鸣，千里的土地，国家都可以收回国有。新兴的地主阶层（开国功臣）也支持国家收回土地，不然皇帝赏给自己的土地从哪里来？

安史之乱以后，唐朝表面上变成了一千三百多万人，表面上千里无鸡鸣，但是原有的地主阶层没有被血洗，那些无主之地，早就被这帮地主圈到了自己的家里，国家还想把土地收回国有？做梦去吧！

第二种意见，就是宰相杨炎提出的两税法。

中央允许土地兼并，但不再收粮食、布匹了，只收钱。中央先在账本上算一下，一年得花多少钱，然后把这些钱，摊派到各个州县。

州县如何征税呢？

把该州县的人口、土地都登记在册，分成三六九等，土地多的人就多交税，土地少的人就少交税，没有土地的商人，就交三十分之一的商业税。

国家一年只收两次税，一次在夏天，一次在秋天，除了征收这两次税以外，谁再向老百姓多收一个铜钱，便以违法论处。

这种收税方法，毫无疑问也会遭到整个官僚阶层的集体反对，我凭本事赚的钱，凭啥要给国家多交税？

但是，鲁迅先生说过，一屋子人，你想开个窗，大家都不同意，但你要是想把房顶掀了，别人也就同意你开窗了。

把无主之地收回国有，和地主们争土地，就是掀房顶。允许土地兼并，按土地多少收税，就是开窗户。

两者二选一，官僚阶层只好选择了后者。

两税法有很多的意义，例如改变了自战国以来，以人丁为主的赋税制度，而以资产为宗……

但对于唐德宗李适而言，其意义只有一条：赚钱啦，赚钱啦，我都不知道怎么花。左手要夺权，右手要削藩，中央、地方、节度使，一天整治一个人。

从上面所述李适的所作所为看，他绝对是一个明君，很有当年李世民的气势。当时的很多人也这么认为，例如淄青节度使下面的官兵都吆喝着："明主出矣，我们还造反干吗？"

但是，靡不有初，鲜克有终。就像我们很难坚持每天两百个俯卧撑一样，接下来，李适就犯了一个又一个严重的错误。

第一个错误，就是继承了老李家祖孙三代的优秀传统，吃饭睡觉"打"郭子仪。

李适登基的一年之前，郭子仪还以八十二岁的高龄，在泾州打退了吐蕃的入侵。李适登基的时候，郭子仪又是唐代宗李豫钦定的顾命大臣。

但是，李适刚登基一个多月，就以明升暗降的方式，第三次夺去了郭子仪的所有军权。郭子仪自然也和前两次一样，极为顺从地交出了所有权力。

两年之后，郭子仪在家中因病去世，享年八十五岁。李适追赠他为太师，赐谥号忠武，将他的坟墓增高一丈。

二十多年之内，郭子仪三次临危受命，三次被夺兵权。每一次大厦将倾时，他都像超人一样，以一己之力逆风翻盘；每一次顺风顺水时，他又被连年雪藏。

他被雪藏了三次，却毫无怨言。难怪《旧唐书》说他：不幸危而邀（邀功）君父，不挟憾以报仇雠，晏然效忠，有死无二，诚大雅君子，社稷纯臣。自秦、汉已还，勋力之盛，无与伦比。

喜欢到处盖章的乾隆帝，更是将他与诸葛孔明相提并论：

自古大臣出将入相，为国安危者，必有忠诚之德，经世之才。有以扶危定倾、安邦守国，然后立非常之功，万世之业。汉之孔明，唐之子仪，信其人也。二公皆以忠正老成，为当世人望，加以非常之才功盖天下，是故亮殁而汉亡，子仪存而唐复。

　　"子仪存而唐复"的后面，乾隆帝其实还应该再加一句，"子仪殁而唐乱"，因为郭子仪被夺兵权几个月后，他的手下就在泾州搞出了大乱，后来还差一点要了唐德宗李适的小命。不过，这些我们下篇再讲。

一百六十七　强力削藩，唐德宗李适兵发三路连战连胜

郭子仪被罢兵权之后，他原来指挥的军队，被唐德宗李适分成了三部分，由三位将领分别统率，其中一位叫作李怀光。

此人虽然姓李，但和李适五百年前并不是一家。他原本姓茹，是靺鞨族人，他爹因为立有战功，才被赐予了李姓。

此人的名字虽然叫怀光，但他的怀里没有一点光，相反地，而是极为黑暗。他刚接替郭子仪当上泾原、四镇、北庭节度使，就托公报私，斩了五名原来和他有私仇的高级将领。

他的这种小人之举，让泾原兵们极为不满，纷纷吆喝着要替五位将领申冤报仇。

而这时，宰相杨炎又搞了一个神助功，他下令让泾原兵们跑到塞外，去修筑原州城，以便抵御吐蕃。

士兵们铸剑为犁或者搞土木工程，在唐朝本来是一件很常见的事情，例如名将张仁愿当年就修筑了三座受降城，严重削弱了后突厥的力量。但问题是，在一

般情况下，没有人会逮着一只羊使劲薅羊毛。

而这群泾原兵已经被朝廷薅过一次羊毛了，他们原来驻扎在邠州，经过几年的艰苦奋斗，好不容易买房买地娶了老婆，可是屁股刚坐热就被调到了泾州。

他们一声叹息，只好继续发扬艰苦奋斗的精神，又在泾州买房买地娶了新老婆。

这还没过几年，又要被调到塞北去喝风。即便这些士兵能忍，他们的老婆也不能忍啊。四镇北庭节度使留后刘文喜意识到，翻身农奴把歌唱的机会来了。

于是，他带领着那群不愿离开老婆的士兵，很顺利地占领了泾州城，举起了造反的大旗，并把他的儿子派到吐蕃当人质，以求外援。

780年四月，消息传到长安，李适大怒不已，立刻命令朱泚、李怀光率军前去平叛。

这是李适上台以来，第一次对内用兵，为了面子，为了以后的削藩，他都势在必得。为此，大军出发以后，他又专门派了两千名神策军（相当于御林军）前去助战。

但是，两军在泾州城下厮杀了两个多月，王师竟然没有前进一步。而这时，关中地区又突然出现了旱灾，以至于朝野上下骚动不已。

两个月之前还意气风发的李适顿时心急如焚，天天夜不能寐，他不愿相信，更不能接受中央军如此孱弱，连一个近在咫尺的州县都对付不了的现实。

可是，就在他如同热锅上的蚂蚁的时候，朝中竟然冒出来一大批收取了刘文喜贿赂的大臣，他们纷纷上书李适，要求他向他爹李豫学习，继续搞绥靖政策，赦免刘文喜。

李适看着这群平时阿谀奉承，国家危难之时却吃里爬外的大臣，第一次深刻地体会到了孤家寡人的感觉。

他离开龙椅，指着这群人歇斯底里地喊道："蟊贼不除，何以号令全国？"

大臣们看到皇帝如此震怒，这才闭上嘴巴不再说话，但他们立刻把消息传给了远在泾州的刘文喜。

刘文喜虽然造反了，但他还是有自知之明的，深知不是朝廷的对手。于是，他急忙让部将刘海宾入朝替自己求情，没想到，这却加速了自己的死亡。

因为刘海宾虽然也姓刘，但他却是李适的人，当年李适当太子的时候，刘海宾就是李适的嫡系。

所以，刚到朝廷，刘海宾就给李适献上了一计："刘文喜只是想当一个节度使而已，如果陛下能够暂时满足他，刘文喜必然会懈怠，我就可以趁其不备杀了他。"

如果换成唐代宗李豫，可能会听从刘海宾的计策，但是李适新帝登基三把火，绝对不能被一口唾沫浇灭了。他坚决地拒绝了这一条计策，并搬出了《左传》中的名言："器与名，不可以假人。"

为了显示决心，李适又连续放了两颗精神原子弹：

首先，他把自己的伙食减了一大半，用以供给前线的将士。

其次，泾州城内造反士兵们的春季服装，他还按照往年一样，保质保量地送到了城内。

总之一句话，首恶不严惩，我就不吃饭，从犯要投降，一概不追究。

兵法有云：上兵伐谋，上下同欲者胜。李适这两招可谓直中要害，泾州城内造反的士兵们马上就乱了——打又打不过，罪行还被赦免了，谁还造反啊？

于是，他们枪头一转，在刘海宾的带领下，直接剁了刘文喜，并将他的脑袋传送到了京城。

刘文喜的叛乱，就这么简简单单地被平定了，用时不过两个月而已。但是，它给唐朝带来的影响却远远没有结束。

首先，它让泾原兵们意识到，造反的后果原来并没有那么可怕，而中央军的战斗力原来不过如此。

这为三年以后，在那个决定历史走向的关键时刻，他们在背后狠狠地捅了李适一刀，埋下了种子。

另外，平叛之后，朱泚当了一小段时间的泾原节度使，这也为三年之后的那场巨变，"培养"了一个领军人物。

其次，刘文喜的死，让李适的自信心急剧爆棚。在他看来，自己能够摆平刘文喜，就一定能够摆平其他节度使。

于是，他便对那些不愿听从中央调令的节度使起了杀心。

他专门拿着刘文喜的人头，办了一场别开生面的展览会，并给那些不听中央调令的节度使发了好几张免费的参观门票，搞得那群节度使全都恨得咬牙切齿。

就在李适磨刀霍霍了半年以后，河朔三镇之一的成德藩镇，便提供了一个绝好的削藩之机。

781年春，成德节度使李宝臣病重，为了让他的儿子李惟岳顺利接班，一天之内他就杀了十几个功臣。随后，他又摆下鸿门宴，准备杀了易州（今河北易县）刺史张孝忠，但是张孝忠拒不奉命。

几天之后，李宝臣病故，享年六十五岁。

李惟岳秘不发丧，上书李适，要求继任成德节度使。但是，李适在隐隐约约之中，已经预感到将有大事发生，所以，他果断地拒绝了李惟岳的请求。

而这件事无异于丢了一颗重磅炸弹，因为当年成德节度使李宝臣、淄青节度使李正己、魏博节度使田承嗣、山南东道节度使梁崇义四个人建立过攻守联盟，他们相互约定将所管辖的土地传给子孙后代，皇帝如果不允许，他们就联合起来造反。

于是，781年五月，魏博节度使田悦（田承嗣侄子，田承嗣死后，他接任了魏博节度使）在李惟岳和李正己的支持下，率先对中央所占据的邢州（今河北邢台）和临洺（今河北永年）发起了进攻，已经平静六年的河北大地又一起燃起了熊熊的战火。

李适正在为找不到削藩的借口而发愁，所以，听说三镇造反以后，他大喜过望，立刻下令兵分三路，杀向了这些藩镇。

第一路，河东节度使马燧、神策军行营招讨使李晟、昭义军节度使李抱真率军八万，讨伐魏博节度使田悦。

第二路，卢龙节度使朱滔率军数万攻打成德李惟岳。

第三路，加封淮西节度使李希烈为南平郡王，命令他率军讨伐梁崇义。李希烈因为一直惦记着山南东道这块地盘，所以一接到诏书，他就率领三万人马杀向了梁崇义。

需要特别说明一下，这三路大军除了第一路完全属于唐中央以外，其余两路都是表面上服从中央的军阀割据势力。

不过，这三路大军中有两位战功赫赫的名将，他们就是第一路大军中的马燧和李晟。

马燧，726年出生于武将世家，从小就博览兵书，智谋超群，而且异常忠君爱国。年轻时，他和哥哥们一起读书，就立下了大志："天下将有事矣，丈夫当建功于代，以济四海，安能当一名儒生！"

可惜时运不济，安史之乱爆发之时，他刚好在安禄山的手下领工资。

为了实现少年时的梦想，他劝说安禄山的手下在后方起义，但是起义还没开始就败露了，他只好过上了四海流亡的苦日子。

安史之乱被平定之后，在泽潞节度使李抱玉的推荐之下，三十七岁的他才当上一名小小的县尉。

不过，金子到哪都会发光，花朵在哪都会芬芳。刚刚当上县尉，他就干了一件连皇帝都不敢干的大事。

当时回纥骑兵仗着平定安史之乱有功，在回塞北的路上无恶不作，不仅到处抢掠百姓，还随便杀害给他们提供给养的唐朝官员，唐肃宗李亨知道以后，也不敢制止。

这群回纥骑兵走到李抱玉的辖区时，李抱玉自然也不敢得罪，便准备了一大批供品，准备送给回纥军队。但是，却没有一个官员敢去送礼。

正当李抱玉发愁之时，马燧却主动站了出来，要求担任驿站的大堂经理，接待回纥骑兵。

所有人都觉得他不是脑子进了水，就是嫌命活得长，但是，他早就想好了对敌之策。

等回纥骑兵来了以后，他先偷偷地给主帅送了一大批礼品，并狠狠地拍了主帅一通马屁："天下人都知道，主帅您为人仗义，忠君爱国，爱民如子，简直就是诸葛亮在世。"

回纥的主帅虽然不认识多少汉字，但是诸葛亮他还是知道的，于是，被拍得飘飘然的他大喜不已，主动和马燧约定，任何回纥兵都得遵守纪律，谁要敢乱抢乱杀，马燧就拿着自己的令旗直接砍了对方。

一般人得到这样的约定，大概率以为回纥主帅一定会说到做到，然后放心地回去交差了。

但是，马燧深知这帮胡人没有太多的诚信可言，所以，他又给这个约定加了一层厚厚的保险。

他找来了几个死刑犯，把他们好好地收拾一番，当作自己的随从。在招待回纥骑兵的那几天里，只要这几个死刑犯稍不听令，他就下令把他们给斩了。

回纥骑兵看见以后，全都吓傻了，一个大堂经理竟然这么猛？于是，在李抱玉的辖区内，他们再也不敢掳掠百姓。

马燧也因此一鸣惊人，在随后的几年里，开始跟随着李抱玉南征北战。

短短十六年间，他便北打仆固怀恩，西揍吐蕃大军，东平李灵耀反叛，从一名小小的县尉升为北都留守、河东节度使，是唐德宗李适最信任的名将之一。

李晟，727年出生，比马燧小一岁，但和马燧一样，也是出身于军伍世家。

十八岁时，他便身高六尺，善于骑射，勇武绝伦。有一次在追随大名将、河西节度使王忠嗣攻打吐蕃时，吐蕃军中一员虎将格外生猛，连续斩杀了数名唐军，导致唐军士气大为涣散。

这时，只见李晟弯弓搭箭，嗖的一声，便将吐蕃猛将射杀于马下。王忠嗣大喜不已，抚着他的背，给他起了一个当年关羽和张飞才有的外号——万人敌。

不过，安史之乱的时候，他因为一直在驻守边疆，所以没有立下多少大功。安史之乱以后，他才开始作为一代将星，冉冉升起。

763年到779年，他先后平定了羌乱，以一千兵力打退了吐蕃对灵州的围攻，以及南诏和吐蕃十万大军的入侵，立下了赫赫战功，为以后挽救大唐的命运，奠定了雄厚的军事基础。

在这两个名将的带领之下，这三路大军很快就取得了一系列令人瞩目的战绩：

当年六月，马燧亲自担任前锋，在临洺附近和叛军大战一百多个回合，斩杀叛军一万多人，活捉九百多人，并缴获了粮食三十万斛（约三千六百万斤）。

当年八月，第二路大军的统帅朱滔，用第一路大军的战绩，吓降了李惟岳的大将张孝忠及其手下八千余名将士（张孝忠就是上文中李惟岳他爹设下鸿门宴准备杀掉的那个大将）。

同样是当年八月，李希烈沿汉水逆流而上，两战两捷顺利拿下了襄阳城，山南东道节度使梁崇义和妻子投井而死，二人头颅被传送至京城。

李希烈本想将襄阳城占为己有，但遭到了唐德宗李适的强烈反对，李希烈只好在襄阳抢掠一番，撤回了淮西。至此，割据十九年之久的襄汉七州重新回到了唐中央的怀抱。

短短三个月，唐中央就取得了如此巨大的成绩，这让本就自信心爆棚的李适，更加坚定了一举灭掉所有藩镇的决心。

而这时，又发生了一件巨大的好事——淄青节度使李正己突然病亡，他的堂兄李洧趁此机会，带领着徐州归顺了朝廷。

一百六十八　为什么大方的人才能成就大事

淄青节度使李正己的儿子叫作李纳，当年才二十二岁，面对父亲尸骨未寒，伯父却携徐州起义的一系列变故，他的表现倒还淡定，立刻派出了两万人马，向徐州杀了过去。

唐德宗李适听闻消息，急忙命令宣武节度使刘洽、神策都知兵马使曲环、朔方军大将唐朝臣等人，前去支援徐州。

781年十一月，唐军和李纳的叛军在徐州附近的七里沟撞在了一起。

唐军在沟前布置了几千名老弱病残，装作一副病恹恹的样子引诱叛军前去进攻。

叛军自以为天下无敌，想也没想，拍着战马就朝唐军冲了过去。他们刚冲到半道，埋伏在两侧的唐军伏兵便杀了出来，一番混战之后，唐军斩杀叛军八千多人，顺利解除了徐州之围。

随后，刘洽等人再接再厉，又将李纳围困在了濮州（今山东鄄城），并招降了德州（今山东德州）和棣州（今山东阳信），使李纳的后院燃起了熊熊烈火。

看到大势已去，为了活命，李纳只好把亲生儿子送到长安，希望李适能够给他一个改过自新的机会。

但是，此时的李适，早已被这半年以来的一连串胜利冲昏了脑袋。在他看来，只要再努力一把，河朔地区一定能够被全部平定，完全没必要拉一派打一派。

所以，李适断然拒绝了李纳的请求，并要求前线唐军抓紧攻城。

无路可退的李纳只好垂死挣扎，带领少数亲信突破刘洽的包围圈，跑到了郓州（今山东东平）坚守待援。可是，刘洽率领唐军步步紧逼，又在郓州将他包围了起来。

不久之后，郓州城内的粮食就被吃光了，李纳只好又一次上演了历史上最惨烈的一幕——吃人。

就在淄青藩镇快要被平定的时候，马燧、李晟、李抱真带领的第一路唐军也基本平定了魏博藩镇。

马燧等人在临洺斩杀了田悦的一万叛军之后，又乘胜追击向着田悦的老巢魏州杀了过去。

田悦带领四万人马，在魏州城北部的洹水准备突袭马燧，但是马燧早有准备，一战就斩杀了叛军两万多人，俘虏了三千多人，田悦只带领一千多名残兵败将退到了魏州城内。

随后，马燧又将魏州城团团围了起来，魏博藩镇也到了生死存亡的最后一刻。

第二路唐军的表现则更为亮眼，他们在朱滔带领下，直接平定了成德藩镇。

前文中我们讲到，781年八月，朱滔利用马燧大败田悦的机会，吓降了李惟岳的大将张孝忠及其手下八千余名将士。

随后，朱滔与张孝忠合兵一处，攻下了束鹿（今河北辛集）和深州（今河北衡水），李惟岳的手下大将康日知率领着赵州归顺了朝廷。

783年一月，李惟岳手下的另一名大将王武俊，直接在阵前起义，并把李惟岳活活勒死，把他的脑袋送到了长安。

至此，原本不服从中央的四个藩镇，基本都被平定了：

其一，山南东道节度使梁崇义被淮西节度使李希烈灭了，襄汉七州重新回到了中央。

其二，成德节度使李惟岳被手下大将王武俊杀了，成德六州全部归顺了朝廷。

其三，魏博节度使田悦被马燧、李晟、李抱真等人打得只剩下了一座魏州城。

其四，淄青节度使李正己死了，他的儿子李纳又被刘洽打得躲进郓州城里吃起了人肉。

而此时距离唐德宗出兵削藩，不过短短八个月的时间（781年五月到782年一月）。如此迅速而又辉煌的成就，让唐朝上上下下都沉浸在巨大的喜悦之中。所有人都以为，要不了多久，天下便可以太平了。

但是，就在这个临门一脚的关键时刻，李适却出乎意料地犯了一个大错，直接导致了整个大好局面的彻底崩盘。

成德被平定以后，李适将这块蛋糕一分为三：

其一，带着八千人率先投降的张孝忠，分得了易、定、沧三州，担任节度使。

其二，带着赵州归顺朝廷的康日知，分得了深、赵两个州，担任团练观察使（两州军事老大）。

其三，把李惟岳给剁了的王武俊，分得了恒、冀两个州，担任团练观察使。

在李适看来，这个分法非常完美，这三个人可以相互牵制，朝廷可以坐收渔翁之利。

但在王武俊看来，自己杀了李惟岳，无论从哪个角度看，功劳都不应该比其他两个人低。凭啥张孝忠分了三个州，自己才分了两个州？凭啥张孝忠是节度使，而自己只是团练观察使？

更让王武俊生气的是，李适又下达了一道命令，让王武俊给朱滔拨粮三千石，给马燧拨马五百匹。

于是，怒火中烧的王武俊便起了反心，直接拒绝了诏令。

另外，朱滔对李适的分法也很不满意。在削藩之前，李适为了鼓励朱滔出兵，便对朱滔许下了一个承诺，他所打下的地盘全部归他自己所有。

可是，朱滔打下深州，拿着支票准备兑现的时候，李适竟然不要脸地反悔了，他把淄青的两个州分给了朱滔，把深州分给了康日知。

用两个州换一个州，表面上朝廷吃了亏，朱滔占了便宜，但朱滔不是傻子。淄青的两个州不仅距离自己远，州刺史还不是自己人，朝廷把这两个州分给他，明显就是上坟烧报纸——骗爷。

所以，朱滔再三上书朝廷，要求得到深州，可是李适铁了心不给，还要求朱滔率军返回幽州。

朱滔因此也十分不满，和王武俊一样，他也直接拒绝了李适的命令，屯兵于深州，准备来个霸王硬上弓。

想当年李渊打天下的时候，走一路封了几万个官，其中还有很多是五品大员。有人表示不理解，李渊是这样说的："雁门解围和援助东都的功臣，杨广都不舍得封赏，所以导致隋军将士毫无斗志，天下分崩离析。当年刘邦不吝惜封赏，最后才得到天下。天下之利，义无独享，我现在大肆封官，最后才能得到天下。"

这一通话概括起来其实就八个字：财散人聚，财聚人散。

如果我们把世界上所有的事情都往根儿里深究，就会发现所有的一切都只围绕着一个"财"字在转动。

一个领导如何让手下保持忠诚？

不是称兄道弟，不是和和气气，而是你能让他得到该得的钱，或者更多的钱。

我们经常说哪个领导不怒自威，其实哪里有什么威，只是因为你有求于他，你才会觉得他有威严。如果他有求于你，你估计都懒得乜斜他一眼。

这个世界就是如此：天有时，地有财，能与人共之者，仁也。仁之所在，天下归之。

可惜一百多年后，李渊的子孙不学李渊，却学起了杨广，如此言而无信，如此吝啬小气，真是一种莫名的讽刺。

不久之后，成德分赃不均的消息，就传到了魏州城里。正苦苦挣扎的田悦终于看到了救命稻草，他立刻派人抄小路溜到深州，去劝说朱滔：

"司徒奉诏讨伐李惟岳，只用了一个月的时间，便攻克了束鹿，打下了深州，使李惟岳分崩离析。王武俊乘司徒取胜之机，才将李惟岳斩首。归根结底，这一切都是司徒的功劳啊。另外，皇上明明颁下诏书，司徒打下李惟岳的城镇，全都归您所有，现在皇上却把深州分给了康日知，这是朝廷背信弃义。而且，皇上的意图是准备扫荡河朔，不让藩镇世袭，打算全部以文臣代替武将，如果魏博亡了，接下来便是您了。如果司徒能够救援燕赵，那就是在救您呐！"

朱滔本来就想反，听了这一席话，非常高兴，立刻派人去劝说王武俊一起造反。两个人一拍即合，于782年四月，又一次举起了造反的大旗，准备南下救援魏博节度使田悦。

唐德宗李适这才后悔不已，急忙下诏封朱滔为通义郡王，期望以此稳住朱滔。可惜，和很多分手后才知道珍惜的人一样，李适碰了一鼻子的灰。

782年五月，朱滔和王武俊率领数万主力，一路向南杀向了正在攻打魏州的马燧、李晟和李抱真等人。

李适听闻，急忙诏令朔方节度使李怀光，带领朔方军和神策军一万五千人前去支援马燧。

说来也巧，六月的一天，朱滔、王武俊和李怀光竟然同时到达了魏州城下。

田悦准备了大量的牛肉和酒食出来迎接朱滔和王武俊，魏州城内的欢呼声震天动地。

马燧也不甘示弱，摆出了盛大的军容迎接李怀光。

觥筹交错之间，所有人都意识到，他们之前一年的浴血奋战能得到什么结果，就在接下来的一战之中了。不过，所有人都以为，这一战一定会在几天之后爆发，因为无论是藩镇的援军还是中央的援军，经过数十天的跋涉都已疲惫不堪了。

但是，李怀光立功心切，刚刚和马燧会合，他便带着一万五千人，趁朱滔在惬山立足未稳之际冲了过去。

朱滔大吃一惊，根本来不及组织反击，夹起尾巴就朝山里面窜了过去。唐军旗开得胜，斩杀了一千多人。

但是，在这个关键的时刻，李怀光却突然停了下来，他勒住马缰，站在山头之上意气风发地打量着自己所取得的战绩，一种莫名的自豪感油然而生。

冲到敌营的唐军看到主帅不再前进，便也懈怠起来，他们就像大象冲进了瓷器店一样，肆无忌惮地抢夺着朱滔营垒中的金银珠宝，乱成了一锅粥。

正在远处观望的叛军大将王武俊看到机会来了，立刻带领两千名骑兵，朝着唐军冲了过去。刹那之间李怀光军便被拦腰切成了两段，朱滔紧随其后，又杀了一个回马枪。

正在争抢战利品的唐军毫无防备，纷纷丢下武器，撒开脚丫子就开始往回跑。一时之间，唐军被砍的哀号声，相互践踏的惨叫声，溺水时的呼救声，夹杂在一起，如同来自地狱中的鬼哭狼嚎一样响彻了云霄。一战下来，唐军尸体堆积如山，河水因之断流。

傍晚时分，朱滔等人趁着大胜，又派兵切断了唐军的粮道。

马燧大为惊慌，抱着死马当作活马医的心态，赶紧派出使者向朱滔道歉，表示自己立马撤军，回去之后一定向皇帝建议，河北地区全部由朱滔统率。

没想到，这种鬼都不敢相信的鬼话，朱滔竟然相信了，当即放了唐军一条退路。

马燧撤到安全地带以后，立刻安营扎寨，重新和朱滔对峙起来，朱滔这才后悔不已。但是，唐军再也没有了原来的锐气，双方就这样一直对峙了整整五个月，谁也没有再前进一步。

恒山之战取胜之后，朱滔立刻向正在吃人的李纳派去了援军。唐军将领刘洽因为猝不及防，也吃了一场败仗。

至此，原本有利于唐中央的大好局面，瞬间来了一个一百八十度大逆转。战争已经持续了十八个月，唐军这边是一顿操作猛如虎，定睛一看原地杵。

不对，应该是比原地杵还要惨，因为782年十一月，朱滔、王武俊、田悦、李纳四人，又学习起战国时的诸侯，全部自称为王，建立了属于自己的王国，并模仿朝廷的建制，称妻子为妃，称长子为世子。

李适蒙了，理想的丰满和现实的骨感形成了巨大的反差，一股强烈的挫败感突然袭来，让他差一点晕倒。

他不敢相信，也不愿相信自己的耳朵。他登基以来省吃俭用，改革弊病，兢兢业业，顶着巨大的压力去削藩。他要建立不世之功业，成为千古之帝王，恢复祖宗们赐予他的荣耀，可结局却是如此的不堪，无论如何他也难以接受。

只差一步就要胜利了，一步而已……

不行，绝对不能认输，自己最煎熬的时刻，也是敌人最煎熬的时刻，只要自己咬牙坚持住，就一定能够打败敌军。在经历了短暂的悲伤之后，李适又一次恢复了信心。

他把目光转向了南方，他相信只要那个人愿意出兵相救，胜利就必然属于自己。

一百六十九　颜真卿之死：升米养恩，斗米养仇

从781年五月唐中央出兵削藩，到782年十一月四藩称王，战争已经打了整整十八个月。

唐中央和四藩的力量对比，有点像一千多年后的中原大战，双方都已经打得精疲力尽，只剩下最后一口气，谁要能得到关外张学良的支持，谁就大概率能够取得最后的胜利。

而唐朝的张学良则是淮西节度使李希烈。

为了拉拢李希烈，让他去攻打淄青的叛军李纳，唐德宗李适又给李希烈封了一系列高官——平卢淄青、兖郓、登莱、齐州节度使。

但是，李希烈并不想做唐朝的张学良。原因很简单，一年多以前，李适封他为南平郡王，让他去攻打山南东道节度使梁崇义。

他率领三万大军，沿着汉水吭哧吭哧干了三个月，终于干翻了梁崇义，收复了襄汉七州。结果倒好，七个州全部被中央夺了回去，自己一毛钱也没有得到。

如今又要让他去当冤大头，他怎么可能再干一次？他又不是郭子仪，从小学

习忠君爱国，思想境界高。

所以，接到李适的诏令之后，李希烈根本不为所动。

而这时，淄青李纳也派了使者去劝说李希烈：去年你辛辛苦苦谈了三个月恋爱，结果女朋友成了老板的老婆，你现在还要替老板打工，你是不是傻？

李希烈一听顿时火冒三丈，于782年十二月自称天下都元帅、太尉、建兴王，正式举起了造反的大旗。

消息传到长安，李适一阵头晕目眩，赶紧召集群臣商讨应敌之策。

宰相关播胸有成竹地表示，湖南判官李元平，文能提笔安天下，武能上马定乾坤，是一位不可多得的奇才，只要用了他，李希烈必败无疑。

李适当即便任命李元平为汝州刺史，前去迎击李希烈。

李元平上任以后，立刻发布了一则招聘启事，招募农民工去加固汝州城。

这一招应该说并没有什么不对，很多名将都用过，例如当年李光弼守太原的时候，就招过一些人，修工事、挖战壕。

但问题是，李希烈很快就知道了这件事。

于是，他心生一计，派出了几百名士兵，前去应募。而李元平竟然没有一点察觉，把这几百人全部招到了城中。

看到计谋得逞，第二天，李希烈便带领着几百名骑兵冲到了汝州城下。李元平正准备组织兵力防御，但是那些应聘者早就冲到他的面前，直接把他绑了起来，打开了城门。

汝州城就这么被李希烈兵不血刃地占领了，更让人感到悲哀的是，这个被宰相关播评价为天下奇才的李元平，刚被押到李希烈面前，就吓得审了稀。

李希烈一边捂着鼻子直恶心，一边骂李元平："瞎眼的宰相，竟然用你来抵挡我，也太小看我了！"

随后李希烈长驱直入，攻克了尉氏县，围困了郑州，前锋部队直抵如今的伊川县彭婆镇，距离东都洛阳不过六十里。洛阳的老百姓们震惊不已，纷纷携家带口跑到了老君山里避难（就是"远赴人间惊鸿宴，老君山上吃泡面"的那个老君山）。

李适又是一阵头晕目眩，赶紧找来另一位宰相卢杞问计。而卢杞这位老兄，又属于那种"丑人多作怪"的典型代表。

郭子仪还活着的时候，有一次生了病，百官去慰问，他都没有让侍妾们退下。可是，一听说卢杞来了，郭子仪赶紧正襟危坐，把侍妾们都轰了下去。

卢杞走后，有人询问其中的缘故，郭子仪说："卢杞相貌丑陋、心底险恶，左右的人见了他，肯定会忍不住大笑一番。如果因此结下梁子，此人掌权以后，我们就别想活了。"

这番话可谓一语中的，后来卢杞凭借祖宗恩荫（他的爷爷卢怀慎，是唐玄宗时期的宰相）以及拍马屁当上宰相以后，还真就没干过什么好事。

上文中那个举荐李元平守汝州的宰相关播，就是卢杞推荐的。推行两税法的宰相杨炎，也是被卢杞陷害致死的（宰相之间的斗争，我们后面会讲）。

另外，卢杞还非常看不惯颜真卿，而原因又特别地无耻——颜真卿是三朝元老，威望太高，影响他专权独断。

颜真卿也知道卢杞容不下自己，所以，曾经主动找过他，意味深长地说道："安史之乱的时候，你的父亲卢中丞被安禄山所杀，头颅送到平原郡，脸上全是血，我不忍心用衣服擦拭，亲自用舌头舔净，您还容不下我吗？"

在颜真卿看来，但凡脑子有一点正常的人，听了这话，不说感恩戴德吧，也起码会尽释前嫌。

可惜颜真卿忘了一句老话："升米养恩，斗米养仇。"

有些人就是喂不熟的白眼狼，你对他的恩情越大，他越是心理变态。既然你的恩情我无力偿还，那我就干脆不还。

如何心安理得地不还恩情呢？

好一点的白眼狼，会选择离你远远的，眼不见，心不乱。恶心一点的白眼狼，会想方设法把你搞臭，让大家知道，不是你恩重如山，而是你心有亏欠，罪有应得。

最卑劣无耻的白眼狼，会想方设法把你搞死，以彻底摆脱心理负担。

而卢杞就属于最卑劣无耻的这一种，他不仅没有感恩，对颜真卿的痛恨还更上了一层楼。

如今面对李适的问计，他给颜真卿挖了一个超级大坑：

"李希烈年轻骁勇，仗着军功骄纵傲慢，如果能选一位德高望重的朝廷重臣，向李希烈讲清逆顺祸福，他一定能够洗心革面。颜真卿为三朝旧臣，忠直刚决，海内闻名，人人信服，是出使的最好人选！"

这明显是一个相当无耻的馊主意，因为当年李希烈为了夺权，连自己的养父兼族叔李忠臣都给轰了出去。这种无情无义的人，如今已经举起了造反的大旗，怎么可能回心转意？

可是，唐德宗李适竟然同意了。

朝臣们听说以后，全都大惊失色。另一位宰相李勉赶紧上书李适："失一元老，为国蒙羞，千万不能让颜真卿出使啊！"

可惜，李适没有听从。

等颜真卿走到洛阳的时候，河南尹郑叔则又劝他："君去凶多吉少，现在可以找个借口拖延几日，以观时变啊！"

七十五岁的颜真卿听罢，淡然一笑。他岂能不知凶多吉少，但是，如今国家有难，山河破碎，作为三朝元老，他岂能置之度外。

更何况，他们颜家满门忠烈，世人皆知。他可以不要性命，绝不能背上抗旨不遵的"污点"，哪怕皇帝错得一塌糊涂。

只见他长叹了一声，望着长安所在的西方缓缓说道："君命也，岂能不从啊！"

颜真卿到达许州以后，李希烈想给他一个下马威，便让自己的部将和养子一千多人，拔出了随身佩戴的陌刀，围住颜真卿不断地谩骂，并威胁要把他碎尸万段。

可是，颜真卿纹丝不动，面不改色，拿出了圣旨，和往常一样大声地宣读起来。

李希烈震惊了，他很早以前就知道颜真卿的威名，但没想到颜真卿的胆识如此过人。所以，急忙用身体挡住颜真卿，让那一千多人退了出去。

但是，李希烈也没有放颜真卿回去，因为他知道，颜真卿名震四海，不能轻易杀害，否则自己会被千夫所指。相反，如果劝降颜真卿，让他做自己的宰相，必然会天下震动。

所以，在接下来的日子里，李希烈用尽了一切办法来劝降颜真卿。

不久后的一天，朱滔、王武俊、田悦、李纳四个人的使者，手拉着手去忽悠李希烈，劝他登基称帝，以便吸引唐中央的所有火力。

李希烈那颗简单的脑袋，自然没有看出来，这是别人把他往火坑里推。

他高兴得手舞足蹈，把颜真卿叫了过来，嬉皮笑脸地说道："现在冀、魏、赵、齐四位王爷，派遣使者拥戴我称帝，太师看看这态势，我这是天下归心啊！"

颜真卿乜斜了四位使者一眼，开始做起了李希烈的思想工作："这四人乃是四凶，怎么能叫四王？你以前有功于社稷，如今却不愿做唐朝的忠臣，反而与乱臣贼子混在一起，你难道要和他们一齐覆灭吗？"

李希烈心中十分不快，但是强忍着怒火，让人把颜真卿扶了出去。

几天之后，李希烈想到了一条计策，他把颜真卿和四镇的使者叫到一起，举办了一个盛大的晚会。

大家胡吃海喝一通以后，他让四镇的使者去劝说颜真卿："早就听说太师威名四海，现在李都统就要称帝了，而太师恰好来到这里，真是上天把宰相赐给了太师啊。"

李希烈本以为，用宰相的职位去贿赂颜真卿，他就会向自己臣服。没曾想，颜真卿的态度比以前更加强硬，他怒斥四镇使者道：

"什么宰相！你们知道有个痛骂安禄山而死的颜杲卿吗？他就是我的哥哥。我已经八十岁了，只知道恪守臣节而死，难道还会受你们的引诱？"

被打脸的李希烈愤怒不已，立刻让人在院子中挖了一个大坑，把颜真卿押到了坑边，大声吆喝着要将其活埋。

他不相信，这个世界上真的有不怕死的人。他倒要试一试，颜真卿到底有几斤几两。

可是，站在坑边的颜真卿依旧和往常一样神色安然，并露出了极其轻蔑的微笑："既然我的生死已定，你又何必玩弄这种花样，一剑砍死我，岂不更加痛快？"

壁立千仞，无欲则刚。面对所有人都害怕的死亡，颜真卿的淡然，终于让李希烈明白，这个人是一个可怕的人，一个内心极其强大的人，一个不可能被说服的人。

于是，李希烈赶紧赔礼道歉，重新把颜真卿请到了座位上，并在接下来相当长的一段时间里，没有再去劝降颜真卿，只是把他软禁起来，好吃好喝地伺候着。

两个月后，李希烈在和荆南节度使张伯仪的战斗中，全歼了唐军。

为了炫耀武功，李希烈想了一个特别残忍的办法，他把俘虏的耳朵全部割了下来，专门派人送给了颜真卿。

一直以来都是泰山崩于前而色不变的颜真卿，这一次终于不再淡定了。

他看着数以万计的耳朵，一股巨大的悲痛，犹如千万斤的重锤，狠狠地砸在了他的胸口。

他倒在了地上，紧握着拳头，拼尽全身的力气，一次又一次地捶打着地板。

他张开嘴巴，一声又一声撕心裂肺的哀号，从他充满忠烈的胸腔中喷薄而出，惊天动地。

许久之后，他终于耗干了所有的力气，昏厥了过去。

过了许久，也许是一天，也许是两天，他才缓缓地醒来，只是他像变了一个人似的，从此不再与任何人说话。

只是在个别的时候，他会呆呆地望着西面的墙壁，自言自语道："这里应该就是埋我的地方吧！"

为什么望着西墙？因为那里是长安的方向。

后来，李希烈在战场上被唐军痛扁了一顿，为了释放心中的不快，他又赶到了颜真卿的住所，点上了一堆篝火，威胁颜真卿道："你再不投降，我就烧死你。"

颜真卿依然面无表情，依然一句话也不说，他看都没有看对方一眼，直接跳进了火堆。李希烈顿时吓傻了，急忙把颜真卿拉了回来。

784年八月，李希烈的弟弟因为在京城参与叛乱被杀，李希烈因此恼羞成怒，把所有的愤怒都撒在了颜真卿的身上。

他派了一名太监，来到颜真卿的住所高喊道："有诏书，今赐卿死。"

颜真卿以为是长安来的诏书，所以在听到皇上要赐自己死的时候，还赶紧起身拜了两拜，极为惭愧地哭着说道："老臣没有完成使命，有罪该死！"

说罢，颜真卿淡然地接过白绫，缓缓地搬来一把椅子，吃力地踩了上去，并把白绫系到了房顶。

临死之前，颜真卿面向西方，突然又想到了一件事情——长安现在怎么样了，皇上现在怎么样了，所以，他又问了一下太监："使者是哪一天从长安来的啊？"

"不是长安，是从大梁来的。"

颜真卿这才知道，原来不是皇上要赐自己死，而是李希烈。他勃然大怒，跳起来骂道："原来是叛贼，怎敢称诏！"

太监被吓了一跳，但又迅速地冷静下来。只见他跨步向前，扯下了白绫，紧紧地勒在了颜真卿的脖子上面……

被囚禁了整整十九个月的颜真卿，终于被李希烈所杀，终年七十六岁。

后人在收拾他的遗物时，只有他写给儿子的短短六个字——供家庙，抚诸孤。

身为太师，位极人臣，驾鹤西游，只此而已！

半年之后，李希烈叛乱被平，颜真卿的灵柩被送回了京城，葬于京兆万年颜氏祖坟。唐德宗李适为其废朝五日，追赠司徒，谥号文忠。

五百年以后，有一位和颜真卿同样伟大的英雄，这样评价颜真卿：

平原太守颜真卿，长安天子不知名。

一朝渔阳动鼙鼓，大江以北无坚城。

公家兄弟奋戈起，一十七郡连夏盟。

贼闻失色分兵还，不敢长驱入咸京。

…………

乱臣贼子归何处，茫茫烟草中原土。

公死于今六百年，忠精赫赫雷当天。

写这首诗的英雄叫作——文天祥！

一百七十　唐朝的第一次削藩是如何失败的

颜真卿被李希烈软禁以后，唐德宗李适其实还派出了几路大军，去对李希烈进行武力说服。

其中最主要的一路，由哥舒翰的儿子哥舒曜统领，于783年二月，顺利收复了李希烈之前攻占的汝州、襄城等地，逼迫李希烈退回了蔡州老巢。

随后，北方四镇给李希烈派去了援军，李希烈又发兵三万开始反攻襄城。双方在襄城之下厮杀了整整八个月，不分胜负。

至此，这场从781年五月开始的削藩之战，已经持续了两年零五个月。本就疮痍满目的大唐，终于被打成了一个到处漏风的筛子。

可是，李适仍然没有罢兵言和的意思，在他看来，敌人已经精疲力尽，只要自己再坚持一年或者两年，必然能够毕其功于一役，取得最后的胜利。

但是，就在李适调兵遣将，把更多的士兵派到前线的时候，宰相卢杞突然呈报了一件人生最最痛苦的事情——钱没了。

唐代宗李豫辛辛苦苦积攒了十五年的家底，怎么就在两年多的时间里，被李适花完了呢？

除了战争的原因以外，其实还有一个很重要的政治原因：李适自己作的。

李适刚刚登基的时候，为了树立君威，掌握大权，除了把郭子仪的兵权夺了以外，还干了另外一件自废武功的事情——他把他爹在位时期最能干的宰相兼吏部尚书刘晏给杀了。

我们前面在讲唐代宗李豫改邪归正的时候，把重用刘晏排在了非常重要的位置。

他疏通漕运，改革盐政，建立了一套高效的经济情报网，在没有增加老百姓负担的情况下，使唐中央的财政收入，由安史之乱后的每年六十万缗钱（一千文为一缗），增加到了一千两百万缗钱，被李豫称为当世萧何（初，岁收缗钱六十万，末乃什之，计岁入千二百万）。

大唐中央正因为有了他的努力，才慢慢地恢复了元气。《新唐书》对他的评价极高："使天下无甚贵贱而物常平。"

几百年后的金章宗完颜璟，则把他捧到了天上："理财安得如刘晏者，官用足而民不困，唐以来一人而已。"

能力如此出众、岗位如此重要的财神爷，怎么就被唐德宗李适杀了呢？

孩子没娘，说来话长，这件事还得从李适登基以来的政治内斗说起。

779年，唐德宗李适登基之后，为了迅速组建自己的班子，便在宰相崔佑甫的推荐下，任命杨炎当了宰相。

杨炎在历史上非常有名，因为他推行两税法，改变了自战国以来以人丁为主的赋税制度，促进了中唐经济的发展。

但是杨炎有一个非常大的毛病——睚眦必仇，唯其爱憎，不顾公道。

当年元载当宰相的时候，曾经重用过杨炎。后来元载因为奢侈腐败、独断专行，被唐代宗李豫当作大老虎的典型给杀了。杨炎作为元载的死忠粉，自然也受到了牵连，被贬为道州司马。

而审判元载案的六位大法官之中，正好就有时任宰相兼吏部尚书的刘晏。

杨炎当上宰相之后，为了报答元载的知遇之恩，便将矛头对准了刘晏。

在苦苦寻找了几个月的罪证之后，杨炎终于从八卦新闻中，捕风捉影到一条很不靠谱的消息：

以前李适还是太子的时候，他爹李豫特别宠爱一个叫独孤某某的妃子，俗话说，子凭母贵，因此李豫又特别宠爱独孤妃的儿子韩王李迥。

一些投机分子便从中看到了机会，经常撺掇李豫，把独孤某某立为皇后，并且说韩王李迥虎口日角，眉骨圆起，非常有帝王之相。

而这些投机分子之中，据说就有刘晏。据谁说？不知道！反正有人这么说！

于是，杨炎就在李适面前，说了一句刘晏的坏话，注意，只有一句哦。

李适一听，高兴极了，自己本来就要杀了刘晏，以便树立君威、大权独揽，杨炎立马就送来了借口，那还不赶紧顺水推舟。

随后，李适就把刘晏贬出了京城。不久之后，又派了一名太监将其杀害。刘晏终年六十五岁。

刘晏死后，他的数十位亲属也被流放到了岭南，其家也被杨炎所抄。

抄家之前，杨炎以为这位手握大唐财政大权二十年的宰相，家中必然像当年的宰相元载一样，金银如山，歌姬成群，近年以来，未有其比。所以，他专门派了很多官员，前去清点刘晏的家产。

但是，抄家的时候，杨炎惊讶地发现，他完全想多了，根本不用一群人，一个人足矣。因为刘晏的所有家产，不过两车书和几百斤粮食而已。

此消息一出，举国悲愤！

一个铸就了大唐中兴的股肱之臣，一个克己奉公的人民公仆，一个放在任何时候都可以感动中国的劳动模范，却因为莫名其妙的理由被朝廷给杀了，正义何在，公道何在？

宰相崔祐甫、朱泚、崔宁（原西川节度使崔旰）纷纷站了出来，极力替刘晏鸣不平。甚至一直不听中央调令的淄青节度使李正己，也上书朝廷说，诛杀刘晏，天下骇愤，要求把刘晏的家属全部从岭南接回来赡养。

一时之间，杨炎成了众矢之的，被千夫所指。他这才意识到，原来这个世界上还有两个字：人心！

为了挽回人心，杨炎辗转反侧好几天，终于想到了一个巨馊无比的主意。

他竟然私下派了几名使者，跑到全国各镇，向各位节度使详细地说明了杀害刘晏的真正原因：

不是自己要杀，而是唐德宗李适要杀。

好家伙，作为下属，和领导玩起了甩锅大戏，而且还甩到了全国各地，领导的脸不是脸？

李适听说以后，一口又一口的老血往外直喷，顿时起了杀心。

几个月后，李适便把长相丑陋、能力低下，但是格外听话，会拍马屁，永远不会甩锅的卢杞提拔为了宰相。

正所谓恶人自有恶人磨，卢杞一当上宰相，就充分发挥鸡蛋里挑骨头的工匠精神，逮着机会就踹杨炎一脚。

781年七月，淮西节度使李希烈，在攻打山南东道节度使梁崇义的时候，因为大雨而推迟了进军。

卢杞赶紧找到李适说，都是因为杨炎，李希烈才不愿意进军。至于原因嘛，杨炎曾经说过，李希烈是白眼狼，所以李希烈很不高兴。如果免去杨炎的宰相之职，李希烈肯定会很高兴，然后就能旗开得胜。

李适和当年整治刘晏一样，反手就罢免了杨炎的宰相之职。

三个月后，卢杞又说，杨炎准备在江南修建家庙，但是，那块地上有王者之气，至于怎么看出来有王气的，鬼才知道，反正就是有。杨炎在有王气的地上盖家庙，就是准备谋反。

李适和当年杀害刘晏一样，又一次顺水推舟，把杨炎贬为崖州司马，并派了一名太监，在半道上将其活活勒死。杨炎时年五十五岁。

短短两年时间，几百年才出一位的理财高手刘晏，被李适杀了。比刘晏稍微差一点，但是也能搞钱的杨炎，也被李适杀了。

而对理财一窍不通，只会整人业务的卢杞，却独掌财政大权，这不就是二愣子当演员——胡闹嘛。

所以，不久之后，就发生了上文所说的人生最最痛苦的事情——钱没了。

如何搞钱呢？

李适当然不知道，如果知道赚钱有多难，他就不会杀掉两位财神爷了。于是，他就把一群心腹召集起来商量对策。

卢杞的狗腿子户部侍郎赵赞，率先提出了一个竭泽而渔的方法：在全国各地找一两千个富商，把他们手中的钱全部征用，只留给他们一万缗本钱，这样就可以满足数年的花费了。

这个方法，看起来不错，但一细想，就会发现，这就跟全国一亿人每人给我一块钱，我就能成为亿万富翁一样不靠谱。但是，李适竟然觉得很有道理，下令全国各地赶紧实施。

结果可想而知，除了在长安大肆搜刮了八十多万缗，搞得民怨四起，甚至很多商人自杀以外，其他地区根本就没有人听从李适的命令。

卢杞见没有搞到多少钱，就又下令把长安所有当铺里的钱征借四分之一，谁敢不听，就是一顿毒打。

如此一搞，长安算是彻底炸了锅，商人和老百姓全部拥上街头，举办了一次又一次规模浩大的游行示威运动。

可是，卢杞依旧不为所动，又出台好几项极其不得民心的政策，例如：

其一，除了长安以外，其他地区的酒，全部改由政府专卖，任何私人不得酿酒、卖酒。

其二，提高盐价。每斗盐的价格提高一百钱，你吃不起盐会得病，与我何干？

其三，征收房产税。他派了一大批官吏，沿街查看老百姓家的房子，根据房子大小，装修好坏，征收五百到两千缗钱。

什么，你家只有房，没有钱？不要紧，先挨上六十杀威棒再说！

本来就快要压不住的民怨，这一下算是彻底地沸腾了。长安的老百姓们，纷纷用脚投票，开始大肆逃亡。其他地区的老百姓们，也对中央朝廷充满了敌意。

而李适根本没有看到，百姓们已经民不聊生了，他只看见国库里多了几百万缗钱。于是，他又征发泾原的五千兵马，前往襄城援助哥舒曜。

783年十月二日，泾原兵在节度使姚令言的带领下，终于冒着风雨严寒赶到了京城的郊外。

以前李适为了鼓励将士们到前线卖命，都会给离境作战的将士发放丰厚的奖金，每天的伙食里也会配点酒肉。

泾原兵们以为，最近中央到处捞钱，又是提高盐价，又是征收房产税，肯定特别有钱，一定会赏给自己不少钱。

可是事情却恰恰相反，经过卢杞这么一折腾，李适顿时觉得挣钱实在太难了。

所以，等这五千泾原兵到达长安郊区以后，他不仅没有给赏钱，还只给他们提供了一些杂粮米饭。

以我们现代人的目光看，杂粮米饭那就是好饭，既可以减肥，还不容易得三高疾病。

但这只是最近几十年才有的幸福日子，在以往几千年的历史长河中，老百姓们可是得天天吃杂粮，吃一顿白面那就是过年。

所以，这群泾原兵一看到粗粮米饭，就火冒三丈，开始骂娘了。

如果是其他部队，骂一会儿，出出气，估计也就算了。但是，三年前这群泾原兵，可是在刘文喜的带领下造过一次反的。

当年经过两个月的平叛，李适虽然诛杀了刘文喜，但是，这群泾原兵却没有被追究任何责任。

人都是有记忆的，当初我造反，你不敢奈我何，现在我造反，你又能怎样呢？

所以，这群泾原兵骂着骂着就像火山一样，彻底爆发了。他们一脚踢翻了犒劳品，再一次举起造反的大旗，向着长安城杀了过去。

当时李适正在坐朝，听说泾源兵反了，吓得是魂飞魄散，急忙派了一名太监出去慰问，表示要赏给士兵们二十车金银珠宝，外加每人两匹锦缎。

可是，事已至此，这点钱财又有什么用呢？泾原兵们要的是整个国库，而不是这点蝇头小利。

他们就像杀红了眼的赌徒，彻底地丧失了理智，冲进长安之后，又拼了命地向着皇宫冲了过去。

李适急忙下令禁军前来护驾，但是和二十年前李豫从长安逃跑的时候一样，那支号称武器最精良、战斗力最强的禁军早已不见了踪影。唯一不同的是，当年禁军是四散而逃，如今却是根本没有禁军。

原来唐代宗李豫在世的时候，禁军全部由太监统领。李适登基之后，认为宦官干政是历朝历代祸乱的根源之一，于是，他就把太监手中的权力，全部交给了文臣武将，而禁军则由神策军使白志贞负责。

但李适不知道的是，文臣武将们，在很多时候比太监们还要可恶。

太监们没有退路，离开了皇帝他们什么都不是，所以他们在大部分时间里，都会对皇帝忠心耿耿。而文臣武将则不同，离开了皇帝，他们还有各种政治团体可以依靠，马照跑，舞照跳。

而白志贞就是可恶的典型代表，他当上禁军老大以后，对东征死亡的兵员一概隐瞒不报，但凡收到商人们的贿赂，就将这些商人的名字写到军籍里面吃空饷。

名将段秀实曾经向李适举报过白志贞的这种不法行为，但是李适自信地以为，段秀实完全是在诬告朝廷重臣。

如今，李适的自以为是，终于结下了自讨苦吃的恶果。他不得不带着几十名亲信，在窦文场、霍仙鸣等一百多名太监的保护之下，慌不择路地逃离了长安。

而这一逃，不仅让这场已经打了将近三年的削藩之战急转直下，也为唐中晚期的宦官之祸埋下了深厚的根基。

一百七十一　长安为何屡屡失陷，德宗因何逃过一劫

逃出长安之后，唐德宗李适先是溜达到了咸阳，在那里随便扒拉了几口饭，他又决定逃往奉天。不是东北的奉天，而是如今距离长安仅有一百六十里地的乾县。

之所以往奉天跑，不是李适有啥高瞻远瞩的战略目的，而是三年之前，一个叫桑道茂的老道给李适算过一卦，让他把奉天的城墙加厚加高，改造成了易守难攻的王城。

当时没有人知道，改造奉天有什么作用，直到这时，李适才恍然大悟，原来桑道茂真的有通天之术，能够预测未来。为此，李适还专门派人到桑道茂的坟上烧了几炷香。

桑道茂真的这么神奇，能够预测未来吗？

事实当然不是如此。如果我们查阅更多的历史资料，就会发现加固奉天城，与其说是预测未来，倒不如说是对长安防御体系理性分析下的必然结果。

当年的隋文帝杨坚、唐太宗李世民等人兴建和修葺长安城的时候，要的是彰

显帝国雄伟的气魄，让万国来朝的"刘姥姥们"知道什么叫惊喜。

所以，唐长安城修建得格外宏大，周长将近三十七公里，总面积八十七平方公里，是汉长安城的两个半、明清北京城的一个半那么大，但是城墙的高度只有五米多，远低于汉长安城以及明西安城的十二米。

又大又低就意味着不利于防守，据保守估计，想要进行有效的防御，至少需要二十万以上的兵力（于谦守北京总兵力二十二万）。

但更加悲摧的是，唐长安城还没有修建瓮城，内部六条大街的宽度全部在一百米以上，其中最宽的朱雀大街更是达到了一百五十五米，这就导致敌军一旦攻破了外城，就跟野猪进了菜地一样，可以随便乱拱，而守军根本无法节节抵抗。

所以，可以这样说，唐长安城就是一座只注重政治价值，却没有任何军事价值的城池。

安史之乱爆发时，唐玄宗李隆基为何仓皇南巡？

吐蕃入侵，唐代宗李豫为何不战而逃？

这一次兵变，五千泾原兵为何能轻而易举杀进长安？

整个唐朝二百八十九年，长安城为何六次沦陷？

其中一个主要原因就在于此。

所以，如果想要守住长安，就只能把希望寄托于外围的两道防线：

关中四隘（萧关、潼关、大散关、武关）和长安外围的城池。

但问题是，安史之乱以后，萧关以西基本成了吐蕃的地盘，萧关的作用因此大大降低。

吐蕃当年攻占长安，就是走的萧关、邠州、奉天一线。

仆固怀恩造反，也是通过萧关、邠州打到了奉天，随后郭子仪在奉天进行了绝地反击。

所以，只要眼睛不瞎，便会发现奉天就是长安西边的最后一道防线，其军事价值不言而喻。

桑道茂为啥要劝说李适加固奉天？

不是他能预测未来，很大概率是他经历过吐蕃和仆固怀恩之乱，其主要目的，在于防止吐蕃第二次攻入长安。

但无论他的初衷如何，能想到加固奉天城，就是高人一筹。让李适逃出长安以后，有了一处不错的落脚之地，就是有功于社稷。从这个意义上讲，老子总算没有辜负李渊追着他认祖宗。

而就在李适逃往奉天的路上，抢劫了一天，把国库全部搬空的泾原兵们也冷静了下来。

他们看着眼前堆积如山的金银珠宝，突然陷入了深深的恐惧之中。三年前造反，皇帝可以赦免自己；如今把皇帝都赶跑了，还想让皇帝赦免，恐怕比登天都难。

尤其是泾原节度使姚令言最为恐惧，兵变的时候，他还极力地阻止过。可是这群兵痞子眼里只有钱，他也只好被裹挟着造了反。

可是抢劫一时爽，转身火葬场。小兵们抢完之后，可以隐姓埋名过完后半生，他这个首犯又能逃到哪里呢？除了一条道走到黑，他已别无选择。

一般人想走到黑，都是再拥立一个皇室子孙当皇帝。比如董卓进洛阳，废了少帝立了献帝；高欢入洛阳，废了魏节闵帝元恭，立了魏孝武帝元修。甚至吐蕃占领长安的时候，也是让广武王李承宏当了傀儡皇帝。

之所以如此，就是给自己立一块贞节牌坊，让天下人知道，自己是吊民伐罪，而不是野心篡位。

虽然大家都知道这个牌坊是泡沫做的，一戳就破，但是人活一张脸，树活一张皮，只要大家都不戳，泡沫做的贞节牌坊那也是牌坊。

　　例如曹操以汉献帝的名义征召天下士人，士人就愿意应召入朝。什么，曹操是汉贼？你可拉倒吧，看看这诏书，盖的是皇帝的公章，我们这是为皇帝打工。

　　曹操以汉献帝的名义征讨四方，军阀们虽然不吃这一套，但军阀手下的文臣武将们投降起来，起码不会有道德压力。大家往上数八辈都是汉臣，如今重新归附朝廷，不叫背叛，那叫忠义。

　　但姚令言却是一个有勇无谋的莽汉，他直接把朱泚推了出来，准备另立新朝。

　　朱泚，我们之前讲过，十年前卢龙节度使朱希彩被杀之后，他和弟弟朱滔夺取了卢龙最高领导权。随后，朱泚亲自入朝，他的弟弟朱滔又趁机夺了他的大权。

　　但是，朝廷并没有因为朱泚失意而将他冷落一旁，而是不仅提拔他为宰相，封他为遂宁郡王，还让他一直掌握着兵权，当年泾原兵在刘文喜的带领下造反，就是朱泚带领大军平定的叛乱，之后，他还担任了一段时间的泾原节度使。

　　直到782年朱滔造反，并给朱泚写了密封，让他里应外合，李适才解除了他的兵权，但是太尉、中书令等职并没有撤销，而且还将他的食邑增加到了一千户，并劝慰他说："千里不同谋，你弟和你无关。"

　　可以说，朝廷对朱泚绝对是仁至义尽的。

　　而朱泚也是有人生底线的人，在皇位和忠臣之间，他义无反顾地选择了皇位。

　　在他看来，弟弟朱滔在河北造反，自己如果在长安称帝，那么整个天下，就会是他们老朱家的（一百多年后灭唐的朱温，和他俩没有关系）。

　　不过，在正式称帝之前，朱泚决定先玩一个花招。

　　他在皇宫门口，张贴了一份告示，宣称泾原兵没有礼貌，以至于皇帝西巡，大家都很自责。如今他暂时总督六军，没来得及逃跑的文武百官，限三天之内，必须向他报告，然后大家一起，去迎接唐德宗李适回朝。

几天之后，把大臣们都忽悠来了，他便让大将韩旻（mín）带领三千泾原兵马，敲着锣、打着鼓，声称要迎接李适回朝，实际上则是袭击奉天。

有大臣劝说李适："朱泚心怀不轨，一定是来攻打奉天的，应该早做准备。"

可惜宰相卢杞是个彻头彻尾的猪头，他咬牙切齿地说道："朱泚忠贞，群臣不及，怎么能说他要造反？我以我家一百口人的性命担保，朱泚必不会反。"

李适的脑子，大家也知道，和猪头也差不了多少，所以听卢杞这么一说，他也认为朱泚不会造反。于是，他就派出了一些使者，去迎接韩旻的三千兵马。

如果历史按此发展下去，李适和卢杞被砍，倒也是天下之幸，百姓之幸，起码少浪费了一些粮食。

但就在这个关键的时刻，电视剧里经常上演的一幕发生了。一名使者手持司农卿大印，从长安飞奔而来，把韩旻及其三千兵马又喊了回去。

司农卿，相当于农业部部长。一个管农业的人，怎么能调动朱泚的军队呢？这事还得从几天前说起。

朱泚被泾原兵们拥立为老大之后，为了得到更多人的支持，曾派十几名骑兵，把时任司农卿的段秀实拽到了皇宫。

段秀实，原本是战功赫赫的名将，为人极其刚正勇猛。

怛罗斯之战时，唐军大败，"人型坦克"李嗣业准备逃跑，是他大骂李嗣业："惮敌而逃，非勇也；免己陷众，非仁也。"随后，他们两个重整败军，带领部分军队杀出了重围。

封常清跨越帕米尔高原，远征大勃律时，是他提醒封常清："敌以弱兵，引诱我军，山林之中必有埋伏。"封常清听从其言，这才一举灭了大勃律，荣升名将之列。

安史之乱时，李亨征召李嗣业到灵武勤王，李嗣业准备观察一段时间再说，又是他劝说李嗣业："哪有天子告急，而臣子不动的，公常自称大丈夫，如今怎么像个娘们。"李嗣业惭愧不已，随后两人入朝作战，立下了赫赫战功。

吐蕃占领长安的时候，段秀实又劝说邠宁节度使白孝德出兵，和郭子仪一起，收复了长安。

随后的十几年里，段秀实一直在泾原一带抵御吐蕃，再次立下了无数战功，最后担任了泾原节度使，也就是这一次造反的泾原兵们的老大。

除了勇猛忠义之外，他还格外的廉洁无私，为官数十年，不是因公聚会，他从不喝酒，而且只拿死工资，一直到死，家里都没有乐妓和小妾。

这么一位忠勇无双、大公无私的人民公仆，如果让他一直担任泾原节度使，根本不会有泾原兵们的两次造反。

但是，三年前，杨炎当上宰相之后，想要修筑原州城，便派人去询问段秀实的意见。段秀实觉得，春天农民太忙，需要耕种，最好不要征劳役，等到农闲时节，再修城不迟。

只要是个正常人，都会觉得段秀实的意见很有道理，可是刚愎自用的杨炎偏偏觉得，段秀实是在和自己作对。于是，他在得到李适的允许之后，就把段秀实调入长安，给了他一个司农卿的闲职。

朱泚觉得，段秀实和自己一样，长期失去兵权，一定会心怀怨恨，支持自己造反。

所以，把段秀实拽到皇宫以后，他非常高兴地邀请段秀实入座，并把段秀实当成了心腹，向其询问计谋。

没想到，段秀实直接给他扣了一顶忠义的大帽子，并劝他迎接圣上回朝，必将名垂青史！

朱泚听完，很不高兴，但是他又一厢情愿地认为段秀实这是为自己着想，才敢这么说。所以，他仍然把段秀实当成了心腹，但凡有要事，都要找段秀实商量一番。

段秀实则将计就计，一边继续和朱泚演戏，一边联络他在泾原兵里的心腹，密谋杀掉朱泚。

就在段秀实磨刀霍霍的时候，发生了上文所讲的，朱泚派大将韩旻带领三千兵马去袭击奉天的事情。

段秀实知道，以卢杞的智商，不可能识破朱泚的计谋。这个时候只有自己，才能挽救大唐社稷。所以，他立刻派出使者，拿着他的大印，把韩旻叫了回来。

韩旻原本就是段秀实的手下，如今段秀实又是朱泚的座上客，所以，看到司农卿的大印之后，他也就回来了，奉天城里的李适因此躲过了一劫。

可是，救了皇帝，就意味着要牺牲自己。

段秀实自知，韩旻回来以后，自己一定性命难保。所以在派出使者的同时，他便遣散了家人，并对他们说道："我世受国恩，如今国家蒙难，自当为国家殉难，你们自求生路去罢。"

随后，段秀实又让自己的几个心腹，去联络泾原军中的将士，准备在长安城中紧急起义。

可惜天公不作美，就在这时，朱泚突然派人传召段秀实进宫，说有要事相商。

周围人纷纷劝说段秀实不要进宫，事情可能已经败露，三十六计走为上计。

但段秀实却义正词严地表示："事已至此，我岂能退缩，入宫之后，我自当与朱泚直接搏斗，将他杀死。如果不能成功，我便一死了之。"

说罢，他便朝着皇宫，也是自己的坟墓，绝裾而去。

他到达皇宫的时候，朱泚正在和其他心腹们商讨称帝之事，看到段秀实来了，朱泚急忙招呼他坐了下来。

就在这时，段秀实猛地站了起来，拿着象牙朝笏，朝着朱泚的脸上狠狠地砸了过去。

朱泚大吃一惊，急忙举手格挡，但因为猝不及防，还是被打中了脑袋，顿时鲜血直流。

段秀实又揪住朱泚的头发，准备给他致命一击，但是朱泚毕竟年轻，只有四十三岁，而段秀实已经六十五岁了，手脚明显没有朱泚灵活。

只见朱泚身体一闪，就躲过了段秀实的二次打击。随后，两人便你一拳、我一脚地在大殿之上混战了起来。

朱泚的侍从们见了，也不知道怎么回事，所以，全都不敢妄动，只是站在一旁，呆呆地望着他们两个打架。

两人打了半天，李忠臣这才反应过来，急忙上前抢拳，朱泚这才得以脱身。

段秀实见状，自知事情已无可挽回，便大声喊道："我不和你们一起造反，为什么不杀死我！"

侍从们这才反应过来，纷纷上前，将段秀实劈杀。

唐德宗李适听到段秀实的死讯，这才意识到，原来朱泚真的已反，顿时悔恨不已，涕泪交横，过了许久，才停止了哭泣。

只是，愿意用全家一百口性命担保朱泚不反的卢杞，依旧还是宰相，李适依旧对其言听计从。

一百七十二　皇帝吃野菜，奉天保卫战打得有多激烈

783年十月八日，也就是段秀实被残杀的第二天，朱泚在长安城中诛杀了王子、王孙七十七人，然后自称大秦皇帝，改年号为应天。

十月九日，驻扎在凤翔的朱泚旧部，发动叛乱，向朱泚投降。原本要去援助襄城的数万幽州军队，也突然闯入关中，归附了朱泚。

朱泚的实力由此急剧膨胀，十月十日，他便亲率大军，朝奉天杀了过去。

而此时，奉天城里勤王的部队不足一万，其中还有五千多名是刚刚招募的新兵蛋子，所以，一时之间人心惶惶，不知所措。

但极为幸运的是，五天之前，被吐蕃称为大唐三大名将之一的左金吾大将军浑瑊，刚好从京城逃到了奉天（唐之名将，惟李晟、马燧、浑瑊三人）。

浑瑊，736年出生于铁勒九姓中的浑部（匈奴别种），他爷爷的爷爷在李世民时期，带领部落归附了唐朝。

后来，他们家世代担任皋兰州都督（今宁夏银川南部黄河两岸），替大唐戍边。他的父亲浑释之，武艺高强，战功卓著，升为开府仪同三司、宁朔郡王。

虎父无犬子，在父亲的言传身教之下，浑瑊从小就善于骑射，精通兵法。

十一岁时，他便跟着父亲到边疆戍边，当时的朔方节度使张齐丘，还和他开玩笑说："有没有带奶妈来啊？"

十三岁时，他又跟着哥舒翰参与了石堡城之战。此战之中，他一马当先，给大家表演了好几次什么叫作勇冠三军，从此闻名军中。

安史之乱时，他先后跟随郭子仪、李光弼、仆固怀恩等人，经历大小百余战，立下了赫赫战功，战后被授予开府仪同三司，实封食邑两百户。

后来的仆固怀恩之乱、吐蕃入侵长安等一系列战争，他都是身先士卒，冲锋在前，终于成为独当一面的封疆大吏，深受郭子仪的信任，连续十几年都在西北抵御吐蕃。

直到唐德宗李适即位，他才被调入中央，担任了左金吾大将军。

对于这么一位忠诚的老将，唐德宗李适还是表现出了充分的信任，立刻任命他为京畿、渭北节度使，全权负责奉天的防御事务。

面对朱泚数万大军的疯狂进攻，浑瑊和往年一样，再一次爆发出惊人的战斗力。

他亲自站在城墙之上，带领着士兵们拼命地往城下扔石块，放冷箭，泼滚水，浴血奋战了整整一天。

但是，浑瑊一顿操作猛如虎，定睛一看原地杵。朱泚比他想象的还要勇猛，像一块狗皮膏药一样，紧紧贴着奉天城，就是不退。

当天晚上，朱泚又加大了攻势，找了一群敢死队，直接攻到了奉天城的门口，又是撞，又是砍，城门随时都有被攻破的可能。

眼看已经到了最危险的时刻，浑瑊也找来了一群身穿重甲、手持长刀的敢死队。随后他下令打开城门，和叛军的敢死队直接展开了肉搏。

在重甲的保护之下，唐军将士个个以一当百，肆意砍杀，很快就取得了局部优势。

但是，这一幕很快就被城外的朱泚看见了，他以为城门是被自己人攻开的，所以立刻指挥主力朝城门猛冲了过去。

浑瑊等的就是这个时刻，他早就让人在城门口准备了几车干草，就等着敌军冲锋的时候，来一个人车版本的火牛阵。

所以，等叛军刚刚抵达城门口，浑瑊立刻让人点着了干草。在几十位大汉的推动之下，一辆辆"火车"朝着叛军疾驰而去，而"火车"的后面还跟随着大量的唐军。

冲在前面的叛军，顿时被"火车"吓得呆若木鸡，随即便被后面的唐军剁成了肉泥。

后面的叛军见了，也被吓破了胆，纷纷撒开脚丫子就往回跑。唐军在后面趁势掩杀，一时之间叛军血流成河，凄惨无比。

朱泚只好后退三里，安营扎寨。在随后的二十多天里，虽然他每天都会派人前来攻城，但每一次都没有第一次激烈，自然也都被浑瑊打了回去。

十一月一日，唐德宗李适得到了一条好消息，灵武留后杜希全等人，已经率领勤王的一万兵马到达了渭北，距离奉天城不过二十里地。

但是，杜希全却不敢走了。因为摆在他面前的有两条路：

第一条是经过乾陵，也就是唐高宗李治和武则天的坟墓。

优点是安全，缺点是从乾陵经过，害怕把李治和武则天震得从地下"爬"出来。

第二条是经过漠谷。

优点是距离近，缺点是道路险要，很有可能会被叛军伏击。

杜希全想走第一条路，但是又害怕被朝中的某些奸臣弹劾，所以，就把这个本来不是问题的问题，呈报给了唐德宗李适。

李适也不知道该怎么办，便把卢杞、浑瑊等人召集起来开会讨论。

作为职业军人，浑瑊的态度很明确，安全第一，其他靠边站。近一个月以来，叛军天天到乾陵上砍伐松柏，制作武器，也没见把李治和武则天震出来，我们再震一次又有何妨？所以，必须从乾陵上经过。

作为一个糊涂蛋，卢杞的态度也很明确。他表示，叛军震你祖宗咱管不着，但咱不能自己震啊，万一把那俩祖宗震出来，谁敢担责？所以，应该从漠谷行军，援军如果遭到伏击，咱派人去救就行了。

大家都知道，唐德宗李适一直以来也是糊涂得很，基本上是卢杞说啥他听啥。

卢杞说只要派颜真卿过去，李希烈就会改过自新，效忠朝廷。李适就把颜真卿派了过去，结果颜真卿被杀，李希烈不仅造了反，还称了帝。

卢杞说朱泚忠贞无比，一定不会造反，李适就赶紧派人去迎接朱泚的叛军。结果朱泚第二天就反了，而且也称了帝。

如今卢杞又说援军应该从漠谷过，李适自然也不例外，又一次听从了卢杞的馊主意。

结果可想而知，杜希全的一万援军被朱泚的伏兵打得丢盔弃甲，惨败而逃。

叛军的士气由此大增，朱泚干脆把自己的指挥部搬到了乾陵上面，一边踩着李治的坟，一边指着奉天，骂李适是个蠢货。

随后，朱泚又派人把奉天城团团围了起来，夜以继日地猛攻城池。

又过了十天，奉天城中的物资和粮食便见了底，为了能让唐德宗李适活下去，守城官兵只好在敌军休息的时候，偷偷溜下城去，挖一些野菜，让李适勉强充饥。

这时候，李适终于流下了悔恨的泪水，把大臣们召集起来，说道："朕因无德，自陷危亡，是情理之中。诸位无过，最好及早投降，以便救出自己的家人啊。"

群臣听罢，顿时哭成了一团……

可是哭又有什么用呢？早知如此，何必当初！

就在群臣们嗷嗷痛哭的时候，朱泚又一次集结所有叛军，对奉天城的东北角，发动了一个多月以来最为猛烈的进攻。

他让一名叫法坚的和尚，制造了一批重型攻坚武器，其中一种为长宽各十几米的云梯。云梯的外面包裹着厚厚的牛皮，下面安装着巨大的轮子，还藏有五百名士兵。

唐军看到如此庞大的云梯，全都惊恐不已，他们立刻拿起利箭、巨石、火炬对着云梯一顿招呼。但是，就跟用大刀砍坦克一样，没有丝毫的作用。

很快，云梯就被推到了奉天城的东北角，埋伏在云梯下面的叛军，顿时像蚂蚁一样，倾巢而出，沿着云梯奋力地向上攀爬。

朱泚则在后面亲自擂鼓呐喊，为其助威。

唐德宗李适、太子李诵以及浑瑊看到事情紧急，也全部登上城墙，和唐军士兵们一起浴血奋战。

两边的士兵都像疯了一样，拉满了弓弦，挥舞着大刀，使出浑身的力气，朝对方的头上砍了过去。

一时之间，战场之上尸横遍野，血流成河，让人看罢胆战心惊。

可这时，天公不作美，突然刮起了猛烈的北风。唐军由于是迎风作战，顿时被刮得睁不开眼睛。

叛军趁机万箭齐发，箭借风势，风助箭威，城墙上的唐军纷纷中箭而倒。正在攀爬云梯的叛军，趁机登上了城墙，和唐军厮杀在一起。

李适和浑瑊见状，全都惊恐万分，自知人生中最后的时刻已经来临，不觉相视而泣，痛哭不已。

　　片刻之后，李适血液中流淌着的李唐皇室的血性，终于被激发了出来。他擦干眼泪，决定与叛军做最后的拼杀。

　　他把一千多份自御史大夫、实封食邑五百户以下的空白委任状以及御笔，全部交给了浑瑊，让浑瑊根据士兵们所立功劳的大小随便委任，如果委任状不够，便写在士兵的身上，战后再给封赏。

　　做完这一切，李适抬起头颅，看着长安的方向，对浑瑊说出了最后一句话："永别了！"

　　浑瑊听罢，趴在地上，一句话也说不出来，只是任泪水肆意地流淌。李适抚摸着浑瑊的后背，又一次忍不住哽咽得不能自已。

　　可偏偏在这个时候，一支利箭恰好射中了浑瑊。群臣们顿时大惊失色，纷纷仰望苍天，祈求不已。

　　但浑瑊已经顾不得疼痛，只见他直起身来，带着身上的箭，便朝着前线大踏步地走了过去。

　　在浑瑊以及那一千多委任状的激励之下，唐军又一次振作起来，纷纷擂鼓呐喊，奋力而战……

　　而在这时，奇迹终于出现了，叛军的云梯有一只轮子突然陷进了坑里。

　　原来，就在朱泚打造云梯的时候，唐军已经在云梯可能经过的地方，挖了一些地道，并在地道里准备了大量的芦苇、松脂、膏油，就等着云梯陷入地道以后，放火烧梯。只是刚开始，叛军运气极好，地道一直没有塌陷而已。

　　如今，大火终于从地道里冒了出来，云梯瞬间被大火包围。不一会儿，云梯和梯上的叛军便被烧为灰烬，惨叫之声，焦臭之气，蔓延数里。

　　浑瑊大喜过望，立刻下令打开奉天城的三座大门，对叛军进行了全方位、立体式的打击。

　　朱泚大惊，急忙鸣金收兵。唐军趁势掩杀，又一次转败为胜。

第二天，朱泚不甘失败，再一次集结了所有兵马，准备对奉天城继续发动总攻。但是，突然一条十万火急的军报传到了他的营中：

李怀光已率领五万朔方军，从河北前线赶到了关中，并在澧泉大败朱泚军队，随后进驻咸阳。

朱泚听闻，顿感不妙，急忙领兵逃回了长安。

几天之后，李晟和马燧的行军司马王权等人，也率领一万五千多名精兵，从河北前线赶到了长安附近的渭桥。

李适在担惊受怕了将近两个月之后，终于得到了一丝喘息的机会。但是，也只是一丝而已，因为李怀光在这个时候，竟然也起了反心……

一百七十三　从郭子仪变成董卓，权力让他一念成魔

人的一生，最关键的就那么几步，是成佛还是成魔，也就在一念之间。

解除奉天之围以后，李怀光就迎来了人生中最关键的一步。

向左，即是郭子仪第二，位极人臣、名垂千古。向右，即是董卓复生，乐在一时，遗臭万年。

李怀光决定回师救驾的那一刻，应该是想做郭子仪第二的。但是，他只看到了郭子仪表面上的军功，却没看到郭子仪最核心的密码：

对权力始终保持极大的克制，他拥有权臣的资本，却从来没有干过权臣爱干的事情，什么权倾朝野，一手遮天，专断独行，和他统统无关。

对政治始终保持一定的距离，他拥有左右政局的能力，很长时间都戴着宰相的头衔，但他只是挂名而已，中书省下发的文件，他从来不去看也不签字。

对皇帝始终保持绝对地服从，他有无数次挟天子令诸侯的机会，更有拥兵自重割据为王的实力，但是唐肃宗李亨、唐代宗李豫、唐德宗李适，祖孙三代削了他三次兵权，他每一次都毫不犹豫，立刻上交。

而李怀光在回师的途中，就犯了一个政治大忌。

他曾多次对人宣称："天下大乱，都是卢杞的责任！我若见到圣上，一定奏请杀了他。"

这话看起来非常正义凛然，但效果却和犯人对着狱警大喊，我要弄死你一样，是一句十足的胡话。

奉天之围一解除，卢杞就知道了李怀光准备整死自己。为了自保，他赶紧给唐德宗李适提了一个建议：

"敌军已经被吓得屁滚尿流，根本没有心思守城。如果让李怀光乘胜攻取长安，一定能够成功。但如果让他入城朝见，必定会拖延几天，到时候敌军已经做好了防备，再想拿下长安，恐怕就难了。"

李适一想，觉得的确是这么个道理。便立刻下令，命李怀光带领军队屯驻便桥，与李晟以及其他三路兵马，按照限定日期，一起攻打长安。

这种安排看起来没有什么大错，但其实存在很大的隐患。

因为从河北战场到奉天的距离大概是两千里，李怀光的朔方军跑到河东，还没有渡过黄河的时候，就已经精疲力尽，想要休整三天了。

但是，管粮草的崔纵提前把粮食、财物全部运过了黄河，并劝大家说，只要渡过黄河，所有财物全都赏赐给大家。士兵们为了这些钱财，才赶紧渡过黄河，并和朱泚的军队干了两仗。

如今的朔方军已是强弩之末，急需休整，这时候让他们限期攻打长安，无异于自寻死路。

更何况，这个主意还是卢杞出的。

所以，李怀光大为恼火，他发誓必报此仇，与卢杞不共戴天。

于是，李怀光拒绝执行命令，屯兵咸阳，再也不愿前进一步。并屡次上书，要求将卢杞绳之以法。群臣对卢杞的专权无能，也十分的不满，所以，他们也跟着李怀光一起上书。

783年十二月十九日，李适迫于压力，只好把卢杞贬为新州司马。

一年多以后，李适又准备起用卢杞，但遭到群臣的激烈反对，不久之后，卢杞终于病死，结束了他罪恶的一生。

事情到这里，李怀光所做的一切，还都属于为朝廷着想的范畴，入选当年感动大唐十大人物不成问题。

但是，接下来他做的事情，就开始向着人民公敌的阵营大踏步迈进了。

当时有个叫翟文秀的太监，受李适的命令，带领了一部分军队去帮助李怀光收复长安。但是，李怀光觉得这个太监嚣张跋扈，又一次上书，要求李适把这太监给杀了。

随后，他又觉得李晟能力太强。如果自己不反，李晟可能会抢自己的功劳。如果自己造反，李晟又是一个障碍。于是，他准备把李晟搞死。

他上书唐德宗李适，表示准备进攻长安，唐军可以合兵一处，由他统一指挥。

李适不知是计，便下令让李晟以及另外两路援军，全部移师李怀光的军营附近。刚开始，李晟也不知道是圈套，便执行了命令，把部队转移到咸阳的东边。

但极为幸运的是，就在李晟搬家的时候，朱泚突然率领大批敌军，赶到了咸阳，准备和唐军来一场面对面的厮杀。

李晟瞅准战机，赶紧对李怀光表示，敌军固守城池，难以攻打，如今敌军已经出城，正是灭了他们的最好时机，自己愿意作为前锋，和敌军决一死战。

李怀光害怕李晟立功，断然拒绝了他的要求，强制命令所有部队坚守不出。

作为一名职业军人，李晟敏锐地察觉到了李怀光的异常，从此开始对他严加提防。

李怀光看到没有机会干掉李晟，便又心生一计，准备把李晟搞烂搞臭。

当时，李晟手下的一万多人属于神策军，也就是中央直辖的禁军，因为京城附近的物价高，所以工资待遇要比朔方军高一些。

李怀光便以此为借口，要求朝廷同工同酬，要么提高朔方军的待遇，要么把神策军的工资，降到朔方军的水平。

李适摸了摸空空如也的口袋，尴尬地看了看心腹陆贽。

陆贽跑到咸阳，把李怀光和李晟叫到一起，也摸了摸空空如也的口袋，尴尬地看了看他俩。

李怀光露出一丝奸笑，眼睛直勾勾地盯着李晟，意思很简单，你自己来宣布给神策军降低工资吧，到时候神策军哗变，可是你的责任哦！

哪知道，李晟踢球的水平也是一流，他立刻义正词严地表示，军人以服从命令为天职，李怀光是主帅，神策军的工资，全由他说了算。

李怀光的脸色顿时变得铁青，在心里问候了一遍李晟的全家，就回到了自己的营帐。

如果是一般人，看见自己连一个属下都搞不定，大概率就不会造反了。可是，李怀光的脑回路相当的新奇。

从此，他不搞李晟了，转过身又和长安城中的朱泚以及奉天城中的部下勾搭上，准备来一个里应外合，搞死唐德宗李适。

这时候，李适已经收到了李晟的一线调研报告——李怀光即将造反。

但是，李适依旧不愿意相信这一切，还对李怀光抱有最后的希望，因此李适又加封李怀光为太尉，并赐了一个免死铁券。

而李怀光却马上把李适的脸抽得啪啪直响。他竟然当着宣旨太监的面，把免死铁券扔到了地下，并大声喊道："皇上是怀疑我李怀光吗？臣子造反，才赐铁券。我又不曾造反，现在赐铁券，是让我造反的吧！"

李适这才意识到，李怀光真的要反了。他急忙带着文武大臣们，准备学习他的老爷李隆基，往四川跑路。

不过，他还没有开跑，就被李晟一把拉住了。

理由很简单，当年你太爷爷李隆基跑到了四川，你爷爷李亨跑到灵武称帝，让勤王部队看到了信心，这才保住了李家的天下。

你现在又要跑到四川，且不说会丢掉半壁江山，别人照葫芦画瓢在北方称帝你咋办？不如跑到梁州（今汉中），进可攻，退可守，勤王的部队还会有信心。

难得啊，李适竟然破天荒地听从了一次合理的建议。终于带着文武大臣们，跑到了梁州。

李怀光听说皇帝跑了，急忙命令三员大将，前去截击。

但是，李云龙说过，每一支部队，都有他独特的气质，而这种气质，往往是第一任首长决定的。

郭子仪虽然不是朔方军的第一任首长，但朔方军毫无疑问是从郭子仪开始而伟大的。

从755年到781年，郭子仪用了二十多年的时间，将这支军队的骨子里，填满了忠义的基因。他虽然已经驾鹤西去，但这种忠君爱国的精神，还在激励着一代又一代的朔方兵砥砺前行。

所以，朔方军的大部分将士，都不愿意背上造反的骂名。

朔方左兵马使张名振（相当于朔方军老二），大骂李怀光这是要舍弃泰山之功，自取灭族。李怀光大怒，以他得了神经病为由，把他砍了。

右武锋兵马使石演芬（相当于朔方军老五），是个西域胡人，李怀光把他收为了义子。但他也大骂李怀光："圣上把太尉视为辅政之臣，太尉竟然要造反。我是一个胡人，不能怀有二心，绝对不会陪你造反。"

李怀光再次大怒，又命令侍从把石演芬切成碎块，煮了吃了。但侍从们没有执行他的命令，只是把石演芬给杀了。

另外，去截击唐德宗的那三员大将，出发以后，就让士兵们到处溜达去了。

李怀光又下令，全军去攻打李晟。但是，他连续下了三道命令，却没有一个人愿意执行。

李怀光又下令，让他的老部下邠州留后张昕，带着一万多人，前往泾阳与他会合。但是，他的另一个手下大将韩游瓌，直接把张昕给剁了，并宣布效忠朝廷。

经历了种种挫折，李怀光终于蒙了，他本以为皇帝李适昏庸无道，自己只要登高一呼，就会应者云集，创造丰功伟业。

没想到，连自己手下的五万兵马，都不愿意听从自己的指挥。

而这时，造反界的扛把子朱泚也开始看不起他了。在他还没造反之前，朱泚为了拉拢他，给他写信时，装得比孙子还孙子，并和他约定，两人都在关中称帝，永远互为邻邦。

可等他造反之后，朱泚一看他快成了光杆司令，便想把他当孙子使唤，给他的不再是信件，而是诏书，而且还要求他跪着接诏，并要调动他的军队。

李怀光又惭愧，又生气，又无可奈何。在关中待了二十多天后，他实在待不下去了，害怕哪一天手下把他给剁了。于是，784年三月，他烧掉了营房，纵兵把泾阳等十二个县抢了一遍，跑到了河中（今山西永济）。

没有了捣乱的李怀光，收复长安便被提上了日程。

784年四月，李适加封李晟为尚书左仆射、同中书门下平章事，率军从渭桥出发，由西向东收复长安。

浑瑊为检校左仆射、同中书门下平章事，从奉天出发，由东向西收复长安。

五月，两路大军相继开拔，朝长安杀了过去。

我们之前说过，唐朝的长安由于面积太大，城墙太低，没有二十万以上的兵力，根本守不住。

所以，面对唐军的进攻，朱泚也没有选择在城中坚守。他连续派出了几名大将，前去和李晟对阵，但每一次，都是在短暂的交锋之后，被李晟打得大败而逃。

到最后，朱泚只好龟缩起来，再也不敢派兵出战了。仅仅八天时间，落入叛军之手七个月之久的长安，便被李晟收复了。

而且和以往每一次收复长安不同，李晟对军队的管束极为严格，堪称古代治兵的巅峰。

他下令，任何人不得侵犯百姓的财产丝毫，哪怕是叛军留下的财产，也不能私自占为己有。

一名唐军将领抢占了一个叛军的歌妓，一位士兵霸占了一匹叛军的战马，这两人都被李晟砍了，以正军法。

另外，为了防止士兵们大规模上街，惊扰到城中百姓，李晟还下令，所有士兵，五天之内，不得和已经失联了七个多月的城中家属联系，当然，也包括他自己。

在一系列军纪的严格约束之下，长安城很快就恢复了秩序，又一次焕发出昂扬的生机。

朱泚见大势已去，仅率领一百多名心腹，逃到了宁州（今甘肃宁县）。随后被部下所杀，终年四十三岁。

一个多月以后，唐德宗李适终于带着文武大臣们，返回了长安。

而且，他也和他的父亲唐代宗李豫一样，经过此次大难，迅速地成长了起来。

他开始重用一些能臣，他开始不停地反思自己，他开始纠正以前的错误，让这个满身弹孔，而且还差点翻车的大唐，重新回到了正轨……

一百七十四　一个道士，靠什么挽救了大唐

其实在收复长安之前，唐德宗李适就已经开始迷途知返了。

尤其是大忽悠奸相卢杞被贬之后，李适的智商马上就占领了高地，起码恢复到了正常人的水平。

他把敢于直谏，而且德才兼备的陆贽提拔为谏议大夫。无论遇到任何事情，他都会先找陆贽商量一下再去实施，因此陆贽也被称为"内相"。

有人可能要问了，那为什么不直接把陆贽提拔为宰相呢？

原因很简单，陆贽实在是太年轻了，这时候年仅二十九岁。

754年，陆贽出生于江南四大姓之一的吴郡陆氏，其父亲曾经当过县令，不过很早就去世了，因此陆贽的童年并不快乐，全由他的母亲教导成人。

幸好陆贽从小就属于那种"比你聪明而且还比你努力的人"，十八岁时，他就考中了进士，被当时的人称为奇才。

李适还是太子的时候，就听说了陆贽的才能，当上皇帝之后，便把陆贽召到了中央，任命为翰林学士，参与机要。

泾原兵变之后，朱泚在长安称帝，陆贽跟着李适跑到了奉天。当时政局混乱，战报纷飞，搞得李适头昏眼花，无从下手。

陆贽见状，主动请缨，一边疾笔如飞帮李适写诏书，一边鞭辟入里帮李适分析时局，让李适大为惊叹，从此对其相当的倚重。

783年年底，李怀光打败朱泚，解除奉天之围，把宰相卢杞逼下台之后，天下的时局并没有好转，而是乱成了"七路诸侯三锅粥"：

第一锅粥在关中：朱泚占据着长安，自称秦帝（后来改国号为汉）。李怀光占据着咸阳，原本效忠朝廷，但屠龙少年变成了恶龙，他也准备造反。

第二锅粥在河南：淮西节度使李希烈，攻下了汴州（今河南开封），自称皇帝，建国号楚，下一步准备占领洛阳，再入关中。

第三锅粥在河北与山东：卢龙朱滔、成德王武俊、魏博田悦、淄青李纳全部自称为王。而且，朱泚在关中称帝之后，把弟弟朱滔封为了皇太弟，让他带着王武俊、田悦、李纳等人从河北往关中进攻。

如果让这三锅粥汇集到一起，那么，大唐这个高压锅肯定就要崩了。前文所述李适为什么准备逃到四川，就是因为他觉得北方已经压不住了，退到南方起码还能守住半壁江山。

但陆贽却敏锐地发现，这些叛军看似实力强大，背后却各怀鬼胎，只要使用一条计策，就能使叛军内讧。

而这条计策只有三个字——罪己诏。具体来说，诏书内容主要包括三个方面：

第一，废除一切苛捐杂税，包括给那些商人们摊派的费用。

第二，承认削藩是皇帝李适的错误，各个藩镇将领都是有功的人，只要放下武器，罪行全部赦免。

第三，只有朱泚不在赦免范围，大家一起来群殴他。只要把他殴死，所有人赐名"奉天定难功臣"。

第一条针对的是普通老百姓：税少了，能活下去了，大家就不要再造反了。

第二条针对的是藩镇将领和士兵：咱们已经打了两年，双方都死伤惨重。如今皇帝已经知道错了，而且还赦免了大家，你们看还要继续打吗？

第三条针对的是关中的中央军：兄弟们，打死那丫的，皇帝给大家分肉吃。

李适听完之后，又一次出人意料地听从了这个正确的意见，在784年正月初一下发了这份罪己诏。

效果和陆贽预测得一模一样，叛军马上出现了内讧。成德王武俊、魏博田悦、淄青李纳，全都不愿意再打了，其原因有三：

一是，这三个镇在过去的两年时间里，被朝廷削得最狠，粮食已经见底，实力已经大损。

二是，朱泚和朱滔兄弟，实力强盛，但是盛气凌人，让他们三个人很不舒服。

三是，他们三个人害怕跟随朱滔打完天下，最后会被朱滔吞并了。

所以，他们三个人一接到诏书，就除去了自己的王号，表示重新归顺朝廷，帮助朝廷平叛。

卢龙的朱滔听说以后十分生气，后果也十分严重，不过是对于朱滔而言。

784年五月，也就是长安被李晟收复的那个月，朱滔便被成德王武俊和唐军将领李抱真联合双打了好几顿，死伤几万人，又退回了幽州。

随后，朱滔只好向朝廷上表请罪，但他的小心脏，却承受不了失败的痛苦，最终一病不起。第二年（785年），朱滔把后事交给了自己的表弟刘怦，不久便死了，年仅四十岁。

两个月后，刘怦也死了，又把后事传给了儿子刘济。刘济吸取了朱滔失败的教训，此后一直对朝廷极为恭顺，进贡不断，后来他又帮助唐宪宗削藩，立下了赫赫战功。

魏博的田悦归顺朝廷之后，田承嗣的儿子田绪觉得，老爹当年死的时候，就不应该把位子传给田悦。正是因为田悦反叛了朝廷，才让魏博损失惨重。

所以，784年三月，田绪又发动政变，把田悦给杀了，自己当了魏博节度使。

经过这些藩镇的不断内斗，784年七月，也就是唐德宗李适回到长安的时候，天下形势已经得到了极大的缓和：

河北和山东的四个藩镇全部投降，只剩下河中的李怀光与淮西的李希烈在负隅顽抗。

李怀光看到朝廷马上要修理自己，急忙把儿子李璀送到了长安，表示要归顺朝廷。

他本以为，归顺朝廷之后，李适一定会允许他，像山东的四个藩镇一样割据一方。

但他显然想多了，河中（今山西永济市）是关中的东大门，李适就算是个傻子，也不会允许让一个给自己看大门的大爷，天天拖着四十米长的大砍刀，在门口乱溜达。

所以，唐德宗李适最后虽然赦免了李怀光，但只给了他一个虚职，让他担任太子太保，到中央任职。而跟着他反叛的朔方将士们，则全部官复原职。

李怀光因此大为不满，任由手下把前去宣旨的使臣给剁了，彻底举起了造反的大旗。

李适当即命令浑瑊和马燧对李怀光实施了群殴。

但没想到，两边从784年八月，一直打到了785年四月，唐军虽然拿下了几座城池，但也只是清除了河中的外围，始终没有打到河中城下。

而这时候，关中内外又出现了严重的蝗灾，以至于饿殍遍野，人相食。

更糟糕的是，江南又发来了一道八百里加急奏疏，反映浙江东西道观察使韩滉，大肆修备石头城（今南京），准备起兵造反。

李适顿时被吓傻了，因为安史之乱以后，唐中央的财政税赋一直靠江南输送，如果韩滉在江南反了，朝廷的文武百官以及前方平叛的将士们，马上就要吃土了。

到时候会不会引发兵变？刚刚归顺的山东四镇会不会跟着造反？简直不敢想象！

李适马上把群臣召集了起来，商量对策。很快大家就形成了统一意见——韩滉的确要反，立刻派兵镇压！

李适不由得倒抽了一口凉气，镇压？谈何容易！粮食在哪里，谁能去镇压？

百般惆怅之下，李适终于想到了一个人——六十二岁的李泌，就是安史之乱时，帮助唐肃宗李亨收复东西两京的那个绝世奇才李泌。

当年李泌退隐江湖之后，一直到唐代宗李豫当上皇帝，他才在李豫的征召之下再度出山。

唐代宗为了让李泌一直留在自己身边，强迫他还了俗，又是让他吃肉，又是让他喝酒，还逼着他娶了一个老婆。

但是，李泌无心于政治斗争，又先后被宰相元载、常衮排挤，最终还是躲到了地方，担任了杭州刺史，也就是韩滉的手下。

泾原兵变之后，李适朝不保夕，这才赶紧把李泌又一次叫到中央，任命他为左散骑常侍（从三品），并令他每天都要到最高权力机构中书省值班。

李泌刚刚听完事情的经过，马上就指出了问题的所在：

"韩滉公正忠实，清廉俭朴，自从泾原兵变以来，韩滉进贡的物品从来没有间断。而且，他镇守江东的十五个州，没有人起兵造反，这都是他的功劳啊。

"他之所以修筑石头城，完全是因为他看见中原动荡不安，以为陛下会像永嘉之乱时那样南渡长江，为了迎接陛下做准备而已。他完全是一等一的忠臣，怎么能说他有罪呢？

"韩滉生性刚直，不肯依附位高权重之人，所以经常会遭到诽谤，希望陛下深查此事，我敢担保他没有别的用意。"

唐德宗李适依然不信，又问道："弹劾韩滉的奏章多如牛肉，你难道没有听说吗？"

"我当然听说了。韩滉的儿子韩皋担任考功员外郎，如今他不敢回家探亲，就是因为朝中诽谤太多了。"

"连他的儿子都这样恐惧，你怎么能担保他没有异心呢？"

"韩滉此人，我非常了解。我愿意上书说明他没有别的意图。"

"担保一个人谈何容易！朕正打算重用你，你还是不要违背大家的意思了，朕恐怕会给你带来麻烦。"

两人的第一次交谈，就这么不欢而散。

但是李泌并没有妥协，退下之后，他又写了封奏疏交了上去，再次表示韩滉一定不会造反，而且他可以用他全家一百口人的性命作为担保。

李适一看，脑袋就大了。几个月前，卢杞以他家一百口的性命为朱泚作担保，结果呢，第二天朱泚就反了。现在倒好，又来一个。

于是，李适又把李泌叫到宫中，很生气地骂道："你怎么还是上了疏奏，不过朕已经替你压了下来，没有让外人看。虽然你是韩滉的朋友，但你也不能这么不自重啊！"

李泌惊呆了，一片苦心却遭到如此大的误解，他也很生气地回答道：

"臣已辅佐两朝，臣是那种为了朋友而辜负陛下的人吗？韩滉是真的不会背叛朝廷，我才上书的啊，我完全是为了朝廷，怎么能说是为了我自己？

"如今全国爆发了严重的蝗灾，国家粮仓里已经没有了粮食，关中的粮食每斗已经涨到了一千钱，是以前的两百倍，但江东却是丰收之年。如果陛下让韩皋回家省亲，让韩滉消除疑虑，把粮食运到关中，这难道不是为了朝廷吗？"

几十年以来，一心修道的李泌从来没有生过气，这是第一次。

李适终于醒悟了，是啊，如果连这个立下不世之功，却数次急流勇退的功臣都不相信的话，他还能再相信谁呢？

随后，李适便按照李泌所说，给了韩皋大量赏赐，并让他回家禀告他的父亲，那些流言蜚语，李适是不会相信的。

韩滉也正如李泌所预料的那样，感动得老泪纵横。当天便亲自跑到长江边，向长安发出了一百万斛粮食。

韩皋与他的母亲告别时，恋恋不舍，痛哭流涕。正在忙着运粮的韩滉听闻之后大怒不已，拿起棍子就把韩皋痛扁了一顿，让他赶紧押送粮食回京。

本来准备反叛，而且已经私下给李希烈上表称臣的淮南节度使陈少游，听说了韩滉的举动，吓得也不敢反了，也向朝廷进贡了二十万斛粮食。

当年十二月，陈少游被吓死之后，淮南大将王韶打算自任留后，割据一方，并准备大肆劫掠。

韩滉立刻派出使者，对他发出了严厉的警告："你小子要敢造反，当天老子就带领全军渡过长江宰了你！"

王韶被吓得两腿发颤，赶紧向朝廷表明忠心，任由朝廷委派节度使。

李适听说此事以后大为高兴，一边拍着大腿，一边夸奖李泌："韩滉不仅安定了江东，还安定了淮南，真乃大材，君有识人之才啊！"

从此，李适对韩滉恩宠有加，将其提拔为检校尚书左仆射、同平章事、江淮转运使，封郑国公。

可惜一年之后，韩滉就病逝了，享年六十五岁。李适听闻，悲痛不已，为其辍朝三日，追赠为太傅，谥号忠肃。

就这样，粮食问题，在李泌的再三坚持之下，暂时得到了解决。但是这些粮食，也只够关中百姓以及前线的战士们吃几个月而已。

三个月后（785年七月），浑瑊和马燧依然没有打败李怀光，甚至还没有打到河中城下。

至此，这场所有人都以为很好平定的叛乱，已经持续整整十一个月，什么时候才能结束，没有一个人知道。

于是，朝中又有了很多不和谐的声音，他们纷纷劝说李适赦免了李怀光，让其暂时割据一方，等到朝廷恢复了元气，再去平叛不迟。

更加雪上加霜的是，陕虢都（今河南三门峡）兵马使达奚抱晖又把节度使张劝毒死了，自立为节度使，并要求李适下发诏书，承认他的合法性。

翻开地图，我们就会发现，陕州、虢州紧临李怀光占据的河中（今山西永济），而且还控制着江南与长安之间的水陆粮道。如果这两个州反了，并和李怀光勾搭到一起，那么后果将不堪设想。

如今，名将李晟驻扎在泾州，防备着吐蕃；浑瑊和马燧在河中，与李怀光鏖战；刘洽在淮西和李希烈对抗。有谁能去平叛呢？

李适站在朝堂之上，把文武大臣们扫视了一遍，他发现，他所相信的，并且还有能力做到的人，只有李泌。

一百七十五　单枪匹马定乾坤，史上最强道士再立新功

"让我一个人去吧！"当唐德宗李适将目光投向李泌的时候，李泌也望向了李适。

"什么？单枪匹马怎么平叛？"李适以极其不可思议的口吻问道。

"陕州城三面绝壁，如果攻城，不知道何年何月才能攻克。臣料想陕州百姓并不想反，只是达奚抱晖一个人准备造反而已。如果我一个人去陕州，达奚抱晖必定不会派大军来杀我。如果他只是派来几个人，我还能想办法策反他们。"

"不行，还是太危险了。朕正要重用你，失去陕州事小，绝对不能失去你。朕还是让其他人去吧。"

"其他人肯定不行。现在正是事变初期，陕州官员人心浮动，我是三朝老臣，去了后能够出其不意，威慑他们。如果其他人去，一来威望不够，二来可能会害怕危险，犹豫不前。如果让达奚抱晖有了准备，再想收复陕州就难了。"

两人你一言，我一语，争执了很久。

李适知道，李泌所说的每一句话都是对的。但是，颜真卿被李希烈杀害的悲

剧还历历在目，他实在不愿意，再把一个忠心耿耿的老臣送入虎穴。尤其是李泌这种危难之时挺身而出、富贵之时深藏功名的绝世奇才。

可是李泌早已将生死置之度外，他一生最大的梦想，就是扶大厦之将倾，挽狂澜于既倒。情况越是危急，"我不入地狱，谁入地狱"的使命感越是强烈。安史之乱时如此，如今亦是如此。

在李泌的再三坚持下，李适只好同意了他的请求。

785年七月十五日，毒辣的太阳暴晒着已经龟裂的关中大地。空中没有一点风，只有密密麻麻的蝗虫。田野里的麦子早已枯黄，大部分的河流已经干涸，路边的树林只剩下光秃秃树干，因为树叶和树皮早已被饥民抢夺一空。

即便如此，大路两边还到处躺着饿死的百姓，以及即将饿死的孩子，整个世界都弥漫着死亡的气息。

李泌身着素衣，骑着一匹瘦马，犹如当年易水河畔的荆轲，肩负着帝国的希望，独自离开了长安。看着生活在水深火热之中的百姓，他知道，此去只能成功，不能失败。

为了麻痹达奚抱晖，李泌刚一出城，就对外释放了两颗烟幕弹：

其一，我去陕州，是因为陕州在闹饥荒。皇上让我去当水陆运使，就是让我监督江淮地区的粮运，以便赈济陕州。

其二，达奚抱晖如果在赈灾之中立下功劳，皇上就会任命他为陕虢节度使。

这两颗烟幕弹的效果非常好，陕州的官员和百姓们听说以后大为高兴，大家本来就不想造反，现在有了粮食，更不愿意造反了。

达奚抱晖的脑子也相当简单，他听说以后，也减少了防备。自己毒死上一任节度使的目的就是为了继任节度使，如果用朝廷的粮食赈灾就能当成节度使，那还造反干啥？

但就在陕州上上下下都放松警惕的时候，唐德宗李适这边却出现了意外。

李泌离开长安之后，李适越想越觉得危险，便让大将唐朝臣率领三千骑兵火速赶到了潼关，要护送李泌前往陕州。

李泌大惊失色，如果让达奚抱晖知道了这件事情，他之前所有的努力都将白费，而且陕州的叛乱，就难以平定了。

于是，李泌急忙向唐朝臣解释说："离开皇上时，皇上已经答应我可以见机行事。你赶紧离开，如果再跟着我，大事就要完了。"

可是，唐朝臣因为有诏命在身，尽管李泌费尽了口舌，他依旧不为所动，不敢回去复命。

时间在一分一秒地流逝，每过去一秒，危险就临近一分。

两边僵持不下，李泌只好又写了一封文书，表明是自己让唐朝臣回去的，如果出现任何意外，与其他人无关，唐朝臣这才率军回到了长安。

为了避免半路上再出现意外，李泌举起马鞭，狠狠地朝着坐骑抽了过去。

极为幸运的是，陕州的大小官员，并没有发现这个意外。当天晚上，李泌就到达了陕州境内。

在那个烟幕弹的迷惑之下，陕州的官员以及主要将领，还没有等达奚抱晖下达命令，便纷纷跑到李泌的住所，迎接他第二天入城。

趁此机会，李泌和这些人好好地聊了聊人生，当然，也没少聊升官发财之类的话题。几个小时之后，这群人就被李泌忽悠成了自己的忠实粉丝。

第二天，当李泌带着那群粉丝，到达陕州城十五里外的地方时，达奚抱晖也从城里赶了过来，迎接李泌。

李泌继续施展忽悠大法，直夸他能力出众，治理有方，一定上书皇上，推荐他当陕虢节度使。

本来就放松了警惕的达奚抱晖，被这么一忽悠，顿时飘飘然了，又朝着李泌拍了一通马屁，两人就这么互相吹捧了十五里。

　　进城之后，两人又按照惯例，胡吃海喝、洗澡按摩了半天。当天晚上，精疲力尽的李泌才回到住所。

　　当地的文武官员，趁着夜深人静的时候，纷纷赶到李泌的住所，要和李泌私下面谈。

　　具体谈什么，李泌心知肚明，无非就是达奚抱晖如何毒死了上一任节度使张劝，如何准备造反，等等。

　　不过为了稳住达奚抱晖，李泌把这些人全部拒之门外，并放出话来："每一次节帅更替，军中都会有很多闲言碎语，但这些话，我统统不信，你们还是回去吧！"

　　听李泌这么一说，达奚抱晖算是彻底放松了警惕，当天晚上，美美地睡了一觉，并在第二天，赶到了李泌的住宅，准备再拍一次李泌的马屁。

　　两人坐定之后，互相问候了对方的全家，达奚抱晖看到气氛越来越融洽，就准备继续和李泌攀关系。

　　但让他没想到的是，刚刚还一团和气的李泌，马上露出了满脸的杀气："你别说了，我不想杀你，你赶紧走吧。不要入潼关，去东边找一个安身之所，再偷偷回来把你的家人接走，我保你全家性命无忧。"

　　达奚抱晖顿时被吓得满头大汗，这两天，他的手下不等他的命令，就去迎接李泌，他已经隐隐约约感到了危险。

　　但是，李泌的仙风道骨又让他产生了无数的幻想。没想到出家人也会打诳语，而且诳得无边无际，炉火纯青。看来这个世界谁都不可信啊。

　　这时候他才意识到，自己在李泌面前，就是一个蝼蚁，毫无还手之力。

　　于是，他赶紧连滚带爬，从李泌的住宅逃了出去。李泌也信守承诺，让他带着家人逃到了远方。

　　不过，和达奚抱晖同谋的另外七十五个人，就没有如此幸运了。李泌想把这七十五个人全部赦免，可是唐德宗李适坚决不同意。无奈之下，李泌只好退而求其次，只抓了五个人，将他们押送到长安，并再次请求赦免他们。

李适看在李泌的面子上，将这五个人贬到了边疆，一年多以后，又找了一个其他理由，把他们全部斩了。

一场巨大的危机，就这样被李泌一人一马、三言两语给化解了。善战者无赫赫之功，从江南的韩滉到陕州的达奚抱晖，李泌虽然没有调动一兵一卒，但已胜过了千军万马。

若论大唐第一奇才，绝对非李泌莫属，但他的功劳远不止于此，后面他还将立下更大的功劳。

搞定了陕州，河中的李怀光似乎已经成了瓮中之鳖，覆灭只是早晚的问题。

可是，这时候依然有一大批官员反对继续打仗，原因依旧是关中粮食绝收，饿殍遍野，国库里的粮食，只够吃七十天了。

李适在巨大的压力之下，终于开始动摇了。毕竟比起门卫大爷四十米长的大砍刀，家里断粮更加危险。撤军，似乎已经成了唯一的选择。

但是，有主和派就必定有主战派，远在泾州的李晟听说以后，大为震惊，他立刻上书李适，鞭辟入里地指出了不能赦免李怀光的五个理由：

第一个，河中距离长安仅仅三百里，以后派兵防范河中，关中压力势必倍增。

第二个，赦免李怀光，原来攻占的城池就必须退还给他，辛辛苦苦奋战了一年的唐军将士怎么可能愿意？

第三个，陛下已经用兵一年，如果连一个小小的李怀光都不能平定，西面的吐蕃，北面的回纥，南面的淮西，东面的四镇，都在看着呢。他们必然伺机而动，到时天下必将大乱。

第四个，赦免了李怀光，按照以往的规矩，就得安抚朔方的将士。如今国库空虚，哪里还有钱去奖赏他们。如果奖赏不够，他们再反，陛下又该如何？

第五个，河中一斗粮食已经涨到五百钱，喂养牲口的草料即将用尽。我们难，他们比我们更难，狭路相逢勇者胜，再坚持一下必然能够成功。

最后，李晟又向李适立下军令状：我愿意带领两万兵马，自备物资粮食，一个月内灭掉李怀光。

国家危难，竟有此等忠臣！李适看罢，感动不已，便准备让李晟带兵前去平叛。

在前线指挥的马燧，这时候刚好回到长安，而且他和李晟一样，也是主战派，要求李适再给他一个月时间，一定平定叛乱。

在这两位名将的连续劝说之下，李适终于又一次坚定信心，拨给了马燧一个月的粮草，限他如期完成任务。

为了表达自己的决心，李适又带头减少宫中的开销，并命令在京的所有部门，一律降低待遇，共赴国难。

一百七十六　一人一马定天下，大唐再出一奇迹

马燧回到前线之后，立刻召开前敌会议，商讨如何在一个月内灭了河中城里的李怀光。

会议开得非常顺利，没过一会儿，大家就形成了统一意见：这个任务就是小屁孩喝烧酒——够呛。

因为他们已经打了整整一年，至今还被堵在黄河西边的长春宫（今陕西大荔），距离河中城（今山西永济）的大门还有一百里地。

而长春宫又是三面悬崖，易守难攻。一个月时间，别说打进河中城了，就是拿下长春宫也没有把握。

看着大家摇得跟拨浪鼓似的脑袋，马燧也是百般惆怅，相当上头。

怎么办？大话已经吹出去了，如果完不成任务，那些主和派的吐沫星子都能把自己喷死。

过了许久，马燧突然灵机一动，终于想出一个大胆的计划：绕开长春宫，直接攻打河中城。

　　众人一听，脑袋直接从拨浪鼓变成了架子鼓。

　　绕开一座城去攻打下一座城，后面的粮草怎么运？叛军前后夹击怎么办？当年隋炀帝打高句丽是咋失败的，你可都忘啦？

　　但他们显然低估了马燧的智商，绕开长春宫，并不等于不制服长春宫。

　　李泌轻松拿下陕州之后，就让马燧明白了一个道理，这个世界上，原来除了武力，还有另外一种极为强大的力量——人心。只要抓住了人心，就能事半功倍，以小搏大，创造不世之奇迹。

　　而在最近的一段时间里，马燧已经隐隐约约地感觉到，长春宫里的朔方将士并不想和朝廷为敌，只是为了活命，才不得已抵抗而已。

　　于是，不等大家同意，马燧就喝了几口酒，壮了壮胆子，学着李泌的样子，一人一马来到长春宫下，大声喊着守将徐庭光的名字。

　　这是一个非常危险的举动，唐军和叛军已经交战了一年，不知道杀死了多少叛军的兄弟同乡。如果叛军有任何不轨之心，一支暗箭就能结果了马燧的性命。

　　但幸运的是，马燧的判断相当正确。徐庭光看见马燧之后，立刻率领将士在城上列队，向着马燧拜了一拜。

　　马燧心中暗喜，看来徐庭光已经从心底里屈服了。为了验证这一判断，他又大声喊道：“我是从朝廷来的，你们应该向着西面接受朝命。”

　　徐庭光等人，又转过身去朝着西面拜了几拜。

　　马燧继续喊道：“自从安禄山造反以来，你们为国献身，建功立业，已有三十年了，怎么突然做出这种不忠不义、诛灭家族的事情呢？听我的话，我保证你们免除灾祸，永享富贵。”

　　徐庭光等人，低下了头颅，又惭愧又丧气，不知道如何是好。

　　马燧见状，猛地撕开了衣襟，露出了强壮的胸膛，又大声喊道：“既然你们不相信我，为什么不一箭射死我？”

徐庭光等人的心理防线，终于崩溃了，他们全都不由自主地趴在了地上号啕大哭。

三十年前，长安城下，他们代表着正义，干着彪炳千秋的伟大事业。

三十年后，长春宫上，他们代表着邪恶，干着遗臭万年的龌龊之举。

同样是打仗，同样是拼命，他们怎么可能愿意造反？可是朝廷一直不赦免他们，就知道打仗，不知道劝降，他们也无可奈何啊。如今，朝廷终于赦免了他们，他们还有什么理由不降呢？

就这样，最为难啃的长春宫，被马燧一人一马，轻而易举地拿下了。一周之后，马燧、浑瑊等人就率领大军抵达了河中城下。

李怀光急忙命人点燃烽火，召集诸将商讨如何抵御唐军。但是，诸营将士就跟没看见烽火一样，马照跑，舞照跳，全然没有把李怀光放到眼里。更可气的是，又有不少人打开城门投降了唐军。

李怀光大怒不已，拿起一根皮鞭，朝着周围人喊道："滚出去！"

片刻之后，绝望无比的李怀光终于自缢而死，终年五十六岁。

李怀光的大儿子李璀，原本是一个忠臣，在朝廷里担任监察御史。当年李怀光解除奉天之围、准备造反的时候，李璀曾私下里劝过唐德宗李适：

"臣父必然辜负陛下，望陛下早做准备。臣闻君父一体，但如今臣父却要危害陛下。陛下对臣有厚恩，胡人性情直率，臣不忍不说啊。"

李适大吃一惊，回了一句情商极高的话："朕知道你是李怀光最疼爱的儿子，你应该劝说你的父亲不要铤而走险，怎么能够背叛你的父亲呢？"

李璀一边痛哭，一边解释说："臣父非不爱臣，臣非不爱臣父。但臣已经尽力了，奈何臣父不听！臣进此言，不是要求苟活于世。臣父一旦败亡，臣就和他一同死去！假如臣卖父求荣，陛下又怎么能用臣这种人呢！"

李适一声长叹，既为自己的未来担忧，也为李璀的忠心感动。这样的忠臣，必须让他活下来。

所以，李适没有逮捕李璀，只是把他派到了咸阳，希望李璀能够说服李怀光改邪归正，哪怕是逃走也好。

但令李适万万没有想到的是，李璀竟然又回来了，并且直截了当地表示，他再三劝说父亲，但依旧无效。

李怀光自杀以后，李适想起了李璀当年说过的话，赶紧派人去制止他自杀。可惜的是，还是晚了一步，李璀已经先杀了他的两个弟弟，然后自杀而亡。

李适听说以后，感慨不已，特意下诏赦免了李怀光的一个儿子，并让他继承了李怀光的爵位。

哎，本能成为一代名臣，如今却落得如此下场。

因嫌纱帽小，致使锁枷扛；咋怜破袄寒，今嫌紫蟒长……甚荒唐，到头来都是为他人作嫁衣裳！

河中被平定以后，整个大唐，只剩下了淮西的李希烈还举着造反的大旗，并且还称了皇帝。

唐德宗李适以及大部分大臣都认为，唐军可以乘胜追击，集中兵力灭了李希烈。而且，所有人都相信，灭了他绝对是轻而易举之事。

但是，关键时刻陆贽提出了反对意见。

他认为，如果唐军发兵淮西，李希烈一定会用唇亡齿寒的理由，蛊惑山东四镇举兵造反。如果山东四镇再次造反，天下必然大乱，而如今国库空虚，根本无力平叛。

相反，如果朝廷下诏赦免李希烈，就能让他处于进退两难的境地。

李希烈现在是孤掌难鸣，他的手下已经不愿意再打了。如果他不投降，他的手下就会杀了他，投降朝廷。

如果他投降，他肯定心有不甘，要不了多久，就会气绝而亡。

李适听罢，猛拍大腿，没想到世界上竟然有如此奇妙的分析。

于是，当天李适就颁发诏书，命令挨着淮西的各道，坚守本土，不要发兵攻打淮西。如果李希烈投降，就赦免他的罪过，其余淮西将士，概不追究。

事实证明，陆贽的分析，哪里是事前的预测，分明就是事后的总结。

仅仅过了半年，也就是786年三月，李希烈手下大将陈仙奇，便趁着李希烈生病，将其毒死，并把他的兄弟、妻子、儿女全部诛杀，率众投降了朝廷。

陈仙奇为了表示忠心，还特意挑选了五千名淮西的精兵强将，由一位大将率领前往长安的西边防御吐蕃。

可惜的是，这五千精兵走到陕州的时候，陈仙奇又被手下大将吴少诚杀了。

吴少诚命令这五千精兵，立刻反叛，火速返回淮西。

当时李泌正好还在陕州，为了防止叛变扩大，一生信道的他，不得不采用霹雳手段，逮捕了六十多人，用计射杀了四千多人。

这是李泌第一次，也是唯一一次大开杀戒。他向世人展示了，什么叫作"菩萨心肠，雷霆手段"。

随后，李泌被召回京城，出任中书侍郎同平章事，正式拜相。而那六十多人也被押送到京城，李适将其全部腰斩。

至此，淮西暂时失去了和中央对抗的力量。从781年开始的削藩之战，终于在打了五年之后，重新归于平静。

这场战争，对于唐中央来说，应该是喜忧参半。

喜的是，收复了襄汉七州，以及河北三州，并让那些桀骜不驯的藩镇将领意识到，瘦死的骆驼比马大，不能把皇帝的忍让当作放肆的资本。终其德宗一朝（805年之前），除了淮西还有一次反叛之外，山东四镇再也不敢心怀不轨。

忧的是，唐代宗十几年的积累，全部被挥霍一空。长安沦陷，天子蒙难，百姓疲敝，国库空虚。刚刚恢复了一些元气的大唐，又一次跌入了低谷。

最可恶的是，中原的内斗，又给了外族可乘之机。

786年八月，也就是淮西被平定五个月之后，吐蕃的权臣尚结赞，便纠集了大批兵马，兵分两路入侵泾州（今甘肃泾川）、陇州（今陕西陇县）、邠州（今陕西彬县）、宁州（今甘肃宁县），大肆掠夺人口，收割庄稼，使唐朝的西部，又燃起了熊熊战火。

一个月后，吐蕃的西路军，在尚结赞的率领之下，杀到了汧（qiān）城（今陕西陇县），距离长安仅有五百多里。

东路军的前锋部队，则直接杀到了奉天城下，距离长安仅有一百多里。

唐德宗李适急忙下了两道命令：

第一道，凤翔、陇右、泾原三镇节度使，西平郡王李晟，无论如何，要将尚结赞拦在凤翔之外。

第二道，检校司空、咸宁郡王浑瑊以及尚书右仆射骆元光，率领一万八千多人，屯驻咸阳，抵御吐蕃东路军。

一场不可避免的血战，又摆在唐军面前。已经疲惫不堪的唐军，该如何战胜来势汹汹的吐蕃大军呢？

一百七十七 平凉结盟变"劫"盟，大唐的屈辱史

786年九月十九日，李晟带领着五千精锐，火速赶往了汧城前线。

经过仔细观察，李晟敏锐地发现，此时此刻吐蕃权臣尚结赞，特别像地主家的傻儿子，钱多势大但是没脑子。

不过，这也不能怪尚结赞，最近一个多月以来，他抢得实在太爽了。泾州、陇州、宁州、邠州，吐蕃军所到之处，就没有遇到一个能打的唐军将领。危险系数极高的抢劫，硬是变成了大唐边境一月游。

所以，抢到汧城的时候，尚结赞依旧想当然地认为，唐军会龟缩在城里不敢应战，行军的时候，他便完全放松了警惕。

李晟自然不会放过这么好的机会，当即他就让外甥王佖带了三千精兵，埋伏在了汧城之外。

临行之前，李晟特意吩咐王佖，吐蕃军经过城下的时候，不要打他们的先头部队，一定要打他们的中军。因为唐军兵力太少，即便打败了吐蕃的前锋，等人家后续部队赶到，唐军依然不是对手。

大军出发之后，李晟还是不放心，又特意派人告诉王佖，千万不要打错了，吐蕃的中军非常容易辨别，军中竖着五方旗，将士穿着虎豹衣，要多时髦就有多时髦。

王佖深知李晟治军之严，史无前例，如果敢违背舅舅的意思乱打一通，回去之后，就算把老娘抬出来，估计也会被舅舅砍头。所以，他不敢有丝毫的马虎。

当天下午，当尚结赞吃着火锅唱着歌，溜达到汧城下的时候，王佖如期发动了进攻。

压抑已久的唐军，像疯了一样，挥舞着陌刀朝敌人的头上砍了过去。

没有丝毫准备的吐蕃军顿时乱作一团，片刻之后，就被打成了一个个猪头，赶紧丢下这几天抢劫的东西，抱头鼠窜。

不过，尚结赞的心理素质，那是相当的好，吃了一记闷棍，他还不甘心，竟然没有往回跑，而是带着被打残的两万人，又向南跑到了凤翔。

这一次，他没有敢到处抢劫，只是玩了一个离间计，在城下大声吆喝了两句："是李令公让我们到这里来的，为什么不出来犒劳我们！"

看见没有人理他，第二天，尚结赞这才灰溜溜地跑回了北方。

就在尚结赞撤军的同时，李晟故伎重施，又在半路给他来了一次伏击，斩杀了几百人，缴获了大量战利品。

还没等尚结赞撤回，李晟又趁着吐蕃内部空虚，派了五千步骑兵，攻克了吐蕃境内的摧砂堡，并斩杀了吐蕃守将。

连续几次的胜利，让唐德宗李适大为兴奋。本来就比较好战的他，又一次燃起了勃勃雄心。他立刻命令三路唐军秣马厉兵，准备在第二年春天全线反击。这三路军分别为：

西路军，由名将李晟率领神策军、泾原军，进攻尚结赞退守的鸣沙县。

中路军，由大将韩游瑰、骆元光率领一万两千人，北上收复盐州（今陕西定边）、夏州（今陕西靖边）。

东路军，由名将马燧率领河东军，从东线进军，协助收复盐州。

唐军还没有出动，老天爷又送给了李适一份大礼。

当年冬天，北方的草原上爆发比较严重的雪灾，吐蕃粮食供应不上，导致牛马大量死亡，活着的也瘦成了皮包骨头。尚结赞只好把大部分军队撤出了盐州和夏州，只留下了一千多名老弱病残驻守。

787年三月，休养了整整一个冬天的唐军，终于等来了报仇雪恨的最好时机。他们充分发挥趁你病、要你命的精神，朝着吐蕃军火速杀了过去。

尚结赞惊恐不已，赶紧派出使者带了一大批礼品到长安求和。

求和？早干吗去了？李适觉得又好气又好笑，当即就让吐蕃的使者滚了回去。

如果不出意外，唐军这一次极有可能收复大量领土。不说打通西域，起码能够扬眉吐气，指不定还能打得吐蕃叫爸爸（和亲）。

但是，一向谋略超群的马燧，这次却出现了意外。

尚结赞看到李适不同意求和，就把希望寄托在了马燧身上。他派了一批又一批的使者，携带了一箱又一箱的方便面，贿赂马燧，表示只要唐军愿意结盟，他就归还所有抢去的土地。

不知道大家还记得不，马燧在打李怀光的时候，感受过一次人心的力量，他一人一马劝降了长春宫的守将，平定了李怀光的叛乱。

所以，这一次，他就想当然地认为，奇迹还能重现。只要自己真心实意对待尚结赞，尚结赞就一定会信守承诺，归还土地。

于是，马燧率军到达石州以后，就不再往前走了。开始派人回朝劝说李适，接受吐蕃请和。

李晟听说以后，大吃一惊，赶紧上书劝说李适："吐蕃一点也不讲信用，绝对不能议和。机不可失，失不再来，现在是进攻的最好时机，千万不能错过。"

中路军统率韩游瑰也看出了吐蕃的阴谋，他也赶紧上书表示："吐蕃强盛的时候侵犯内地，受了灾却想着会盟，天底下哪有这么没脸没皮的人。如今吐蕃侵占了我们几十个州，反而请求会盟，绝对是在忽悠人！"

前文中我们提到李泌愿意用全家一百口性命担保的那个名臣韩滉，此时已经担任了宰相，深受李适的信任。他也极力反对会盟，并拍着胸脯表示：

"如果在原州、鄯州、洮州、渭州四处筑城，让李晟、刘玄佐（刘洽）带领十万人马戍守，河湟地区的二十多个州就可以收复了。他们需要什么粮草物资，我来操办。"

李适大喜不已，他完全相信韩滉筹备粮草的能力，也相信李晟和刘洽有对抗吐蕃的才能。所以，他马上驳回了马燧的意见，并敦促马燧火速进军。

可是，马燧和李晟之前有过矛盾，他见李晟反对自己，就非要争一口气，铁了心要求和吐蕃会盟。

他让人带着吐蕃的使者去了长安，再次劝说李适与吐蕃会盟，并且还给出了一个冠冕堂皇的理由——两家结盟之后，一起去揍回纥。

而这时，韩滉突然去世了，收复河湟二十多州所需的粮草顿时没了着落。

而刚刚提拔上来的宰相张延赏，又是一个卑鄙小人，他和李晟以前也有过矛盾。所以，他坚决支持与吐蕃会盟，丝毫不顾国家利益。

李适的智商，本来还在线，但一听到要去打回纥，马上就短路了。

因为二十多年前，李适还是皇子的时候，曾带着十几个手下，到陕州会见过回纥的牟羽可汗。

当时牟羽可汗与唐代宗李豫，已经结拜为异父异母的亲兄弟，正率军前来帮助唐朝平定安史之乱。

所以，牟羽可汗的自我感觉非常良好，要求李适见他的时候，应该行侄子见叔叔的礼。

但是，李适觉得自己是未来的天子，怎么能向别人行礼呢，况且还是个胡人，所以，他坚决不同意行礼。

李适的手下药子昂等人，也不同意行礼。牟羽可汗一怒之下，就让人把李适的手下狠狠地打了一百大板，其中有两个人比较不耐揍，拖回去之后竟然死了。

牟羽可汗的老妈，看到事情搞大了，赶紧出来道歉，并亲自把李适送出了营帐。

但是，李适与回纥算是彻底结下了梁子。打狗还得看主人，更何况打的是手下人的屁股，让自己的脸往哪里放？

所以，在听到马燧和张延赏说，要与吐蕃结盟、一起揍回纥的时候，仇恨便让李适本就不高的智商，一下子跌到了谷底。

他竟然又同意与吐蕃会盟了。

为了让会盟顺利进行，李适还在张延赏的建议下，把李晟从前线调回中央，剥夺了他的兵权。

787年五月一日，李适任命浑瑊为清水会盟使，兵部尚书崔汉衡为副使，率领两万多人，浩浩荡荡地赶往清水，准备与吐蕃会盟。

但是，浑瑊等人正准备出发的时候，尚结赞又派来使者忽悠李适说："清水那个地方不吉利，不如在原州土梨树会盟。会盟以后，就归还盐州和夏州。"

李适也没问一下，或者找个老道算一下，为什么清水不吉利，为什么土梨树就吉利，反正就同意了。

幸好，神策军里面有个叫马有麟的明白人，他一眼就看出了吐蕃的阴谋。但是，他不敢反对会盟大计，毕竟连赫赫有名的李晟，都因此被拉下了马。

所以，他只好绕着弯提醒李适："土梨树是险恶之地，恐怕吐蕃会设下伏兵，不如在平凉会盟（今宁夏固原），那里地势平坦。"

如果是一个智力正常的皇帝，看到吐蕃选择一个有利于伏击的地点，就应该意识到，吐蕃是准备阴自己了。

但李适偏偏就没注意到这一点，他只是通知吐蕃把会盟的地点改到了平凉而已。

李晟这时候虽然已经被夺了兵权，但他依旧选择了以德报怨。他找到浑瑊，反复地给浑瑊讲了一个军事常识：

受降如受敌，会盟也如受敌，一定要严加防范（受降为何如受敌，我们之前讲过）。

可是这句话不知道怎么着，又被宰相张延赏知道了。

张延赏赶紧跑到李适的面前，贱兮兮地表示："李晟一心不希望会盟成功，所以他才警告浑瑊严加防备。如果我们怀疑吐蕃，吐蕃就该怀疑我们了，会盟怎么能够成功呢！"

于是李适又把浑瑊叫到宫中，再三叮嘱他，对待吐蕃要有诚意，千万不要有任何怀疑。

作为一名身经百战的名将，浑瑊应该是知道受降如受敌的。但被李适这么一说，他竟然也丧失基本常识，彻底放松了防备。

787年五月十九日，会盟的日期终于来了，那天的天气，也不知道怎么样，反正会盟的双方都很开心。

按照唐德宗李适的要求，浑瑊把所率的两万多军队分成了三个部分：

第一部分，由大将骆元光率领，驻扎在潘原。

第二部分，由大将韩游瑰率领，驻扎在洛口。

第三部分，由浑瑊率领，到平凉与吐蕃会盟。

如果发生意外，第一部分和第二部分，要及时援助浑瑊。

这样看来，唐德宗李适也不完全是个糊涂蛋，还知道派两路援军，以备不测。

但问题是，这两路援军距离平凉全在七十里以上，如果浑瑊发生意外，他们即便在第一时间得到了消息，等赶到的时候，浑瑊大概率就见先帝去了。

幸运的是，骆元光和韩游瑰两个人，原本都是反对会盟的将领。他们以"将在外，君命有所不受"为理由，坚持不服从李适的命令，要求与浑瑊一起扎营。

可偏偏这时候浑瑊铁了心要去见先帝，坚持不同意他们两人的请求。

搞到最后，骆元光和韩游瑰也不和浑瑊废话了。他们抱着必死的决心，坚决地和浑瑊的营寨扎在了一起，并让人挖了几道深深的战壕，在军营的旁边埋伏了五百名骑兵，以备不测。

会盟开始以后，浑瑊按照约定，带着三千甲士，到达了祭坛的东面。

尚结赞也带着三千甲士，到达了祭坛的西面。

双方互相问候了一下对方的全家，说了一些对方也听不懂的外语，然后手拉着手，走进了祭坛旁边的大帐，准备化个妆，换完礼服，再出来祭祀结盟。

可是刚刚走进大帐，尚结赞就玩了一个花招，他表示，自己的眼皮一直在哆嗦，害怕外面的三千唐军在后面阴自己，不如唐吐双方各派几十名骑兵，到彼此的军队里检查一下，大家都可以放心。

直到这个时候，浑瑊竟然还没有任何警觉，又同意了。

最后一次挽救败局的机会，就这么被白白地浪费了。

唐军的几十个骑兵，刚刚到达吐蕃军营，就被全部逮捕了。而吐蕃骑兵到达唐军军营之后，唐军还非常的淳朴，带着人家到处参观，把自己的弱点暴露无遗。

尚结赞简直不敢相信自己的眼睛，这位当年在奉天大战朱泚的名将，竟然这么单纯。他强忍住脸上的笑容，朝着心腹摆了一个手势。

只听吐蕃军中突然传出来三声重鼓，埋伏在平凉周围的数万吐蕃大军，便从四面八方杀了出来。

外面的三千唐军，顿时大乱不已，呼喊着、争抢着向后方落荒而逃。一顿饭的工夫，就被杀了几百人，俘虏了一千多人。

而跟着浑瑊进入大帐、准备换衣服的唐朝高级官员们，片刻之间被杀了个七零八落，连兵部尚书崔汉衡也成了俘虏。

但浑瑊不愧为一员名将，不仅善于防守，估计还专门练习过跑路。

他刚听到鼓声，就知道大事不妙，急忙从大帐的后面逃了出来。而他刚逃出去，就遇到了一个吐蕃骑兵。只见浑瑊一个纵身，就把这名骑兵踹到了马下，迅速夺马而逃。

尚结赞见状，立刻命令一群骑兵前去追赶浑瑊，并对着他的后背乱箭齐发。

也不知道是浑瑊的骑马水平过于高超，还是老天保佑，这群人追了十几里，一直追到唐军的大营，竟然没有一支箭射中浑瑊。

骆元光看到远远的有一个人，向着自己的营寨跑了过来，便意识到了大事不妙，立刻命令所有士兵结成阵列，准备和吐蕃军展开肉搏。

吐蕃军本以为，所有唐军都跟浑瑊一样，没有丝毫防备，没想到在这里碰到硬钉子。所以，他们也没敢进攻，只好调转马头回到了平凉。

就在前线失利的时候，唐德宗李适还在朝堂之上，得意洋洋地向大臣们炫耀："今天与吐蕃讲和，真是国家的福气啊！"

马燧和张延赏立刻拍马屁道："是啊。李晟还说会盟一定会失败，如今不是已经成功了嘛。"

男儿有泪不轻弹，只是未到伤心处。李晟一听，顿时伤心不已，自己一心为国，却遭到这般嘲弄。于是，他一边哭一边解释道："我生在西部边疆，对吐蕃的情况了如指掌，我反对结盟，只是不愿意让朝廷受辱而已啊！"

另一位宰相柳浑也相当清醒，他也站出来提醒李适："吐蕃豺狼成性，会盟怎么能约束豺狼呢？"

没想到，面对这些正确的意见，唐德宗李适很不高兴，责备柳浑说："你是一个书生，怎么知道边疆大计，还敢说这种话！"

　　李晟和柳浑见状，只好不再说话，赶紧磕头谢罪。

　　当天傍晚，平凉会盟失败的消息传回长安，李适大惊失色，立刻赶回后宫，准备收拾铺盖，再次出逃。

一百七十八　最牛宰相，一番话如何胜过十万兵

就在唐德宗李适准备再次出逃的时候，李晟、柳浑等一帮比较清醒的大臣，又把他拉了回来："吐蕃刚刚经历雪灾，元气还没有恢复。命令各州加强戒备，必定能有效御敌！"

李适听罢，这才稍微平复了一下快要跳出来的小心脏。

事实正如李晟等人所料，没过几天，尚结赞见占不到便宜，便率领军队撤回了吐蕃。而且，被尚结赞俘虏的兵部尚书崔汉衡等人也被放了回来。

只是，在释放俘虏之前，尚结赞还把他们侮辱了一番，并让他们给马燧捎了一句话：

"几个月前，我们的战马饿得皮包骨头，如果马侍中能够渡过黄河，全力一战，我们就要全军覆没了。如今我们却得胜而归，替我对马侍中说一声谢谢啊！"

马燧听完之后，气得一口老血差点喷涌而出。没想到，自己的一世英名，竟然毁在了蛮夷的手中。

李适听罢，比马燧还要恼火。自己登基将近十年了，做一件错一件，这一次明明可以取得大胜，以报当年吐蕃入侵长安之仇，却在最后时刻被马燧给破坏了。所以，他当即就罢了马燧的兵权。

但李适和马燧不知道的是，他们君臣之间的不和，恰恰掉进了尚结赞精心设计的圈套。

原来在会盟之前，尚结赞就对身边人说过："唐朝的名将，也就李晟、马燧、浑瑊三人，如果把他们三个除掉，唐朝就可以图谋了。"

所以，当年在凤翔，尚结赞对着城内大喊："是李令公让我们来的，为什么不出来犒劳我们。"这便是为了挑拨李适与李晟之间的关系。

平凉会盟的时候，尚结赞找各种理由，让唐朝派浑瑊去会盟，就是为了捉住浑瑊。

如今，尚结赞对俘虏说这些话，就是故意说给李适听的，想以此除掉马燧。

在猪队友的助攻之下，李适上了两次当，罢了李晟和马燧兵权，直到他们去世，也没有让他们再掌兵权。好在天助大唐，浑瑊没有被活捉，未来几年，在抵御吐蕃时，还立下了不少战功。

不过，平凉会盟也不是没有一点好处，起码那个猪头宰相张延赏，因为羞愧难当加上惊恐过度，几个月后就病死了。

而唐德宗李适又一次反思自己，把还在陕州的李泌召回了京城，任命为宰相。

在之后的两年时间里，李适对李泌言听计从，终于让这个破烂不堪的国家机器，又恢复了一点生机，并且还造就了几段还算不错的君臣佳话。

由于他们两个之间的互动非常多，也非常杂，所以，我们只能挑几件重要的事情，简单地讲一下。

李泌刚当上宰相的时候，有一天，和李晟、马燧、柳浑等人一起入朝晋见。

唐德宗李适不知道哪来的自信，突然要给李泌打个预防针，他对李泌说：

"过去你在灵武，就应该当宰相了，但是你主动谦让。现在朕起用你，想和你有个约定，你千万不要报复仇人，也不要任人唯亲，对有恩于你的人，朕自当替你报答。"

李泌一脸迷惑，表示自己一向遵奉道教，从来不和别人结仇。当年李辅国、元载想害自己，可是他们都被老天爷收了。而对自己有大恩的人，现在也已经发达了，不需要报恩。

李适顿时有点尴尬，觉得自己好像以小人之心度君子之腹了。所以他连忙找补说："即便如此，对你有小恩的人，也是应该报答的嘛。"

李泌看出了李适的尴尬，所以，他又转移一个话题说："臣也想和陛下有个约定，不知道可以吗？"

"当然可以，你说吧！"李适充满了自信。

"希望陛下不要加害功臣。李晟、马燧功劳巨大，最近总有一些人说他们的坏话，我知道，陛下肯定不会听信谣言。我之所以当着他们的面讲这些话，只是希望他们不要起疑心而已。万一陛下害了他们，那么，宫中的警卫，藩镇的将帅，都会惊恐不已，要不了多久，朝廷内外必然再次大乱！"

李适的脸色变得越来越难看，但是李泌并没有在意，他继续说道：

"前段时间，陛下任命李怀光为太尉，但李怀光更加恐惧，最后还是背叛了朝廷，这都是陛下亲眼所见。如今李晟、马燧已经位极人臣，如果陛下对他们坦诚以待，让他们没有疑虑，天下有事，就让他们领军出战，国家无事，就让他们入朝参会，天下何愁不平……"

闻听李泌的解释，李适终于释怀了一点，并当着诸位大臣的面承诺，绝不猜忌李晟、马燧两位大臣。随后，李适又将他们二人画像凌烟阁，以示功绩，但是，并没有再给他们兵权。

六年之后（793年），李晟去世，终年六十七岁。李适伤心不已，泪流不止，命令百官前往其府吊唁，并追封他为太师，赠谥号忠武。

一个月后，李适在延英殿召见马燧，一边痛哭，一边对马燧感慨："以前都是你和李晟一起前来，现在却只能见到你了……"

马燧听罢，也伤感不已。退出宫殿时，因为脚不舒服，还摔倒在地上，李适亲自把他扶了起来，并送下了台阶。

过了两年（795年），马燧也病逝了，享年七十岁。李适追赠他为太尉，赐谥号庄武，并为之辍朝四日。

纵观李晟一生，十八岁从军，追随王忠嗣，征战吐蕃，一箭射杀吐蕃猛将，从此闻名军中。

后来他西边定羌乱，北边解灵州，盐仓救马璘，无一不是以少胜多，硕果累累。

可是马璘对他以怨报德，忌惮他的功劳，让他到京城当了整整六年的保镖。

但他凭借过硬的军事才能，在吐蕃与南诏的十万联军入侵四川之时，临危受命，仅率不足一万人马，五战五胜，大败蕃诏联军。

山东藩镇叛乱，他再一次临危受命，前去征战，立下赫赫战功。

泾原兵变、李怀光造反、皇帝南奔，关中危如累卵，只有他保佑王室，忠心耿耿，终于廓清上京。国危能安，军胜能整，唐之社稷能存，全是他的功劳。

战后封赏，他却主动选择了最危险的地方——泾州。因为那里是唐与吐蕃的最前线，那里的士兵发动过两次叛乱。他要用他的忠义，感染那里的将士，他要用他的鲜血，守卫那里的边疆。

可是，我本将心向明月，奈何明月照沟渠。平凉之盟，他屡次提醒危险，却屡次被人非议，以至于他痛哭流涕，惴惴不安，到最后还被剥夺了兵权。

好在，在李泌的调和之下，他终于有了一个安详的晚年。

《旧唐书》作者刘昫说他：忠于事君，长于应变，诚一代之贤将也……而德宗皇帝听断不明，无人君之量……区区赐烟阁之铭，亦何心哉！

笔者以为，李晟有郭子仪之功，却没有郭子仪之名，实属可惜，可叹！

至于马燧，则如《新唐书》作者宋祁所说："则（马）燧、（浑）瑊固出（李）晟下远甚，功名大小，信其然乎！"

这次谈话后不久，李适又想到了一个新的问题。他觉得国家之所以衰败，募兵制是一个很大的原因，所以，他想恢复唐初的府兵制。但是，怎么恢复，他并没有好的办法，于是就向李泌问计。

李泌掐着手指，眯着眼睛，认真地算了一会，给李适列出了一系列数字：

今年征发了十七万关东士兵，到京城西边戍守，抵御吐蕃，一年下来，需要粮食两百零四万斛。现在粮食一斗值一百五十钱，合计需钱三百零六万缗。近来国家遭受饥荒战乱，经费不足，即使有钱，也没有粮食可买，所以，想恢复府兵制那是不现实的。

但是李适依然没有死心，他又提出可以削减一些士兵，然后再施行府兵制。

这一次，李泌思考了许久，终于把自己早就想好的，但是有点缺德，有违道家理念的一箭三雕计策说了出来："如果陛下采用臣的建议，不必削减士兵，不用打扰百姓，粮食也会变得充足，府兵也会慢慢起来。"

李适大喜，赶紧逼问："快说，朕一定采用！"

"必须赶紧去做，再过十天，就来不及了。去年吐蕃遭遇雪灾，原州、会州一带粮食紧缺，吐蕃动用了几万头牛，前去运粮。但这些牛来的时候好好的，回不去了，因为回去还需要大量的粮食。

"如果把我们国库中快要变坏的丝帛，再加工一下，染成五颜六色，让吐蕃人看不出来。再通过党项人，把它们卖给吐蕃，每换一头牛，不过需要二三匹丝帛，算下来拿出十八万匹丝帛，就可以换来六万多头牛。

"再命令各个冶炼场铸造农具，买进麦种，赏给边疆一带的军镇，让他们募集士兵，耕种荒田。并与他们约定，明年麦子成熟以后，加倍偿还麦种。剩下的粮食，政府则按高出当年五分之一的价格收购。

　　"第二年春天，还按这种办法耕种。关中土地肥沃，荒废已久，刚开始耕种，必然收获丰厚，士兵们从中得到了好处，耕种的人自然会越来越多。府兵制也就起来了。"

　　李适听得目瞪口呆，没想到还有如此高明的方法，但是他还有几点没有听懂，便接着问道："为什么必须通过党项把丝帛卖给吐蕃，我们自己不能卖吗？"

　　"那些都是快要坏的丝帛，我们卖的时候，吐蕃人一定会仔细查看，到时候恐出纰漏。而党项人和吐蕃关系亲密，更容易让对方上当受骗。"

　　"那为什么要以高出五分之一的价格收购粮食，不能平价收购吗？"

　　"边疆地区地多人少，将士们每月吃的还是官府供应的粮食，他们收获的庄稼，根本没有地方去卖，所以，明年粮食的价格必然很低，即便高出五分之一，也是贱卖。我们现在说得价格高一些，他们肯定积极耕种，但到时候，却要比今年粮食的价钱低得多。"

　　"那么这和府兵制又有什么关系呢？"李适接着又问。

　　"士兵们靠着屯田过上了小康生活，便会安心留在边疆，不再想回去了。根据原有的制度，士兵戍边三年，就轮换一次。到时候，皇上便可以下令，凡是愿意留下来的士兵，他们开垦的土地，就归他们所有。他们的家人如果愿意前来，就让沿途的官府给他们提供粮食。我相信，用不了几次，边疆的士兵就会越来越多，到时候一律采用府兵的办法来管理他们，府兵制就起来了。"

　　"妙，妙，实在是妙，果真如此，天下定矣！"李适一边鼓掌，一边下诏，完全按李泌所说，即刻施行。

　　"臣还有方法，不必派兵打仗，就能使吐蕃衰落。"李泌见皇帝高兴，又多说了一句。

"快点讲来，朕也一定采纳！"李适有点急不可待了。

但是，这句话只是李泌故意设下一个悬念，为以后劝说李适采纳更大的计划而抛出的钩子。所以，无论李适如何逼问，李泌始终吊着李适的胃口，就是不说（真是搞心理战的专家啊）。

直到第二年夏天，边疆的粮食正如李泌所预料的那样，获得了前所未有的大丰收，屯田的士兵，也留下了十分之五六，李泌才准备说出他那个宏大的计划。

巧合的是，回纥的合骨咄禄可汗，正好在这个时候，几次三番要求和唐朝通婚，但唐德宗李适一直没有同意。而唐朝的边疆将领，又上报说缺少马匹。

李泌看到时机成熟，终于试探了一下："陛下如果能采用臣的策略，几年以后，马匹的价格就能降到现在的十分之一！"

"快说来听听。"李适知道，李泌肯定有好的方法，所以立刻提起了兴趣。

"如果陛下认真对待此事，委屈自己，顺从别人，为国家着想，臣才敢说出来。"李泌依然在吊胃口。

"你怎么如此疑虑？"

"臣希望陛下北和回纥，南通云南，西结大食、天竺。如此，吐蕃必当自困，马的价格也必将下降。"

"云南、大食、天竺，就按你说的办吧，至于回纥，绝对不行！"

"臣原来就知道陛下是这个态度，所以，陛下再三问臣，臣也不敢说出来。但为了天下考虑，如今臣不得不说。陛下应当首先考虑和好回纥，其余则可以往后排。"

"如果再提回纥，你就不要说了。"李适终于生气了。

但是李泌没有退缩，他据理力争道："臣占着宰相的职位，事情可行与不可行，取决于陛下，怎么能不让我说话呢？"

"哎！"李适一声长叹："你说的话，朕都明白。但是朕也有苦衷啊。至于回纥，等到朕的子孙再去解决吧。只要朕还在位，那是肯定不行的！"

"莫不是陛下还记得陕州受辱？"

"是啊。韦少华等人由于朕的原因，受辱而死，朕怎么会忘记呢！如今国家多难，朕没有报复他们就是好的了，至于通好，断然不行。你不用再说了！"

"残害韦少华的是牟羽可汗。陛下即位以后，他发兵前来侵犯我国，但是还没有走出国境，就被现在的合骨咄禄可汗给杀了。这样说来，现在的可汗对陛下有功，应当受到封赏才对，怎么能怨恨人家呢！"

"既然你说的是对的，那就是朕错了吗？"李适大声喊道。

李泌见状，知道再说下去已经无济于事，所以赶紧把他爹和他爷搬了出来："臣是为国家着想，才讲的这番话。如果臣一味迎合陛下，那么臣死之后，怎么去见肃宗和代宗啊！"

"哎，让我慢慢想想吧。"说罢，李适就让李泌退出了宫殿，自己一个人生闷气去了。

后来，李泌连续十五次上奏，要求与回纥和亲，但李适又连续十五次驳回了李泌的建议，两人就这么杠上了。

搞到最后，李泌只好使出了撒手锏——辞职。

李适见躲不过去了，这才正面回应："不是朕不接受规劝，只是朕想和你讲清楚其中的道理罢了，你怎么能辞职呢！"

"陛下允许我讲清道理，这是国家的福气啊。"李泌赶紧拍了一个马屁。

"朕可以委屈自己去与回纥和好，但是朕不能够辜负韦少华这些人啊，他们是为朕受辱而死的。"

李适的这句话说得挺有意思，明明是自己不想拉下脸面，却说成不想辜负韦少华等人，显得自己很是仗义。但是，就这一句话，却被李泌抓住了漏洞。

"是韦少华这些人辜负了陛下，而不是陛下辜负了他们。"李泌赶紧抢答道。

"这是什么道理？"李适很是疑惑。

"以前回纥叶护领兵帮助朝廷讨伐安庆绪的时候，肃宗（你爷）仅仅让我在元帅府设宴慰劳他们，并没有让代宗（你爹）去接见他们。后来叶护坚持邀请我去他的军营，但是肃宗仍然不肯答应。直到回纥的大军快要出发，代宗才和他们见面。陛下知道这是为什么吗？"

没等李适回答，李泌接着说道：

"因为肃宗知道，回纥是戎狄，豺狼成性，不能不对他们小心防备。陛下在陕州的时候，还很年轻，韦少华这些人考虑不周，让陛下去回纥的军营，而且事先没有和回纥商定好相见的礼仪，以至于陛下受辱，这分明就是他们辜负了陛下啊。

"另外，当年收复长安的时候，回纥叶护准备领兵开进长安，大肆抢劫，是先帝亲自在他的马前施礼，才没有让他进入长安。当时，有十万多人看见了这个场景，他们都叹息着说：'广平王真乃华夏与蛮夷的共主！'

"而先帝施礼的那个叶护，就是侮辱陛下的牟羽可汗的叔叔。正因如此，牟羽可汗才敢让陛下对他施礼。然而陛下天赋异禀、神明威武，并没有屈服。后来，可汗的母亲用双手向陛下献上貂皮大衣，并亲自把陛下送了回来。

"陛下可以和先帝对比一下，是先帝受了屈辱，还是牟羽可汗向陛下屈服了呢？"

说到这里，李适这才恍然大悟，原来不是自己对不起韦少华等人，而是韦少华等人考虑不周，对不起自己。原来和父亲相比，自己的屈辱根本不叫屈辱。

所以，李适只好同意了李泌的请求，答应与回纥通婚。但是，他仍有疑虑，又接着问李泌：

"朕与回纥结怨已久，平凉之盟刚刚失败，现在答应与他们和亲，假如他们拒绝，不是要让夷狄耻笑吗？"

李泌长舒了一口气表示："不会的。以前臣在彭原的时候，现在的合骨咄禄可汗还是一个都督，臣接待他的时候，对他非常好。所以，他听说臣出任宰相，才向我们求亲，怎么可能会拒绝我们呢！

"另外，臣可以和他们修书一封，约定五件事情：其一，让可汗向陛下称臣；其二，让他做陛下的儿子；其三，每次派来的使者，不能超过二百人；其四，互市的马匹不能超过一千匹；其五，不许把汉人和胡族商拐到他们那边去。

"如果回纥能够遵守五条约定，那么，陛下就可以答应与他们和好。如此，陛下便能声威远播，震慑吐蕃。"

"最近几十年以来，我们与回纥结成的都是兄弟关系，现在让他们称臣，他们怎么可能答应？"李适再问。

"他们想与大唐和亲已经很长时间了。他们的可汗一直都很相信我的话，如果一封信不能解决问题，再发一封就行了。"李泌胸有成竹地说道。

事已至此，李适便不好意思说什么了。不过他仍然半信半疑，觉得李泌后面的话完全就是胡扯。

但是，没过多久，回纥可汗就派来了使者，恭恭敬敬地自称儿臣，并答应了李泌所提的五项要求。

这时候，李适惊讶得简直不敢相信自己的眼睛，并对李泌佩服得五体投地。

为了尽快地打败吐蕃，李适又迫不及待地追问招抚云南、大食和天竺的方法。

李泌是怎么回答的呢？这些国家有没有被招抚呢？

一百七十九　吐蕃为什么会由盛转衰

面对唐德宗李适殷切的眼光，李泌胸有成竹地表示："云南自汉朝以来，就是中国的藩属国。因为杨国忠去攻打人家，结果被人家揍了，他们才成了吐蕃的附属。可是吐蕃却把他们当成了牲口，动不动就'家暴'，所以，他们一直都想回归大唐。而大食和天竺一直都仰慕中国，只要派去使者便可以招抚，一起群殴吐蕃。"

站在后世的角度看，李泌的这番分析只说对了一半。云南这个时候，的确已经受够了吐蕃的虐待，想要回归唐朝，只是鉴于吐蕃身高力壮不敢行动而已。

至于大食和天竺可以招抚，就有点一厢情愿了。

从李治到李隆基前期，唐朝国力强盛，打遍中亚，大食和天竺也没有配合唐朝揍吐蕃。

再说了，以天竺的实力，要和吐蕃互砍？还是算了吧。

而大食和吐蕃，在安史之乱以后，为了抢夺中亚的地盘，已经切磋过无数次功夫了，根本不用唐朝招抚。

所以，李泌的计划只能施行一半。不过，智者千虑必有一失，李泌已经足够伟大了，毕竟当时没有互联网，他也不知道天竺的真正实力，以及大食那边的具体情况。更何况，招抚南诏的工作，很快就取得了进展。

这个任务的执行者不是李泌，而是另外一位名臣，成都尹、剑南西川节度使韦皋。

韦皋，745年出生于官宦世家，往上数至少六代，都是高官。受祖宗们的恩荫，韦皋很早就进入仕途，并且娶了宰相张延赏的女儿为妻（当时张延赏还是西川节度使）。

据唐代笔记小说集《云溪友议》记载，刚结婚那几年，韦皋不知道什么原因，一直在张延赏家里当倒插门女婿。因此张延赏十分瞧不起他，甚至连家里的仆人，也不把这位女婿当干部。

后来在老婆大人的鼓励（鞭笞）下，韦皋终于痛下决心，要到长安去闯一闯。张延赏大为高兴，送给了韦皋七匹马的物资，让他赶紧滚。

但是，韦皋前脚刚到驿站，张延赏就叫一匹马驮着物资回去了，经过七个驿站后，那些送给女婿的东西，全部又回到了张延赏的家里。

后来泾原兵变的时候，韦皋因为立了大功，被任命为成都尹、剑南西川节度使，接替了张延赏的职位。

张延赏因此大为惭愧，充分发挥了"严于律人，宽于律己"的精神，把当年对韦皋无礼的仆人全部打死，扔到了蜀江之中，而他自己，则厚着脸皮到京城当宰相去了。

788年，韦皋接到李泌提出的战略计划之后，立刻付诸实施。

他先派人招抚了少数民族东爨（cuàn，是彝族的一支）的老大，让他们给南诏王异牟寻讲解了一下平等团结、共同繁荣的大唐民族政策。异牟寻本来就想回归唐朝，于是，他们就勾搭上了。

但是，还没等异牟寻起义，当年十月，吐蕃权臣尚结赞就胁迫着南诏，一起举兵十万，朝着成都杀了过来。

这一下就尴尬了，异牟寻是麻秆打狼——两头怕，打也不是，不打也不是。搞到最后，他只好率军驻扎在金沙江的北边，按兵不动，静观时局。

韦皋灵机一动，赶紧给异牟寻写了一封信，重申了大唐与南诏之间的友好关系，并郑重承诺，只要南诏重新归附唐朝，唐朝就给他大量援助。另外，还会派去大批军事顾问，帮助南诏训练战阵，富国强兵。

异牟寻大喜过望，当即表示一定跟着唐朝奔小康，不再和吐蕃一起浪。

但他不知道的是，这封信韦皋其实写了两封，一封是给他的，一封是故意让吐蕃尚结赞截获的。就在他看到这封信的时候，尚结赞也看到了。

尚结赞是个极其聪明的人，一般情况下，这种离间计他是不会相信的。

但是，几个月前，回纥与唐朝结亲以后，刚好偷袭过一次吐蕃，让他吃了大亏。所以，这一次尚结赞也没有多想，就中了韦皋之计，赶紧调集两万军队，驻扎在会州以抵御南诏。

吐蕃与南诏几十年的关系，就这么轻而易举地被韦皋搅乱了。

韦皋趁机整顿军队，联合南诏，在随后的十几年里，对吐蕃发起了一轮又一轮的进攻。

789年，韦皋在嶲（xī）州（今四川西昌）大破吐蕃军队，斩杀两千人，投崖溺水者不计其数，随后收复嶲州。

792年，韦皋攻破维州（今四川理县），俘虏其大将论赞热。

793年，韦皋连克吐蕃五十余寨，使得西南十个部落重新回归唐朝。

794年，南诏与吐蕃在云南西部展开大战，南诏攻克吐蕃十六城，俘获吐蕃五王，并派使者到长安献俘，向唐朝称臣。

801年，连败数仗的吐蕃，准备报仇雪恨。但是鉴于韦皋的勇猛，他们没有进攻四川，而是集中优势兵力，大举侵犯陕西，兵锋直指长安。

唐德宗李适为了减轻京师的压力，命令韦皋在四川主动出击，攻打吐蕃的后方。

随后，韦皋在雅州、维州（今四川雅安）两次大破吐蕃军队，攻克七座城池，焚烧一百五十余座堡垒，生擒其三军统帅，也是其宰相论莽热。

经过以上几场大战，《新唐书》称韦皋："凡破吐蕃四十八万，擒杀节度、都督、城主、笼官千五百，斩首五万余级，获牛羊二十五万，收器械六百三十万。"

虽然破吐蕃四十八万可能有点虚报，但是，从今往后，和唐朝断断续续打了一百多年的吐蕃，开始由盛转衰，直到几十年后灭亡，再也无力大规模侵犯唐朝。

韦皋也因此青史留名，被拜为中书令，封爵南康郡王。三年之后（805年），韦皋因病去世，享年六十一岁。刚刚即位的唐宪宗李纯，为其辍朝五日，追赠为太师。

对外搞定了回纥与吐蕃，对内平定了藩镇之乱，唐德宗李适登基十几年以来，终于迎来了一段难得的安静时光，按道理讲，折腾了这么久，他也该歇歇了。

但我们都知道，李适的精力实在过于旺盛。没事的时候，总会找出一些事来。没有了外患，他又开始折腾他的儿子了。

李适的嫡长子叫作李诵，为人慈孝，做事宽大，还很善断，在当太子的二十五年里，没有犯过什么错，泾原兵变的时候，他还常常身临前线，奋战杀敌，算是一个很优秀的精神小伙。

但是，有一天，人在家中坐，锅从天上来。太子丈母娘的一个浪，差点把他给掀翻了。

李诵的丈母娘叫郜国公主，是唐肃宗李亨的女儿，也就是唐德宗李适的姑姑。她原本嫁给了杨贵妃姐姐的儿子裴徽，但马嵬坡之变的时候，裴徽和杨贵妃一起被砍了。

郜国公主因此成了寡妇，后来，她又嫁给了李隆基的外孙，也就是她的表哥萧升。但是没过几年，萧升也死了，郜国公主又成了寡妇。

唐朝的皇室，大家都懂得，在男女关系方面极有创意。

郜国公主没有了老公的束缚，瞬间就放飞起来，和四个人勾搭上了。

这四个人分别为：彭州司马李万、蜀州别驾萧鼎、澧阳县令韦恽和太子詹事李昪。

注意，这里面有个人是太子詹事李昪，也就是太子的人。

好事不出门，坏事传千里，尤其是这种极为狗血的八卦新闻。

没过多久，这事就传了出去，而且还把太子李诵捎带上了，说太子利用他丈母娘结党营私。

李诵一下就蒙了，丈母娘至少五六十岁了，用她当诱饵，"钓"到的人能有啥出息？不过，出于安全考虑，李诵还是赶紧把太子妃给休了。

李适刚开始也不相信太子会参与这件事，所以，只是把郜国公主软禁起来，并把她的四个面首剁了一个，流放了三个。

可是，郜国公主还在作死的边缘试探。被囚禁之后，她心有不甘，又用厌胜术诅咒李适，希望李诵能够早点登基，解放自己。

我们之前多次讲过，厌胜术和巫蛊差不多，都是封建迷信的一种，古代皇家只要和它沾边，那必定是大案。

李适因此大怒不已，废了他的姑姑，还准备废掉太子李诵，立舒王李谊为太子。

但废太子毕竟是大事，所以，李适就把李泌叫到了宫中，想征求一下李泌的意见。

李泌听完，马上惊呆了，当即问了一句："陛下只有一个亲生儿子，怎么能因为他丈母娘犯了错，而废了太子册立侄子呢？"

李适的脸色顿时变得铁青，因为他忘了，自己曾经亲口告诉过李泌，舒王李谊原本是他弟弟的儿子，他弟弟死后，才过继到了他的名下。

养父母，一般都不希望孩子知道自己是被收养的，李适也是如此。所以，听完李泌的话，他就龙颜大怒，威胁李泌，不要阻止他废太子，否则就砍了李泌全家。

没想到李泌的头那是相当的铁，他表示你砍我全家，我也得说，你现在不信任你亲生儿子，以后会信任你侄子？你要是死了，你侄子是会到你坟前烧炷香，还是会在庙里给你塑个像？

李适无奈，表示这是他的家事，不要李泌插手。

而李泌直接把当年狄仁杰劝武则天的话搬了出来："天子四海为家，家事就是国事，国事就是家事，我身为宰相，就必须管。"

两人你一言，我一句，杠了好久，也没有杠出来一个结果。几天之后，两人又杠了一次，李适才终于被说服了，并抱着李泌号啕大哭，表示自己真心知道错了，从今往后，无论是军国大事，还是家务事，都要和李泌商量一下再作决定。

可是，李泌已经等不及了。

再次出道这五年多以来，发生了太多太多的事情。泾原兵变、李怀光造反、陕州叛乱、韩滉被诬陷、淮西士兵作乱、平凉劫盟、北和回纥、南通南诏，每一件事情都责任重大，危机重重，而每一件事情，都需要李泌身体力行。

他早已被这些烦琐的事务掏空了身体，他实在是太累了。如今国家已经安定，周边已经平息，他的梦想与使命已经完成，也是时候走了。

几个月后（789年四月），唐中期最优秀的宰相、最优秀的战略家李泌，在家中病故，享年六十八岁。

李泌的一生是传奇的一生，他好像专门为拯救大唐而生，从肃宗到代宗再到德宗，每一次，他都是大厦将倾时，横空出世，国泰民安时，隐姓埋名。

看古今英雄豪杰，比他功劳大者，有之。但如他这般不图功名者，少之。而像他如此传奇者，恐怕只有他一人而已。

衣白山人再造唐，谋家议国虑深长。功成拂袖还归去，高节依稀汉子房。

有此一生，值了！

李泌走了，唐德宗一朝的大事，也就基本结束了。在之后的十几年里，唐德宗基本就干了两件事情：

第一件事情是捞钱。

能捞的地方捞，不能捞的地方也捞。

李适经常会派一些太监，直接向各个衙门以及地方公开索要钱财，还明目张胆地称之为"宣索"。地方的各个节度使，每个月还要给他进奉大量财物，这些则称之为"月进"。

另外，他还向茶叶收取重税，低价向商人买东西，甚至是抢商人的东西。

好的一点是，他还挺懂得薅羊毛的技巧，一般只薅商人的羊毛。因为有一句话说得好，只有造反的农民，没有造反的商人。

商人有儿有女，生活条件优越，不像平民百姓，烂命一条，一人吃饭全家不饿。所以，只要不把商人薅净，他们一般不愿意造反。

第二件事情是绥靖。

哪个节度使亡故了，李适一般都会先派人去观察一下。如果兵痞子们已经拥立了新的节度使，李适一般都会承认，只有极少数的时候，他才会让其他节度使去教训一下对方，如果打不过，他便立刻承认人家的合法性。

注意，不只是河朔三镇那些原本割据的藩镇哦！

例如首府在汴州（今开封）的宣武军节度使，原来的节度使刘洽忠于朝廷，他死了之后，士兵们便拥立他的儿子当了节度使。

不到一年，他的儿子被赶走了，士兵们又连续拥立了四个节度使，但是他们都没有干多长时间，乱得是一塌糊涂。

而李适呢？任由他们乱下去，只要不造反，按时给中央交钱，你们爱选谁选谁。

就在这一团乱糟糟的环境中，李适终于迎来了他的末日。

804年九月，四十三岁的太子李诵因为多年储君的压抑生活，当然，更可能是因为运气太背，反正是突然中风，变成了哑巴。

李适得知以后，心急如焚，又是派太医，又是跳大神，给太子进行了全方位、立体式的治疗，但太子的病始终不见好转。

805年正月初一，按照传统，文武百官、皇亲国戚都得前往宫中向李适拜年，可是唯独太子李诵因病不能前往。

人世间有三大悲，幼年丧父，中年丧妻，晚年丧子。

看到儿子的病情一天天加重，李适再也忍不住号啕大哭，他就这么一个亲生儿子啊。所以，当天他就一病不起，二十天之后，他便在金銮殿驾崩了，享年六十四岁。

唐德宗李适的一生，应该说基本是糊涂的一生。只有刚当皇帝那两年，励精图治，奋发图强。可惜他能力有限，所托非人，一次又一次大好局面，都被他亲手葬送。

而李适又是一个极其幸运的人，每逢大难，总有人挺身而出力挽狂澜。李泌、李晟、马燧、浑瑊、陆贽、韦皋放在任何时候，都是国之栋梁，难得之人才。如果用好他们，也许在他活着的时候，大唐就能实现一次中兴，只是可惜，他基本没有看懂这些人的使用说明书。

不过，李适也并不是没有任何作为。回纥和吐蕃，这两个最大的外患，起码都是在他一朝被基本平息的。

而他晚年实行的绥靖和敛财政策，也在客观上让破败不堪的大唐，得到了十几年的喘息之机，使得国库变得日益充盈，为他的孙子唐宪宗削藩成功，奠定了一定的物质基础。

所以，他晚年时表面上的昏庸胡闹，也许还存着精心的利益算计，即：牺牲我一人，成全我子孙。

一百八十　柳宗元、刘禹锡活该被贬吗

805年正月二十六日，因为中风变成了哑巴的太子李诵，在太极殿正式继承了皇位。

由于他不能说话，再加上身体虚弱，朝堂之上出现了一种特别诡异的氛围。

任何国家大事，都由唐顺宗李诵用肢体语言，表达给宠妃牛昭容，再由牛昭容传给王叔文，王叔文再与他的小伙伴王伾、柳宗元、刘禹锡、韩晔、韩泰、陈谏、凌准、程异等人商量之后，交给才被提拔为宰相的韦执谊去执行。

一下子出现了这么多人，估计很多人都看蒙了，但其实不用记他们的名字，只需知道他们都是唐顺宗当太子时候的心腹，统称"二王八司马"就行了。

注意断句，不是"二王八，司马"，而是"二王，八司马"。二王指王叔文、王伾，八司马指其他八个人：柳宗元、刘禹锡、韩晔、韩泰、陈谏、凌准、程异、韦执谊。

柳宗元和刘禹锡，就是上学的时候大家最烦的那两个大文学家（因为对他们的诗和文章，我们往往都要背诵）。

"千山鸟飞绝，万径人踪灭。孤舟蓑笠翁，独钓寒江雪。"是柳宗元写的《江雪》。

"山不在高，有仙则名。水不在深，有龙则灵。"来自刘禹锡写的《陋室铭》。

不过，今天我们不谈他们的文学成就，只谈他们的政治作为。

这十个人掌权以后，主要干了以下几件大事：

第一，废除了宫市和五坊。

宫市，就是在皇宫里开的大型超市。

因为皇宫里，大概有五千到一万人，要伺候皇帝的吃喝拉撒睡。所以，需要大量的物资，来满足这一万人的日常生活需求。

唐朝前期，都是让官府向民间采购，再送到宫中，按需分配。但是唐德宗发现，官员们从中贪污了大量的回扣，本来是一文一个鸡蛋，到宫中能变成一两一个。

为了省钱，他就让太监成立了一个买买买小分队，宫里需要什么，就到市场上批发，然后再拿到宫里来卖。

唐德宗以为，没有了中间商赚差价，就能省下一大笔钱。但他没想到的是，钱的确省了一些，但锅也让他背了。

因为这些太监，比官员们还要过分。他们买东西的时候，从来不问价格，想给多少就给多少，哪怕是一文不给，老板也不能说什么，否则就以薅大唐羊毛罪论处。

因此搞得长安商人以及附近的农民们痛苦不堪。白居易写的《卖炭翁》，讽刺的就是宫市："一车炭，千余斤，宫使驱将惜不得。半匹红绡一丈绫，系向牛头充炭直。"

五坊，就是皇宫里的宠物市场，主要有雕坊、鹘坊、鹞坊、鹰坊、狗坊等。

不是皇帝喜欢吃这些小动物，而是打猎的时候，需要射杀这些小动物。

按道理讲，这些逮鸟的太监，怎么着也坑害不了老百姓。毕竟老百姓家又没有雕啊、鹰啊，即便太监们想抢，也没地儿抢去。

但是这帮人，没有条件也能创造出条件来——他们把捕鸟的网，扯到了老百姓的家门口，或者井口。老百姓想出门，或者想喝水，不好意思，得给钱，不然就以阻挠公务罪论处。

李诵当太子的时候，就知道宫市和五坊的危害，当时，他就想劝他爹取缔这两个损人但不怎么利己的规定。

但王叔文告诉他，你爹疑心那么大，以前还差点废了你，你敢劝他干正常人干的事，他会不会以为你在收买人心？

所以，唐顺宗只好等啊等，把他爹等死了，才下诏取缔了这两项弊政，赢得了老百姓们的热烈鼓掌。但同时，也得罪了那些既得利益的太监一党。

第二，废除了"日进"和"月进"。

唐德宗后期为了敛财，把黑社会老大管理小弟的那一套也用上了。他每个月都会逼着节度使们给自己份子钱，这就叫作"月进"。

有些节度使为了拍唐德宗的马屁，感觉一月给一次，不能体现自己的孝顺，便把月改成了天，每天都给一次，这就叫作"日进"。

后来，各个州的刺史觉得，不能只让领导表忠心，自己也得会拍，所以，他们也主动加入了"日进"和"月进"的队伍。

但是这些钱呢，刺史和节度使肯定是不会从自己身上出，只会搜刮老百姓。因此，又增加了老百姓的负担。

这十个人上台之后，就以唐顺宗的名义，废除了"日进"和"月进"。

除此之外，他们还惩办了几个贪官，打击了几个太监，拒绝了西川节度使韦皋扩大辖区的请求，释放了九百名宫女，等等。

因为这些措施，在一定程度上，抑制了藩镇，打击了权贵，减轻了对老百姓的剥削，所以被称为"永贞革新"。很多历史学者都给予了他们正面的评价。

但是，还有很多人，把他们当成了反面教材，评价非常差，例如同时代的大文豪韩愈，以及《资治通鉴》的作者司马光老爷子。

因为他们十个人还干了两件极其不得官心甚至是民心的事情：

其一，独断专行、打击异己。

他们做了哪些独断专行的事情，史书上并没有详细的记载。只是说，他们天天互相吹捧，把自己比作了周公、伊尹、管仲、诸葛亮等，完全不把别人放在眼里。搞得同行们一阵阵恶心。

另外，只要是他们想做的事情，马上就去做，完全不按既定的规矩来（惟其所欲，不据程式），以至于"士大夫畏之，道路以目"。

侍御史窦群对此非常反感，就弹劾刘禹锡，说他"居心邪恶，扰乱朝纲"。又当面指责王叔文，不该擅断专行。他们听了以后，大怒不已，当即就要把窦群贬到外地。

随后，一个叫羊士谔的官员，到长安出差，十分看不惯他们的所作所为，就在背后议论了一番。王叔文知道以后火冒三丈，准备把羊士谔用棍子活活打死，但在同党的劝说下，最后把羊士谔贬到了边疆。

其二，贪污受贿，任人唯亲。

他们对外人非常苛刻，对自己人却非常地"知恩图报"，以前和他们有过交往的人，一个个都得到了提拔。

只要这十个人中，有人说"某人可以做某官"，不出两天，这人就真的当上了那个官。

大家看他们这么厉害，便纷纷前去求官，以至于这十个人的家门口，一天二十四小时，都是车马若市。

其中以王伾做得最为过分，他大肆贪污受贿，在任命官员的时候，从来不看能力，只看两个条件：

第一，是不是自己人。第二，拿的钱够不够多。

因为收的钱太多，他还让人打造了一个超大的柜子，专门用来放钱。为了保护钱的安全，他就带着老婆睡在柜子上面。

我们经常说，政治就是团结大多数，孤立极少数。

这十个人，在李诵登基之前，只是一群小官。李诵登基之后，他们才一飞冲天。一朝天子一朝臣，这本身无可厚非。

但是，你们不能做得太过分啊。

你们取消了宫市和五坊，等于打击了宦官，是极其正确的政治手段。那么，是不是应该团结一下朝臣，让大家来一起揍太监呢？

可你们不但没有团结朝臣，还打击异己，任人唯亲。最重要的是，天天自称周公、伊尹、管仲、诸葛亮，这是啥意思？

没错，这几个人是忠臣，但这几个人也是权臣啊！尤其是伊尹，那可是废立过天子的人啊。

再者说，咱能不能谦虚一点？

中国人一向讲究中庸之道，别人可以拍你马屁，说你是周公，但你能自称周公吗？

你们刚上台，就如此骄傲自满，文武百官们怎么想？皇帝怎么想？李诵虽然变成了哑巴，但人家可不是傻子啊！

所以，他们刚干两个多月，就引起了太监、朝臣的集体反对，甚至唐顺宗李诵，也开始讨厌他们了。

唐顺宗因为久病不愈，自从登基以来，满朝文武百官，基本都没有见过他长啥样。所以，大家都希望早点立太子，大号练废了，还可以再练一练小号。

可是王叔文等人却不想册立太子，尤其是唐顺宗的宠妃牛昭容。原因很简单，大家都能预感到，唐顺宗随时可能会驾崩。

如果此时册立了太子，顺宗一死，他们就会跟着倒霉。相反，如果没有册立太子，顺宗死的时候，他们就可以真的成为周公和伊尹了。

但是，就在他们一厢情愿的时候，太监俱文珍、刘光琦、薛盈珍等人，由于对他们打击太监非常不满，便利用职务之便，私下里劝说唐顺宗，赶紧册立太子。

唐顺宗一来已经对王叔文等人感到厌烦，二来对自己的身体也非常的自信，当然，不是自信会越来越好，而是自信会越来越差。

所以，他当即就听从这几个太监的意见，于当年三月二十四日，把长子李淳册立为太子，并改名为李纯。

王叔文因此大为恐慌，赶紧召集其他九个人商量对策。

经过一番可能比较热烈的讨论，最后他们决定，夺取宦官手中的兵权，以备不时之需。

在夺取兵权的方法上面，他们还想到了一条不错的计策：

以打击宦官为由，让唐顺宗任命和他们没有什么关系的右金吾大将军范希朝为左右神策、京西诸城镇行营节度使，以避免文武百官的猜忌。

随后再任命他们的同党韩泰，为范希朝的行军司马。韩泰赴任之后，再想办法架空范希朝的权力。

但是，这个世界上谁又比谁傻多少呢？太监俱文珍等人，虽然缺少了一个零件，可是脑子里并不缺筋啊。

他们很快就发现了王叔文的计谋，赶紧派人去通知各位将领，不能把军队交给任何一个人。

所以，当范希朝和韩泰等人赶到奉天赴任的时候，竟然没有一个将领前去报到。

而这时，西川节度使韦皋，因为王叔文没有让他扩大辖区，便联合荆南节度使裴均、河东节度使严绶等人，上书唐顺宗和太子，强烈要求驱逐王叔文等人。

王叔文等人这才意识到大势已去，原来经过这几个月的折腾，他们已经成了众矢之的，把太监、朝臣以及节度使得罪了一个遍。

没过多久，王叔文的母亲恰好得了重病，王叔文便赶紧以此为由，辞职回了老家。王伾还想让王叔文复出，屡次上书唐顺宗，请求把王叔文召回朝中，但统统被拒绝了。王伾只好假装中风，躲进了家里，不再出门。

七月二十八日，唐顺宗因为身体越来越差，下令让太子李纯监国。

八月四日，唐顺宗又在太监俱文珍等人的多次建议之下颁布诏书，命令李纯即皇帝位，自称太上皇，不再处理国事。

随后，李纯贬王叔文为渝州司户，并在第二年将其赐死。贬王伾为开州司马，不久，王伾在开州病死。贬柳宗元、刘禹锡等人，全部为州司马。

至此，满打满算不过一百四十六天的"永贞革新"，就这么破产了。但是，关于"永贞革新"的争论却没有结束。

"永贞革新"是正义的改革，还是狗咬狗的闹剧？

王叔文等人夺取兵权，是为了加强皇权、打压宦官，还是为了独揽大权，图谋不轨？

唐顺宗是被迫禅让，还是真心禅让？如果是政变，太子李纯有没有参与其中？

第二年（806年）正月十九日，唐顺宗去世，是被李纯和宦官所杀，还是自然死亡？

说实话，这些问题，笔者也没有答案，这里只是参照《资治通鉴》和两唐书的记载所写，至于真实的历史到底如何，在没有确凿的证据之前，大家还是先参考正史吧。

一百八十一　文盲平定四川，外甥痛扁舅舅

李纯，出生于778年。他的母亲是庄宪皇后，刚开始是他太爷爷的女人，没错，就是他爸爸的爷爷的女人。

不过，大家不要想歪了，他太爷爷大概率没有和他妈发生过关系，只是把他妈封为了才人。在他妈十三岁的时候，他太爷爷就把他妈赐给了他爸唐顺宗李诵。

李纯小的时候，就非常聪明。在他七岁那年，他爷爷唐德宗曾逗他说："小朋友，你是谁家的孩子啊，怎么在我怀里呢？"

如果是一般的孩子，就该报他爹的名字了，但李纯却语出惊人："我是第三天子。"

唐德宗大喜过望，幸好这孩子没有隔代遗传自己的智商。

随着年龄的增长，李纯慢慢地知道了他们家创业的艰辛，以及幅员万里的辉煌。曾经理想的丰满和现实的骨感，深深地刺激了他的雄心壮志。

于是，他从崇文馆拿来了两本书：《李世民传》和《李隆基传》。他日夜翻

读，他废寝忘食，他要向祖先们学习治国之道，他要让这个破败不堪的国家，重新伟大。

805年八月，二十八岁的李纯登基以后，就着手对这个国家进行了一系列的改革。

例如勤俭节约、惩治贪污、恢复宰相权力（他爷爷后期不信任宰相）、赈济受灾百姓、重用经济学家、严禁掳掠良民（当时福建、岭南等地民风剽悍，经常掳掠良民，卖到其他地方当奴婢）等。

这些我们就不展开细讲了，因为没有多少史料，也不生动典型，反正结果就是唐朝的国力，尤其是财力，得到了明显的提升。

但树欲静而风不止，就在他大施拳脚，如火如荼地进行改革的时候，地方上的藩镇却接二连三地跳了出来，要挑战他的权威。

第一个跳出来的是西川（今四川西部）节度副使刘辟。

李纯登基的第二个月，西川节度使韦皋突然死了。副使刘辟觉得，李纯刚刚登基，根基不稳，地位不牢，肯定无心平叛。而这几年川军业绩突出，曾经把吐蕃打得跪在地上求饶，中央军肯定不是对手。

所以，他就飘了起来，不但拥兵自重，自命为西川留后，还派军包围了东川，要求朝廷把东川（今四川东部及重庆）也割让给他。

李纯大怒不已，新官上任三把火，我这一把还没点着，岂能容许你一泡尿给浇灭了？

所以，他立刻把大臣们召集起来，准备派兵灭了刘辟全家。

但让他万万没想到的是，所有的大臣都站在了他的对立面，表示他太爷爷和他爷，两人都是刚一上台就削藩，但刚一削藩就吃瘪，搞到最后不但民不聊生，还得下罪己诏，骂自己缺心眼，何苦呢？

况且，蜀道之难，难于上青天！蚕丛及鱼凫，开国何茫然！尔来四万八千岁，不与秦塞通人烟……

人生最痛苦的事情莫过于此，李纯还没有享受到当皇帝的快乐，先感受了一波寡人的痛苦。他望着平日里能说会道，关键时刻却当缩头乌龟的大臣们，失望至极。

你们可以忍，中央再破败，你们的高官厚禄不会变，你们的锦衣玉食不会变，哪怕是天下没了，你们还可以换个老板继续打工。

但我怎么忍啊？河北割据，山东割据，淮西割据，大唐的半壁江山都是割据势力，如果再让四川割据，放眼整个天下还有几块属于大唐的土地？

李纯的怒火如同燎原烈火，在心中熊熊燃烧，而朝堂之上，却像死一般的沉寂，没有人敢说一句话……

"不能忍！"一个不大但又坚定的声音，突然打破了这种可怕的平静。

说这话的人叫杜黄裳，时年六十九岁，刚刚升任宰相，是"二王八司马"中韦执宜的老丈人，为人正直，勤俭节约。

早年间，他是郭子仪身边的秘书，后来做到了朔方留守、侍御史（从六品下）。但因为得罪了奸臣裴延龄，被雪藏了整整十年。

805年，女婿韦执宜当上宰相之后，才把他从一个不起眼的小官，火箭般提拔为太子宾客、太常寺卿（正三品）。由此可见，这些改革派还真的是任人唯亲啊。

韦执宜原以为，老丈人升了官，会对自己感恩戴德，支持自己变法。但没想到，杜黄裳却是最坚定的反对派，并骂他说："我受三朝厚恩，怎么可能因为一个官职而出卖自己？"

后来韦执宜等人被扳倒，杜黄裳又鼎力营救，只是没有成功。但他不畏权贵、坚持原则的品格，赢得了所有人的敬佩，因此升为了宰相。

当上宰相之后，他还保持着原有的勤俭，家里的吃穿用度，还不如一个小地主舒坦。举个例子吧，他老婆出门的时候，只坐一顶小破轿子，后面虽然跟着俩用人，但都穿得破破烂烂，看着跟贫农似的，不知道的人，还以为是哪个地主家的傻儿子，把家里挥霍成了落魄户呢。

喊了一声之后，他又对当前的局势作了一个极有远见的分析：刘辟有勇无谋，不足为虑。西川军并不想反，只是刘辟一人想反而已。西川周围都是听命于朝廷的州县，只要联合出击，刘辟一战可擒。

另外，他又给出了平定西川的具体办法：罢免宦官监军，神策军使高崇文有勇有谋，可以出征。

在他的带头作用下，翰林学士李吉甫、右谏议大夫韦丹（韦孝宽六世孙）也站了出来，力挺削藩。

李纯这才转怒为喜，长舒了一口大气，但在是否用高崇文上，他又犯了难。

一来，高崇文并不是最能打的将领，官职也属于中上等，以前平定各藩之乱以及打吐蕃的时候，他都是配角。

二来，高崇文这个人，扁担倒了不知道是个一字，让他当主帅，连战报都看不懂，也是一个问题。

杜黄裳见状，马上就猜到了李纯的心思。他很快给出了几个重用高崇文的理由：

首先，将领们能文能武，用着固然顺手。但是，这些将领一旦立下大功，就会自命不凡，割据一方，当年李怀光就是如此。而高崇文不懂政治，正是他的优点，即便平定西川，也不会形成割据。

其次，高崇文有上升空间，才有动力拼命，如果位极人臣，哪里还有动力？即便他平定西川，也不会出现功高盖主的情况。

最后，高崇文治军严整，作战勇猛，在戍边时常常兵不解甲，肯定能大获全胜。

李纯一听，这才茅塞顿开。当即下诏，命令高崇文率领七千步骑兵会同西川周围几个藩镇，一起讨伐刘辟。

而事实和杜黄裳所预料的几乎一模一样，刘辟就是一个有勇无谋的莽夫，两边从806年一月打到八月，刘辟除了防守之外，就没有赢过一次，

西川军有多不想打内战呢？

有一次，前去平叛的河东军晚到了一天，因为害怕高崇文处罚，他们就擅自深入敌军后方，准备截取西川军的军粮将功补过。

就这么一支千里行军，又军心不稳的部队，西川军竟然没有打过，两边只干了一仗，西川军的粮道就被截断了。

八月二十一日，高崇文带领大军，顺利攻克了成都。刘辟惊慌失措，只带了几十个心腹落荒而逃，准备投靠吐蕃。

但是刚逃出城没多远，他就被唐军活捉了回来。随后，刘辟被装入槛车，送往京城，腰斩而死，西川全境平定。

高崇文在四川待了一年，因为大字不识一个，又极其讨厌在办公室里摸鱼闲扯，便多次上书朝廷，要求前往边疆戍边。李纯大喜不已，派武元衡接替了他的职位。

三年之后，高崇文在边疆病逝，享年六十四岁。

杜黄裳因为事前的料事如神，被李纯认定为首功。不过，几个月之后，他就因为"不修小节"，挂着宰相的职位，到河中当节度使去了。一年之后，在河中病逝，享年七十一岁。

什么是"不修小节"，史书中并没有记载，很有可能是因为在西川被平之后，收取了高崇文的贿赂，导致晚节不保吧。

西川被平定以后，那些势力不大的节度使，顿时心虚得要死。西川军那么能打，却被中央军摁在地上随便摩擦。回头再看看自己的手下们，朝廷要想灭了自

己，岂不是眨眼之间。于是，他们纷纷主动要求入京朝见。

其中就包括了镇海节度使李锜（治所南京）。

此人是李渊的堂弟李神通的后代，当年李渊起兵，还没有打到长安的时候，李神通就和平阳公主把关中几乎打了一个遍，属于老李家最早入股的股东，后来被封为了淮安王。

受祖宗的恩荫，李锜官运亨通，大唐最赚钱的烟酒专卖店和水运交通全都由他一人控制。

按道理讲，这样的人最不应该造反，朝廷对你如此厚恩，你咋好意思翻脸？况且还是一家人！

但李锜从小就活在溺爱之中，根本不知道天高地厚，自认为钻子头上加钢针——厉害无比。所以，他主动要求入朝，完全是忽悠李纯。

而李纯呢，还特别纯真，以为这个小老弟是来真的，他还派了一个太监带了大量的金银珠宝去慰劳李锜以及手下的将士们。

但没想到，李锜把钱收了，人却没有到长安。

李纯催他一次，他说行李没有收拾好。

李纯再催他一次，他说他已经让手下王澹（dàn）担任了留后，但是王澹业务不精，需要自己辅佐一段时间。

过了一段时间后，李纯又催他到长安，他又说自己病了，下不去床，实在走不动了。

又过了一段时间，他看到朝廷没有了动静，又后悔让王澹担任留后了。

于是，在他的默许之下，他的胡人亲兵把王澹给宰了，更过分，应该说更恶心的是，这群亲兵把王澹宰了之后，还把尸体剁碎了，碎完尸以后，又一口一口地给吃了，把汉人士兵们，恶心得好几天吃不下饭。

李纯大怒不已，当即把宰相们叫到宫中，嚷嚷着要杀了李锜的全家。

但是，朝廷的部队还没有调动，李锜已经派出了五员大将，于807年十月，对苏州、常州、杭州等地发动了进攻。

李纯急忙下诏，让淮南节度使王锷率领宣武、武昌等地兵马，围攻李锜。

但是，朝廷的部队还没有到，李锜的内部就出现了大乱。

原来那五员大将去攻打五州之后，他又派了三员大将，以及他的亲外甥裴行立等人，率领三千兵马去攻打宣州（今安徽宣城市）。

但在他的外甥看来，舅舅李锜就是一个大傻子，江南灯红酒绿，才子佳人，还那么富裕，放着幸福的日子不过，偏要打什么仗。

再说了，江南的士兵久疏战阵，根本不是中央军的对手。所以，造反就是纯粹找死。

于是，当天晚上，他的外甥就和另外三名大将，把士兵们召集起来，发表了一通义正词严的演讲，带着人杀了回去。

李锜刚听说三员大将反了，大怒不已，准备组织兵力反抗。但后来听说，连自己的亲外甥也要来杀自己，顿时像泄了气的皮球，勉强带着三百亲信，准备跑到山里去打游击。

可是还没走几步，他的外甥就杀了过来，将这三百人打得哭爹喊娘，李锜也被活捉了。随后他被戴上枷锁，送到了长安，腰斩而死。

短短三年时间，两个节度使的叛乱，就这么轻而易举地被平定了。

李纯的自信心因此暴涨了起来，在他看来，那些不可一世的所谓藩镇，实力也不过如此而已，只要自己愿意，捏死他们不过股掌之间。

所以，不久之后，他就将目光投向了最难对付的藩镇——河北！

一百八十二　太监当主帅，大唐真疯狂

806年，淄青节度使李师古薨了（势力范围在今山东）。

他的弟弟李师道，自命为淄青节度副使，并上书唐宪宗李纯，要求按照"大唐藩镇割据执行惯例"将自己转正。

李纯正准备恢复他们老李家的辉煌，自然不愿意按照惯例办事，但考虑到当时正在打西川的刘辟，实在没有精力向东再开辟一个战场，所以，他就召集心腹开了一个御前会议，商量对策。

唐宪宗一朝，最聪明的谋士、宰相，时任翰林学士的李绛，给李纯出了一个仅仅十一个字的和稀泥法：既不说同意，也不说不同意！

为什么说这是一个和稀泥法呢？

因为李师古和李师道的关系，有点像袁绍和袁术的关系，虽然一个爹，但不一个妈，虽然是兄弟，但更像仇人。

李师古活着的时候，一直没有把李师道当亲人看，不仅把他贬到了外地，还不给他发工资，史书上用两个字描写了他的生活状态——贫窭（jù）。

李师古死之前，还不忘告诫两个心腹，不能让弟弟李师道当节度使，可见这俩兄弟的矛盾有多深。

但是，李师古的那两个心腹，偏偏就相中了李师道。李师古前脚刚薨，他们就秘不发丧，把李师道偷偷接了回去，拥立为节度副使。

大家可以试想一下，袁绍死了，有人把袁术接过去当老大（假设袁术还活着），袁绍的儿子能同意吗？审配和逢纪能同意吗？

所以，这个时候李师道的地位非常不稳，急需利用朝廷的认可，镇压内部的反对势力。

而唐中央既不说同意，也不说不同意，摆明了是在鼓励淄青内部的乱民们，起来干翻李师道。

李师道呢，也不是傻子，当然，也不太聪明，三个月后，他终于看透了朝廷的阴谋。于是，赶紧召集心腹开了一个会议。

他的心腹拥立他上台，本来就很心虚，生怕别人阴他们。如今听说朝廷不准备盖公章，马上就尿了，赶紧劝说李师道，向朝廷派出使者装孙子，主动要求缴纳两税，并由中央任命淄青辖区内的官员。

唐宪宗李纯听说以后，高兴地猛拍李绛的大腿，割据藩镇最主要的权力就三个：军权、财权、官吏任免权。如今不费一兵一卒，中央就得到了淄青的财权和官吏任免权，那还要啥自行车啊。

所以，李纯当即就承认了李师道的合法地位，将他提拔为节度使。

人都是有惯性的，和稀泥法的威力如此巨大，让李纯彻底折服了。从此之后，他就天天提溜着棍子，到处找稀泥。

功夫不负有心人，三年之后（809年），李纯终于又找到了一坨，还是一大坨。

这一年三月，成德节度使王士真也薨了，他的儿子王承宗上表，要求继承父位。

李纯大喜过望，赶紧把李绛叫到宫中，展示了一下自己改进过的棍法：

依然不说同意，也不说不同意，除非王承宗割让德州、棣州，并向李师道学习，向国家缴纳两税，由朝廷任命官吏。

李纯本以为，自己精心研究的棍法，会得到创始人李绛的赞赏。

但没想到，李绛却提出了反对意见。他表示，棍法虽好，但不能瞎练。收缴两税、任命官吏都可以，但割让德州、棣州，王承宗肯定举双手反对，搞不好王承宗还会和其他几个藩镇，联合起来造反。

李纯很失落，表示他们要敢造反，自己就敢揍他们一个五彩斑斓，君不见，西川的刘辟、镇海的李锜，骨灰还没有撒多远呢。

李绛见皇帝即将走火入魔，赶紧给他分析了一下当时的局势："西川和镇海为啥那么容易平定，你心里没数吗？那是因为当地百姓也不愿意跟着造反，另外他们周围都是服从中央的州县，咱可以群殴。而河北呢，百姓跟着人家混了几十年，根本不知道啥叫朝廷，他们周围又都是割据的乱民，到处都是外援，这仗怎么打？你爷爷当年就吃过这亏，你可不敢再吃一次啊！"

李纯一听，这才意识到，原来稀泥也不是随便搅的，必须注重心法，按照套路来。

于是，他只好听从李绛的意见，对外放出风声，只要王承宗学习李师道，就承认王承宗的合法地位。

但令李纯万万没想到的是，王承宗竟然选择了另外一条路：愿意割让德州和棣州，不愿意交出财权和官吏任免权。

李纯惊呆了，没想到自己的棍法还是有点用的，不费一兵一卒，大藩镇变成了两个小藩镇。

于是，他赶紧下诏，任命王承宗为成德节度使，王承宗的女婿薛昌朝为德、棣二州观察使。

李纯的策略，眼看就要圆满成功了。

但偏偏这个时候，李师道突然站了出来。他对着王承宗一通现身说法："王兄啊，千万不能被李纯给骗了，薛昌朝虽然是你的女婿，但和李纯一直都有勾搭，你今天敢割两个州给他，明天他就敢和李纯一起对付你。"

还有这种事？王承宗大吃一惊，立刻派了几百名骑兵，跑到德州，把女婿薛昌朝抓到真定，软禁了起来。

听闻此事，李纯并不纯真的心灵，受到了严重的暴击。他立刻派出使者，要求王承宗放人，但王承宗死活不肯放。

于是，809年十月，怒火中烧的李纯，不顾群臣的反对，召集二十万大军，兵分两路，向着成德杀了过去：

第一路，由左神策中尉吐突承璀，担任左右神策、河中、河阳、浙西、宣歙等道行营兵马使，率领中央军，从关中出发，进击成德。

第二路，由昭义军节度使卢从史，统领昭义军，由山西出发，讨伐成德。

此消息一出，举国震惊。不是震惊又要打仗了，而是震惊怎么可以让吐突承璀担任主帅。

因为这位仁兄，不是一个正常人，而是名副其实的太监，这辈子别说在战场上打仗，就是打架斗殴，都没有尝试过。

而李纯之所以让他当主帅，就一个原因——忠诚，而且他是主动请缨的。

翰林学士白居易，没错，就是吟出"在天愿作比翼鸟，在地愿为连理枝。天长地久有时尽，此恨绵绵无绝期"的那个白居易，赶紧上书劝说李纯，表示自古以来，哪有太监当主帅的案例？且不说有违祖制，毁坏家法，各军将领都是大老爷们，他们天天被一个太监吆五喝六，会怎么想？以后还有脸见人吗？

还没等李纯有所反应，文武百官们的上书，也全部跟了上来。最聪明的谋士李绛自然也没有闲着，他的言辞格外生猛，当着李纯的面，骂太监们就是一群不懂仁义、不分是非、唯利是图的小人，绝对不能重用。

在巨大的压力之下，李纯只好取消了吐突承璀主帅的职务，但是，改名不改实，三军的进退，依然由吐突承璀说了算。

《孙子兵法》有云："夫未战而庙算胜者，得算多也；未战而庙算不胜者，得算少也。多算胜，少算不胜，而况于无算。"

本来打河北就是一个错误，如今又派一个太监当一把手，而且是没有打过仗的太监，只能说，不全军覆没，就是老天保佑了。

极为幸运的是，太监吐突承璀还有一点点自知之明，他主动请缨，纯粹是为了拍马屁，没想到，李纯还真敢让他当主帅。

所以，他到达战场以后，也没敢和王承宗进行大决战，只是小规模地干了几仗。被暴捶之后，他就不再进军了。

而昭义军节度使卢从史也是一个小人，他不但不进军，还和王承宗勾搭起来，套取国家的粮食。并且，还派人暗示朝廷，要求任命自己为平章事（宰相）。

相反，李纯根本没让出兵的卢龙节度使刘济，则主动率领七万人马，趁机端了成德王承宗几脚，并拿下了两座城池。

不过刘济出兵，不是他觉悟有多高，而是卢龙和成德两个藩镇有世仇。当年，唐德宗削藩的时候，王承宗的爷爷王武俊，配合朝廷揍过刘济的表叔朱滔，两个藩镇因此结下了梁子。

就这样，没让去打的，主动打了起来。让去打的两位将领，却一个怕死不敢打，一个把打仗当成了贪污的工具。他们在成德边境晃悠了整整十个月，浪费了七百多万缗（以米价计，大约相当于现在四百二十亿人民币的购买力），一座城池也没有攻下。

眼看朝廷的军队，不断地在外面闹笑话，李绛、白居易等人，又上书李纯，劝他赶紧收兵，不要再作无谓的牺牲。

这时，打了十个月的王承宗，也不愿意再打了。他派使者跑到长安，表示自己起兵，全都是误会，愿意向李师道学习，缴纳赋税，并由朝廷任命官吏。

李纯的脑子，虽然偶尔会抽风，但他执政前期毕竟还算是一个明君，所以，他只好就坡下驴，听从了李绛、白居易等人的意见，命令吐突承璀把卢从史逮捕起来，率军返回了朝廷。

而卢龙节度使刘济，看到中央撤军了，自己便也撤了回去。但是，在回军的途中，他不小心得了重病。他的次子刘总趁机夺权，就把他毒杀了，随后又杀了哥哥刘绲，自立为卢龙节度使。

吐突承璀率军返回以后，李纯又在群臣的重压之下，罢免了吐突承璀的军职，降职为军器使。

这场为时十个月的河北削藩之战，就这么糊糊涂涂地开始，荒荒唐唐地结束了。

对于李纯而言，此场战争可以说是丢人丢大发了。

打仗之前，李绛劝他不能打，他却一意孤行非要打。

开打之时，李绛、白居易再劝他，不能让太监当主帅，他又执迷不悟，偏让太监当一把手。

最终，严肃的削藩之战，硬是被打成了河北十月游，闹成了国际笑话。

唯一的好处是，李纯和他太爷爷李豫、爷爷李适一样，知错就改。经过此战，他深刻地体会到了一句老话："兵者，国之大事，死生之地，存亡之道，不可不察也。"

终其一生，他再也没有犯过如此低级的错误。在接下来的岁月里，他开始慎重地考虑李绛的每一个意见。

比如两年之后（812年），魏博节度使田季安死了，他十一岁的儿子田怀谏被将士们拥立为新一任节度使。

宰相李吉甫使劲撺掇李纯发兵，欺负人家孤儿寡母。李绛则坚决主张，继续使用和稀泥法，并预言不出几个月，魏博必然内乱，前来归降。

由于上一次的教训，李纯就听从了李绛的意见。

事实果然如李绛所料，几个月后，田季安的另一个儿子田兴发动了兵变，把田怀谏押送到了京城。并主动要求，向李师道、王承宗看齐，向朝廷交纳赋税，由朝廷任免辖区官员。

李纯大喜，将田兴赐名为田弘正。而田弘正也不负李纯的期望，在接下来的一系列战争中，他出人出力又出钱，为李纯彻底平定藩镇，作出了巨大的贡献。

再比如，李绛劝李纯在边疆屯田，他就下令屯田，四年时间，在边疆开辟了四千八百多顷荒地，收获谷物四千多万斛，每年节省开支二十多万缗。

总之，在李绛的辅佐之下，大唐的百姓，又好好地休整了几年，中央朝廷为以后更大规模地削藩积攒下充足的资本。

一百八十三　刺杀宰相，威胁御林军，大唐刺客多疯狂

814年，淮西节度使吴少阳也薨了，他的儿子吴元济秘不发丧，派使者杨元卿到长安，要求唐宪宗李纯任命自己为节度使。

但是吴元济的政审工作，明显不合格。杨元卿到了长安之后，立马就弃暗投明了，他不仅把吴少阳的死讯捅了出去，还把淮西的兵力、地图等军事机密全都透露给了朝廷。

此时，宰相李绛已经因为脚疾辞职了。时任宰相是坚定的主战派李吉甫，他大喜过望，立刻怂恿唐宪宗李纯落井下石，攻打淮西。

为了给出兵找个借口，李吉甫还给李纯出了一个很损的主意：

既然吴元济秘不发丧，咱就率先宣布吴元济他爹已经死了的消息，并派出使者去淮西哭丧，让吴元济落个不孝的骂名。吴元济必定怒火中烧，指不定就会干点违法乱纪的事情，然后咱们再吊民伐罪。

已经休养了整整四年的李纯，心里早就长毛了，所以，他当即就批准了李吉甫的计划。

事实果然如李吉甫所料，吴元济大怒不已。李吉甫的计谋眼看着成功了，只是代价相当沉重，吴元济极为血腥地砍了"叛徒"杨元卿的老婆和四个儿子，还把他们的鲜血涂到箭靶子上，天天拿着箭一顿狂射。

随后，他又派出兵马，四面出击，屠杀了舞阳县，火烧了叶县，掳掠了鲁山和襄城，搞得整个河南地区鸡飞狗跳、人心惶惶。

814年十月二十一日，消息传至长安，李纯也非常上头，当即任命严绶为申州、光州、蔡州招抚使，都督十六道兵马群殴吴元济。

严绶，估计大部分人都没有听说过，事实上大家也不用记他的名字，因为他只是一个文官，以前虽然立过战功，但都是他的手下大将李光颜打出来的，他自己只是挂了一个领导的头衔而已。

可是李纯根本不知道这些事情，还误以为严绶非常能打，便让他当了总指挥。

于是，这场战争的前七个月（814年十月到815年五月），简直就是四年前的翻版。

严绶和当年的太监吐突承璀一样，打得极为保守，动不动就当缩头乌龟坚守不出，不求有功，但求无过。

俗话说，人善被人欺，马善被人骑。

眼看朝廷的军队这般尿样，先前被李纯搅和晕的淄青节度使李师道，那是相当的后悔，于是，他就又起了歪心思。

他先礼后兵，先上书朝廷，要求罢兵言和、赦免吴元济。在被李纯拒绝之后，他又派了几个心腹，偷偷地溜到洛阳，纠集了一群地痞流氓，趁着夜色，攻占了洛阳附近的粮仓，烧毁了三十多万匹布和三万多斛（约四百万斤）粮食。

重兵防守的东都，竟然出现了这种事情，大唐上下，举国震惊。一些胆小如鼠的官员，又纷纷跳出来，扯住李纯的大腿使劲往后拽：老大，不能再打了，长安的粮仓如果也被烧了，咱就等着饿死吧。

李纯看着这群小丑，相当地无语，他正准备发火，新任宰相武元衡以及御史中丞裴度已经站了出来，替他痛批了这些投降派（原来的主战派宰相李吉甫，已于几个月前病逝）。

李纯大为高兴，当即下诏任命裴度为使者，前往前线调查不能取胜的原因。

经过并不细致认真的调查，裴度很快就发现了严绶的无能，回朝之后，他立刻劝说李纯更换主帅。

但就在李纯准备更换主帅的时候，一件天大的事情，突然闪瞎了所有人的眼睛。

原来李师道在派人烧掉了洛阳的粮仓之后，人就飘了起来。

他觉得东都防守如此松懈，京城的安保措施，也必然形同虚设。如果派人把两个主战派武元衡和裴度宰了，满朝文武大臣必然噤若寒蝉、不敢再战，淮西之战也就可以偃旗息鼓了。于是，他说干就干，派了几名刺客潜入了京城。

815年六月三日凌晨四点左右，长安的天气还是像往常一样炎热，散发着沉闷的气息。

宰相武元衡和往常一样，早早地准备好公文，骑着马前往太极宫上朝。武元衡的府邸位于靖安坊，在太极宫的南侧，距离太极宫只有四个坊，是达官贵人们聚居的地方，往日里的治安很好。

所以，他根本没有料到会有什么危险，当天只带了几个普通的仆人。而仆人们也很松懈，毕竟是当朝宰相的仆人，整个长安城，谁敢得罪他们。

但就在他们松松垮垮地从靖安坊的东门走出来的时候，突然跳出来一个黑衣人，大声喊着让他们灭掉手里的蜡烛。

仆人们还以为遇到了一个二百五，当场就骂这人是神经病。

但还没等他们骂完，一支利箭嗖的一声，就朝着武元衡射了过来。由于天色太暗，武元衡根本没有看清来箭的方向，就被射中了肩膀。

武元衡的随从们还没有反应过来，又有一个黑衣人拿着一根木棒，突然从路边大树的后面窜了出来，朝着武元衡的左腿，狠狠地抽了一棍。如果此时仆人中间哪怕有一个武功高强之人，武元衡大概率还能活命。

但是，他的仆人们见状，竟然一边喊着救命，一边撒开脚丫子逃命去了。武元衡忍着剧痛，正准备策马逃跑，但那群黑衣人早已围了上来，举起砍刀，直接剁掉了他的脑袋。

经过这么一通折腾，本来安静无比的街道，顿时乱成了一锅粥。骑马上朝的官员们听说之后，一个个惊慌失措，纷纷调转马头往家里狂奔。巡逻的士兵们也被吓傻了，不断地大声呼喊着宰相被人刺杀了。

这时，裴度也正骑着马上朝，听到宰相被刺杀的消息，他还以为是假的。但就在他犹豫的时候，这群黑衣人已经从靖安坊跑到了他所居住的通化坊。

只见黑暗之中，一把寒光闪闪的利剑，突然向着他刺了过去。说时迟，那时快，裴度一个腾挪，刺客只是割到了他的靴子。

裴度急忙策马往前狂奔，而刺客已经刺出第二剑，正中他的后背。幸运的是，由于他跑得稍快，剑只是刺透了他的内衣，并没有深入他的身体。

裴度大惊失色，不由得回头看了一眼。但这一看，又出事了。刺客的第三剑恰好迎了上来……裴度急忙缩头躲避，但为时已晚，他的脑袋被刺中了。

裴度大叫一声，跌落到路边的水沟之中。所幸由于帽子厚，他并没有受到致命伤害。

这几个刺客蜂拥而上，准备上去再补几剑，就在此时，裴度的随从王义突然从一旁冲了出来，抱着一个刺客，就往路边的水沟里摔了过去。

刺客们害怕同伙被捉之后供出自己，所以也顾不得再向裴度补剑，赶紧挥剑向着王义的胳膊砍了过去。王义的右手不幸中剑，被砍掉在地上，顿时鲜血汩汩直流。

刺客们还准备继续砍杀，但巡逻的士兵已经赶到，这些刺客才赶紧趁着夜色，四散而逃。

正在皇宫等着上朝的李纯听闻消息，简直不敢相信自己的耳朵。

堂堂大唐帝国的宰相，就这么被人当街给砍了！是可忍，孰不可忍。李纯暴怒至极，当即下令关闭城门，全城搜捕：捉拿刺客者，赏钱一万缗，赐官五品。如有胆敢包庇贼人者，诛其全族。

就在官兵们大肆搜捕的时候，这些刺客竟然在金吾卫驻地，万年、长安两县官府，留下了几张纸条，上面赫然写着："不要忙着捉我，否则，我把你们统统杀了。"

嚣张，如此嚣张！连电视剧都不敢这么拍的情节，竟然在大唐的帝都真实地上演了。

李纯的愤怒可想而知，于是，他又下了一道极严的命令，不管是三公九卿，还是皇亲国戚，其住宅一律不得阻止搜查。

在李纯的高压之下，七天之后，此案终于有了一个荒唐的结局。

神策军将军王士则上报说，他已经查明，成德节度使王承宗是背后的主使，成德驻京办事处有十几个河北籍的士兵，嫌疑最大，已经被抓获。

李纯大喜过望，急忙命令京兆尹裴武与监察御史陈中师等人前去审讯。这两人也是糊涂蛋，忙里忙外了十三天，终于把人证物证伪造出来，上书说，就是这群人，刺杀了宰相。

李纯估计也知道这群人是被冤枉的，因为有大臣反复提醒过李纯，事情没有这么简单。但李纯为了安定人心，不得不顺水推舟，斩杀了这群人。

不过，李纯也很有可能不知道他们是被冤枉的，因为事后李纯还把成德节度使王承宗拉入了黑名单，准备出兵讨伐王承宗。

总之，这个案件就这么稀里糊涂地结束了。

不过，令所有人都没有想到的是，几个月之后，真相竟然在洛阳水落石出了。原来这群刺客逃出去以后，并没有返回淄青，而是去了李师道在洛阳设置的东都办事处。

连续不断的成功，让他们觉得自己已经天下无敌，而唐朝的官员们都是一群酒囊饭袋。

于是，他们纠集了一百多个地痞流氓，准备火烧洛阳。但就在他们准备起事的那天早上，他们中间出了一个叛徒，将他们的计划报告给了东都留守吕元膺。

吕元膺急忙派人前去围剿，但是这群刺客的战斗力极为剽悍，硬是一路火花带闪电，冲出了洛阳城，逃往洛阳西南方向的山里。

吕元膺随即贴出一级悬赏公告，全国通缉这些刺客。

这些刺客如果就此躲起来，估计也不会有啥大事，毕竟当时没有摄像头，大家不知道他们长得什么样。

但是，这群刺客跑到山里之后，依然贼性不改。当地有一个猎人打了一只鹿，正在街上叫卖，他们觉得朝廷拿自己都没有办法，这些猎人算是老几，所以，他们竟然当街把人家的鹿给抢了。

但刺客们不知道的是，这里的猎人可不是一般的猎人。他们世世代代都在山林居住，从来不种地，专门以打猎为生，每个人都极为矫健勇猛，被当时的人称为"山棚"。

被抢鹿的"山棚"，非常生气，后果也非常严重。他立刻跑回去，召集一大批猎人，并报告给了官府。在猎人们的帮助下，官军三下五除二就把这群刺客给活捉了。

在老虎凳、辣椒水的全方位伺候之下，这群人很快就供出李师道才是刺杀宰相武元衡的主谋。

不但如此，他们还供出了他们在当地的老大——八十多岁的中岳寺和尚圆净。

圆净，法号里虽然有个净字，但却一点也不干净。以前，他曾担任过史思明的将领，作战极为勇猛强悍。安史之乱被平定以后，为了躲避官府的追捕，他就在洛阳附近出家当了和尚。

但是，几十年的阿弥陀佛，并没有让他看破红尘。几年之前，他"老夫聊发少年狂"，向李师道献上了一条奸计——让自己在洛阳城内外购买田地，招募乱民，等到时机成熟，就带着乱民们里应外合，拿下洛阳城。经过几年的发展，圆净竟然招募了几千个乱民。

不过，随着圆净的落网，这几千人全部被揪出来，砍掉了脑袋。

破获了如此大案，吕元膺赶紧把真实的情况，汇报给了唐宪宗李纯。

李纯考虑到朝廷正在攻打吴元济，又刚刚把王承宗拉入黑名单，再和李师道撕破脸皮，必定影响大局，所以，他就暂时忍了下来，一直到三年之后，他才报了此仇。

一百八十四　名将李愬原来是靠毛遂自荐才出头

经过二十多天的休养，裴度脑袋上的剑伤便痊愈了。李纯立刻将他提拔为中书侍郎、同平章事，全权负责淮西的军事行动。

当年九月（815年），在裴度的坚持下，李纯终于撤销了严绶前线总指挥的职务，任命宣武军节度使韩弘为淮西诸军行营都统，继续讨伐吴元济。

但是这个任命，很明显有点病急乱投医的意思。

因为宣武军也不是什么良民，过去的二十多年里，曾发动过五次兵变，赶走或者杀了五任节度使，直到十几年前，韩弘当了节度使，斩杀三百多人，才安定了下来。

而韩弘仗着军功，已经有些尾大不掉了，很多时候，并不把朝廷放在眼里。

所以，韩弘上任以后，马上走出了十年脑血栓的步伐，憋了一个月，硬是没有前进一步。不但如此，他还刻意阻止其他部队立功，准备养寇自重。

不过，这一次李纯很快就发现了韩弘的不靠谱。一个月后，他又任命了右羽林大将军高霞寓为唐州、随州、邓州节度使，统率西路军进攻淮西。

高霞寓，幽州人，自幼熟读《左氏春秋》《孙子兵法》以及《吴子兵法》。几年前，李纯派兵砍西川刘辟的时候，高霞寓是前锋，作战极为勇猛，得到了李纯的赏识，从此开始步步高升。

但李纯不知道的是，高霞寓是一个优点与缺点一样突出的人。他的优点是勇猛有余，缺点是智商不足，白看了那么多年的孙吴兵法。

高霞寓上任八个月后（816年六月），和淮西叛军在蔡州附近的铁城展开了决战。

两军刚一交战，淮西军砍了两下，就假装败退。高霞寓不知是计，带着兵就一通狂追，结果遭到了淮西军的伏击，以致大败，高霞寓只身逃回了唐州。

消息传至长安，举朝上下震惊不已。

淮西之战，已经打了两年，宰相被刺，三易主帅，屡换屡败。再如此下去，裤衩都要输没，李纯就该裸奔了。

于是，那些主和派又一次集体上书，要求李纯罢兵言和。

可是，屋漏偏逢连夜雨，船破又遇顶头风。成德节度使王承宗，看到中央已经乱成了一锅粥，也趁机出来踹了一脚。

他派了一大批士兵，到周围的邻居家里狂砸锅碗瓢盆，搞得整个河北都鸡犬不宁，当地的节度使纷纷上书，要求李纯派兵去群殴王承宗。

怎么办呢？李纯顿时陷入了进退两难的境地。

如果派兵讨伐王承宗，朝廷将陷入两线作战的被动局面，爷爷唐德宗当年削藩，就是北伐朱滔，南征李希烈，结果疲于奔命，全线败退。如今同样的剧情，竟然又一次上演，难道又要重演爷爷的覆辙吗？

如果不出兵，任由王承宗胡闹下去，河北的其他藩镇会怎么想？他们会不会也起兵闹事？到时候，朝廷又该怎么办？

如果像那些主和派所说，就此罢兵言和，天下是安静了，但大唐还是那个大唐吗？以后朝廷还怎么纲纪四方？

无论怎么选，好像都是错的。

李纯终于体会到了什么是孤家寡人的滋味，万般惆怅的他，只好把裴度叫到宫中，商量对策。

所幸，死里逃生的裴度，没有因为敌人的凶残而屈服，他坚定地认为，与其苟且而生，不如奋起抗争，两线作战并不可怕，唐高宗时期薛仁贵北平回纥、苏定方东征高句丽、刘仁轨扫平百济，三线作战，照样大获全胜。所以，战争胜利的关键不在于几线作战，而在于用人是否得当。

李纯一听，觉得挺有道理，终于强打着精神，恢复了一些信心，并接连下了两道命令：

第一道，削除成德节度使王承宗的一切官职和爵位，命令河东、幽州、义武、横海、魏博、昭义等六道军兵，全面进攻王承宗。

第二道，罢免高霞寓西线主帅之职，任命荆南节度使袁滋为彰义节度使，统率前线部队，再征淮西吴元济。

西、北两线大军，同时出发，一场又一场的鏖战似乎在所难免。

但是，枪头不快努折枪杆。李纯、裴度等人显然忘了，此时的唐军早已今非昔比，一线作战都打不赢，更何况两线作战呢。

所以，南北两线出兵之后，全都是剃头挑子一头热。

河北六藩镇，派了十几万人马，攻打王承宗，但因为人心不齐，再加上没有统一领导，大家就各打各的。

有的部队甚至刚刚走到边境，就趴窝不动了。所以，打了将近两年，浪费了几百万钱，也没有任何成果，到817年五月，朝廷终于扛不住了，又让六镇兵马返回了本镇。

南线这边，李纯再次所托非人。袁滋也是一个文官，还是著名的书法家，但打仗的水平跟小学生差不多。

他到前线六个月了，比得了十年脑血栓还要过分，不但不让唐军主动进攻，还把岗哨全部撤了，即便淮西兵把他包围了，他也骂不还口，打不还手，只是派出使者，向吴元济拍马屁，请求吴元济撤军。

朝廷的脸面，被他丢到了十万八千里之外。

南北两线，全都是这种尿样，李纯算是彻底地蒙了。三年了，换了五个主帅，一个比一个无能，难道我泱泱大唐，就没有一个可用的人吗？

有，当然有！

就在李纯在宫中焦头烂额的时候，一个四十三岁仍名不见经传的中年男子，也在家中发呆。

他的父亲是大名鼎鼎的名将、西平郡王李晟。所以，他从小就衣食无忧，享尽了荣华富贵。

长大以后，他在父亲的恩荫之下，没有经过烦琐的科举考试，便顺利地进入了官场，年纪轻轻就做到了正三品的太子詹事。

对于普通人来说，他的一切都是那么让人羡慕和嫉妒。但对于他来说，却感受不到任何的快乐。

因为父亲的光环，就像一个巨大的阴影，笼罩在他的上空，无论走到哪里，别人只会把他当作李晟的儿子看待，而他却想拥有自己的名字。

所以，在过去的几十年里，他虽然一直担任文官，但始终不忘研习兵法、练习骑射，他相信，总有一天，他能够驰骋沙场，报效国家。

淮西之战打响之后，他便一直关注着前线的战况，反复地推演着战局的发展。曾经有无数次，他以为唐军能够大获全胜，但却因为主帅的无能，而白白丧失了战机，让他痛心不已。

如今，大唐已经到了最危险的时刻，不能再等了。于是，他主动给唐宪宗李纯写了一封奏疏，要求前往军中效命。

这个时候，李纯早已顾不得挑肥拣瘦，太监能用、文臣能用，名将的儿子当然也能用。于是，李纯大喜不已，抱着死马当作活马医的态度，就把他任命为唐、随、邓节度使，全权负责西线战事。

而李纯绝不会想到，正是这个任命，成就了一代名将传奇，挽救了大唐颓势，让自己成为中兴之主！

想必大家已经猜到了，此人正是我们期盼已久的名将李愬！

817年一月，李愬刚刚到达唐州，就遇到了一个棘手的问题。

将士们因为前几任主帅的无能，一个个都垂头丧气，毫无战斗力。而李愬这时候并没有领过兵、打过仗，大家见到他以后，也是相当的失落，觉得朝廷完全是在乱弹琴。

历史上很多名将遇到这种情况，一般都是杀一个人，立一下威，然后再带领大家打一个小胜仗，鼓舞一下士气。

但李愬却完全不按套路出牌。他主动告诉大家，皇帝之所以派自己来，是因为自己天性懦弱怯战，能够忍辱负重，专门来慰问大家的，并不是因为自己多会打仗，并且军事上的事情，自己根本不想负责。

将士们一听，既失落又高兴，失落在于又遇到了一个屎货，胜利遥遥无期。高兴在于，起码现在不用打仗了，能够好好地休息一段时间。

接下来的一段时间里，李愬果真如他所言，打仗的事情，一句也不提，每天就是在军营里到处溜达，关心一下将士们的吃喝拉撒，慰问一下伤员和病号。

淮西的叛军听说以后，顿时高兴坏了，觉得李愬比前两任唐军主帅还要屎，于是，便放松了防备。而李愬装了一个月孙子，等的就是这个机会。

二月七日，李愬一改之前人畜无害的面孔，终于露出了他本来的面目。

他精挑细选了十几个精锐骑兵，给手下猛将马少良吩咐了几句，便让他带着这些人，大摇大摆地走到了淮西军营附近。

叛军骁将丁士良看到唐军来了，十分鄙视，因为以前遇到这种情况，只要他一出动，唐军就会夹着尾巴滚。

所以，这一次，他还想欺负一下唐军。于是，他只带了十几个骑兵，就从军营里冲了出来，准备像赶鸭子一样，把唐军赶回去。

而事实果然如丁士良所料，叛军一出动，唐军就被吓得屁滚尿流，向着后方逃了回去。

丁士良见状，内心又是一阵鄙视，不由得猛抽马鞭，向着唐军追了过去。眼看离唐军越来越近，丁士良也越来越兴奋，举起长枪，就向最后面的唐军士兵刺了过去。

他本以为，这名士兵会应枪而倒，哪曾想，这正是李愬精心设计的圈套，最后面的那个人正是唐军猛将马少良。

只见马少良一个闪身就躲了过去，随后一个回击，便将丁士良挑落到马下。

前面的十几个唐军听到响声，及时调转马头，向着叛军杀了回来。叛军一看大事不妙，也不管自己的领导了，夹起尾巴就是一路狂逃。

马少良见好就收，也没有过多追赶，便让人把丁士良捆了起来，兴高采烈地押回军营。

唐军将士们一看到丁士良，张嘴就开始骂娘，纷纷跑到李愬的营帐，要求把丁士良的心脏剜出来，以解大家心头之恨。因为丁士良以前经常率军攻打唐州，和唐军有着血海深仇。

李愬见众意难违，就答应下来，让把丁士良押到自己的营帐，当面痛骂他的罪行。

但没想到，丁士良面对死亡，却没有一点恐惧，大喊着要杀要剐要活埋，悉听尊便。

李愬以前虽然没有遇到过这种情况，但历史书他还是看过的，听丁士良这么一喊，他就知道了，此人绝对是一个不可多得的猛将。

于是，他赶紧让人给丁士良松绑，并直夸老丁是一个大丈夫。

刚刚还嘴硬的丁士良，大概率也熟读历史。他也相当会来事，赶紧给李愬和自己一个台阶下，投降了唐军。

李愬大喜过望，令人把丁士良的兵器全部还给他，并任命他为捉生将。

令李愬欣喜的还在后面，丁士良马上就向李愬献上了一计："吴秀琳拥兵三千，驻守文城。官军之所以屡战不胜，是因为他手下有一个叫陈光洽的将领勇猛善战。但是，陈光洽也有一个毛病，为人不够稳重，喜欢亲自接战。请让我活捉陈光洽，吴秀琳必然不战而降。"

这可是连娶媳妇带过年啊，李愬终于体会了一把人生的极致快感，当即就给丁士良一些兵马，让其前往文城。

还没有过两天，丁士良真就把陈光洽捉了回来。

而吴秀琳也如丁士良所料，马上就率领着文城的兵马向李愬投降了。

只是在投降的过程中遇到了一些波折。刚开始，李愬并没有亲自去受降，只是派手下大将李进诚率领八千兵马前往迎接吴秀琳。

吴秀琳一看，很不高兴，李进诚是啥身份、啥地位，竟然也敢来受降。于是，他二话不说，就朝着唐军砸了无数个闷棍。

李进诚大怒不已，一脸恼怒地回去了，大骂敌人是假投降。

李愬听罢，这才意识到是自己失误了，于是，他亲自带着一队人马，赶往文城，接受了吴秀琳的投降。

随后，《资治通鉴》中说了一段特别有意思的话，大家可以仔细品读一下：

"秀琳将李宪有材勇，愬更其名曰忠义而用之，悉迁妇女于唐州，入据其城。于是唐、邓军气复振，人有欲战之志。贼中降者相继于道……闻有父母者，给粟帛遣之……众皆感泣。"

这段话重点表达的是李愬的仁义。投降的人，只要父母健在，李愬就会发给他路费，让其回家，于是"众皆感泣"。

但其中还有一句话，让人浮想联翩："悉迁妇女于唐州，入据其城。于是唐、邓军气复振，人有欲战之志。"

把文城的妇女迁到唐州，唐军的士气就振作了起来。其间到底发生了什么，我们就不得而知了。

这让笔者不由得想起了《史记》中的一段话："于是汉王夜出女子荥阳东门被甲二千人，楚兵四面击之……楚军皆呼万岁。汉王亦与数十骑从城西门出，走成皋。"

当然，笔者把这段话单独挑出来，并不是想放大李愬的缺点，以显得自己多有同情心。毕竟，历史人物都有历史的局限性，作为后人，我们不能以现在的标准去衡量他们。毕竟，有缺点的战士还是战士，完美的苍蝇终究还是苍蝇。

只是，当我们以后再谈论李愬雪夜入蔡州的军事奇迹的时候，也可以稍微将一点点笔墨，留给那些如同草芥一样的平民。

毕竟，一将功成万骨枯，又有多少女人泪？

一百八十五　李愬雪夜入蔡州的难度有多高

　　"我不靠天赐的运气活着，但我靠策划的运气发达。"这是笔者最喜欢的一句话。

　　所以，在读写历史的时候，笔者始终相信任何一次奇迹的背后，都必然深藏着一个完美的计划。

　　霍邑之战前，李世民预料到事态的发展进程，史书中没有说明原因，但可以想见他必然掌握了大量关于宋老生的情报。

　　李靖三个月灭东突厥，四个月灭吐谷浑，每一次都像东风导弹一样，咬着敌军数千公里，对其进行精准打击，史书中也没有说明原因，但我们也能推测出，敌人的军队中必然有大量的唐军间谍，或者唐军之中，必然有对敌人了如指掌的俘虏。

　　以上猜测，我们在以前的章节中都特别强调过，虽然没有丝毫的证据，但笔者相信，只要是一个凡人，就不可能凭空预测未来，哪怕是千古名将。

　　而我们接下来要讲的"李愬雪夜入蔡州"，就和李世民、李靖所创造的军事奇迹相反，史书对其进行了详细的记载，刚好从侧面印证了我们之前的猜测。

在故事开始之前，我们不妨再回忆一下，当时唐军和淮西军的战争态势。

814年，唐宪宗李纯调集九万大军，兵分数路讨伐淮西，其中最主要的有两路：北路和西路。

但是，一直打到816年年底，唐军五换主帅，都没有丝毫进展。

817年一月，李纯抱着死马当作活马医的态度，终于把毛遂自荐的李愬任命为唐、随、邓节度使，全权负责西线战事。

李愬经过一个月的装孙子，成功迷惑了敌人，趁机夺取了文城，而文城距离淮西军的老巢蔡州仅有一百二十多里。

李愬这边刚刚拿下文城，唐朝的北路军突然开了挂，在大将李光颜的带领下，大败淮西的三万兵马，占领了之前两年都没有攻下的郾城，距离蔡州不到两百里。

吴元济听闻两个重镇全被唐军突破，顿时大惊失色，赶紧把驻守在蔡州的精锐部队，调到了郾城附近的洄曲城，以及文城附近的吴房县。

在洄曲城和吴房县的中间，吴元济还让人修建了大量的栅寨，像一颗颗钉子一样，扎在了唐军前进的路上。

为了拔掉这些钉子，李愬把手下最得力的十员大将（统称山河十将）全都派了出去。

经过两个多月的浴血奋战，唐军基本清除了这些障碍，将郾城与文城的防线连在了一起。

而在双方交战的过程中，李愬还做了很多其他的工作。

例如原先的军令规定，谁要是奸细，就灭了谁全家。而李愬不但废除了这一军令，还好好地招待他们。没过多久，很多奸细就被感化，成了双面间谍，把敌军的真实情况汇报给了李愬。

再例如，每一次抓获俘虏，李愬都会亲自当他们的心理辅导老师，给他们讲解坦白从宽、抗拒从严、积极改造、重新做人的俘虏政策，并详细地向他们询问淮西的地形地貌和兵力分布。

这样，李愬慢慢地搞清楚了进入蔡州的所有路线，淮西的所有兵力部署，以及最为绝密的情报——蔡州的守军只是一群老弱病残。

于是，一个大胆的计划，终于浮现在李愬的脑海之中——奔袭蔡州。

为了实现计划，李愬把刚刚投降过来的淮西大将吴秀琳，叫到了自己的营帐，准备与其商量对策。

但没想到，吴秀琳却直接拒绝了。他表示，大哥，之前别人已经跟你说过我的能力不行，你还问我，尴尬不？

李愬这才想起来，好像还真有这么一回事。不过，吴秀琳也没有让李愬失望，他推荐了一个人——李祐。

此人是淮西骑兵中的猛将，驻守在文城东边六十里外的兴桥栅，以前唐军多次攻打过兴桥栅，但每一次都被李祐打得哭爹喊娘。

李愬大喜过望，本着谁出主意谁干活的原则，便准备让吴秀琳去劝降李祐。

可吴秀琳又拒绝了，他表示，此人性格刚硬，想让其投降，只有一个办法——活捉。

可以想象，李愬这时候的心情，肯定想把吴秀琳大骂一通，你这不是上坟烧报纸——糊弄鬼嘛。如果李祐说捉就捉，那么唐军早就打到蔡州城下了！

但李愬忍了下来，再烂的办法，也比没有办法强嘛，万一成功了呢？

于是，李愬开始天天派人，蹲在兴桥栅的门口，只要发现李祐出营，立刻飞马来报。

功夫不负有心人，不久之后，机会还真就来了。

当时已经到了夏天，麦子熟了，空气中到处弥漫着荷尔蒙的味道，不是动物嗷嗷叫着要交配，而是农民兄弟、唐军、淮西军三方都要抢着收割麦子。

有一天，为了抢粮食，李祐便亲自带了一支小部队，跑到兴桥栅西边一个叫张柴村的附近割麦子。

李愬立刻心生一计，把手下大将史用诚叫到跟前，嘱咐他说：

"你带领三百名骑兵，埋伏在那片树林里，再派人在前面摇动旗帜，假装要烧了他们的麦堆，李祐平时小看官军，一定会率军前来驱赶。到时候，伏兵四起，李祐必定被擒。"

史用诚得令，马上按照李愬的吩咐去行动。不一会，一向勇猛的李祐，还真就被活捉了回来。

李愬随即拿出看家本领，晓之以理、动之以情地劝李祐归顺朝廷，李祐感动得鼻涕一把泪一把地投降了。

在以后的几个月里，李愬经常屏退左右，只让李祐和另一位降将李忠义，待在自己的身边，商讨如何偷袭蔡州。

但他们三个人过于亲密的举动，又引发了一次意外。

唐军将士们本来就极其痛恨李祐，自己的兄弟、士兵，不知道有多少人都死在了李祐的刀下。

如今活捉了仇敌，不但不杀，还给予如此高规格的待遇。是可忍，孰不可忍啊。

于是，这些人天天跑到李愬的面前说李祐的坏话，一会儿把李祐贬成了淮西的内应，一会儿把李祐贬成了没有人性、颠倒黑白的"二五仔"。

俗话说，三人成虎，谎言重复一万遍，就成了真理。

虽然李愬不相信李祐会反水，但唐宪宗李纯的智商，有时候还是挺让人着急的。

为了避免悲剧的发生，李愬绞尽脑汁，又想了一条计策。

他忽悠诸位将领说："既然诸位怀疑李祐，那就把李祐送到长安，让天子杀了他吧！"

于是，李愬亲自给李祐套上枷锁，并命人将其送往了京城。

但就在送李祐去长安的路上，李愬早已偷偷地给李纯上了一封奏疏，说明李祐的重要性，要求赦免李祐。

正是用人之际，所以，李纯一看到奏疏，就很配合地释放了李祐，并派人将其护送到了前线。

那些天天喊着宰了李祐的人，这才被堵住了嘴。

为了彰显自己的信任，李愬又让李祐担任了自己的贴身保镖，天天挎着大砍刀，在自己的营帐中来回溜达。

另外，李愬还把手下最精锐的三千名六院兵马交给李祐指挥，并亲自训练这些人，如何搞突袭。

在这一套糖衣炮弹的组合拳之下，没过多久，李祐便成了李愬最忠诚的部下，同时也是最得力的助手。

至此，李愬终于拥有了突袭蔡州的全部主观条件，即：

其一，淮西的地形地貌与兵力分布地图。

其二，两名熟悉敌情的猛将。

其三，一支善于突袭的部队。

但是，李愬觉得还不够。为了让敌军继续放松警惕，他又放了两颗烟幕弹。

第一次，他找来一群老弱病残，去攻打附近的朗山。这群人很快就被打了回来，一个个垂头丧气，萎靡不振，只有李愬哈哈大笑，搞得别人还以为他没有曹操的命，却得了曹操的病。

第二次，他亲自率军去攻打附近的吴房县，很快唐军就攻破了外城，斩杀一千多人。但是马上就要攻破内城的时候，李愬却不再攻了。大家都劝他说，只要他一声令下，吴房县必然被攻破。可李愬只轻轻地回了一句："这不是我的计策。"就率军回去了。

为什么要放这两枚烟幕弹，我们后面再说。总之，这一切准备就绪之后，李愬终于把突袭蔡州提上了日程。

但是，就在这个关键的时刻，老天爷却突然下起雨来，而且下起来没完没了，李愬只好暂时放弃了偷袭的计划。

就在李愬等待时机的时候，坐镇长安的唐宪宗李纯却坐不住了。

仗已经打了四个年头，朝廷几十年的积蓄已经挥霍一空，老百姓们全都生活在水深火热之中。

不少地方官员上书表示，耕地的牛都给朝廷拉粮草去了，百姓们只好用驴来耕田。如果再打下去，这些驴估计也要参军了。到时候，老百姓们除了饿死或者造反之外，恐怕别无选择。

李纯看罢，心急如焚，于是，又把宰相们召集起来，询问对策。

不必多想，这一次还是像往常一样，大部分人都争抢着回答："士气低落，粮草耗尽，除了退兵，还有何法？"

唯有裴度一言不发，默默地注视着大家。且不说忠君报国这些高大上的理想，就是刺杀之仇，他也绝对不能善罢甘休。

当所有人不再说话的时候，裴度终于用不大但异常坚定的声音说道："臣请往督战，誓不与此贼共生。"

李纯倍感欣慰，当即任命裴度为门下侍郎、同平章事，兼彰义节度使，全权负责前线战事。另外，在裴度的推荐下，又任命大文豪韩愈为行军司马，一同前往淮西。

为了让裴度没有后顾之忧，李纯又将裴度的政敌几乎全部贬出京城，以示自己平叛的决心。

裴度将要启程的时候，李纯又亲自前往通化门为其送行。

裴度望着无边无际的天空，以及路边萧萧的落叶，顿时百感交集。既有力挽狂澜的雄心壮志，也有如堕烟雾的不知所措。

前路漫漫，那么多百战名将都寸步难行，自己一个书生能行吗？

回头再看看皇帝李纯那种望眼欲穿的眼神，以及朝臣们蔑视的暗笑，裴度不禁倒抽了一口凉气。

他知道，此去他已经押上了所有的政治前途，甚至连同自己的生命。

如果此战不胜，朝中的主和派一定会用唾沫把自己淹死，甚至是碎尸万段。

想到这里，五十三岁的裴度不由得气血上涌，对着所有人大声喊道："贼若一日不除，我则一日不回。"

李纯一听，忍不住潸然泪下。是啊，裴度押上了一切，自己又何尝不是呢？

四年以来，我力排众议，一意孤行，虽千万人吾往矣。

为了削藩，我日夜忙碌，从来不敢有丝毫的懈怠。

为了削藩，我省吃俭用，却耗光了所有的家底。

为了削藩，我不惜背上昏君的骂名，让老百姓们背上了沉重的负担。

可是，五名主帅，竟然全部折戟沉沙。如果裴度也败了，结果必然是罢兵言和，我的声誉、我的威望又该何存？甚至祖宗的基业，大唐的江山，能否保得住，都是一个相当大的疑问。

不成功，便成仁，此时此刻，李纯和裴度，这两个大唐帝国最有权势、最让人羡慕的大人物，都已经被逼到了绝境。

当年八月，抱着必死决心的裴度，首先来到了北路军的前线郾城。

经过详细的调查，他发现将士们之所以萎靡不振，除了北军主帅韩弘养寇自重之外，还有一个原因。

如果打了胜仗，军中的监军太监就会赶紧派人到朝廷抢报功劳；但如果打了败仗，太监们则会对将帅百般凌辱，仿佛一切和自己无关。

将士们本来就很瞧不起这些家伙，如此一来，将士和太监的关系就完全变成了水火不容。于是，就形成了恶性循环：你越骂，我越差；我越差，你越骂。

所以，裴度立刻上奏李纯，取消了军中的所有太监督军，让将领们充分发挥自己的主观能动性。

经此改革，效果是立竿见影，北军取得了一系列的胜利。

当裴度在北路军中重整旗鼓的时候，当年十月十五日，李愬也终于等来了奇袭蔡州的最好时机。

这一天，北风呼啸、大雪纷飞，银灰色的云块，在天空中如同大海中的巨浪，来回翻腾。山川被吹得瑟瑟发抖，河流被冻得僵若死尸，整个天地之间，没有一丝生机。

在所有人看来，这样的鬼天气，最适合躲在家里，围着炉子吃烧烤。但在李愬看来，这却是最好的突袭时机。

一来，天气越恶劣，敌军越不可能有防备。

二来，敌军即便发现了唐军的行动，也不能通过烽火台传递战报。

所以，当天一早，李愬便召集九千兵马，将其分为了三队：

第一队，由李祐、李忠义率领三千人，作为前锋在前面开路。

第二队，由自己与监军率领三千人，作为中军指挥行动。

第三队，由大将田进诚统领三千人，作为后军随时支援。

为了保密，军队出发以后，李愬也没有告诉大家目的地，只是下达了一条简简单单的军令：东方！

经过一天的艰苦行军，傍晚时分，唐军终于来到了李祐的老家——六十里外的张柴村。

由于大雪纷飞，淮西军没有防备，再加上李祐对此地了若指掌，所以，唐军三下五除二，就拿下了张柴村和兴桥栅，并控制住了所有的烽火台。

为了防止消息泄露，李愬又派出几支小分队，拆除了张柴村通往周边敌营的所有桥梁。

经过短暂的休息，李愬这才下达了最后的命令：打进蔡州城，活捉吴元济！

所有的将士全都大惊失色，天色已晚，大雪纷飞，大家已经精疲力尽，如今却要深入敌军老巢。这是什么精神？不是大无畏的精神，而是神经病的精神啊！

监军太监更是被直接吓哭了，大骂中了李愬的奸计。可惜，为时已晚，虽然李愬平时喜欢唱"爱的奉献"，但打仗的时候，他一向都是军令如山，决策一旦执行，任何人不得有任何反抗。

就这样，唐军又一次踏上了不知归路的征程。

可老天爷像是和唐军作对一样，夜晚时分，微风突然变成了大风，像一把把刀子一样，朝着唐军士兵的身上，狠狠地扎了过去。大雪也突然变成了暴雪，在大风的挟持之下，完全失去了鹅毛的温柔，更像是一根根锋利的钢针，瞬间就能刺透将士们厚厚的盔甲。

不一会儿，将士们扛着的旌旗，便被大风撕开了一道道口子。一些士兵终于扛不住了，一个踉跄便倒了下去，从此再也没有起来。甚至有一些战马，走着走着，也耗尽所有的力气，倒在了茫茫的白雪之中（旌旗裂，人马冻死者相望）。

终于，经过七十里的艰难行军，十月十六日凌晨三点左右，李愬抵达了蔡州城下。

但这时候，突然又出现了意外。

蔡州的城边，正好有一口池塘，而池塘里又喂养了一大群鸭子。九千人的行军，必然要惊动鸭子，而鸭子一叫，又必然惊动城上的守军。

唐军士兵一下子全部被吓傻了，人衔枚、马摘铃，战战兢兢走了一宿，克服重重困难，终于来到蔡州城下，眼看就要成功了，却要被一群鸭子坏了大事。且不说自己能否活着回去，就是回去了，也会被人笑掉大牙。

一时之间，大家都不知道如何是好。

但李愬知道以后，却哈哈大笑，立刻下令，让唐军主动驱赶这些鸭子，故意让鸭子们嘎嘎大叫。

原来李愬早就料到这一切，朝廷的军队，已经三十年没有开到蔡州城下了，这些守军根本不会想到，唐军会来突袭。

而这些鸭子，被养在城下许久了，守城的士兵肯定早就习惯了鸭叫，如果鸭子不叫，他们估计还睡不着。

所以，鸭子的叫声，不但不会暴露自己，还能掩盖唐军行军的声音。

事实果然如李愬所料，鸭子叫了半天，城上的淮西士兵，还都睡得跟死猪一样，没有任何反应。

李祐和李忠义趁此机会，带领着一群精兵，顺利地爬上了城墙。直到这时，守城的士兵还在呼呼大睡。

唐军三下五除二，便将这些人的脑袋全部砍了下来，只把巡夜打更的人留下，让他和平常一样敲打木梆。

随后，李祐、李忠义打开了城门，把所有唐军放了进去。

来到内城，李祐、李忠义故伎重施，唐军又顺利地进入了内城。直到这个时候，淮西兵竟然还没有发现唐军的行动。

终于，等到鸡叫的时候，吴元济的左右才发现了唐军，但这时，李愬已经率人杀到了吴元济的家里。

吴元济大惊失色，急忙率领亲信登上牙城负隅顽抗（牙城，主帅居住的小城，可以理解为军阀的皇宫）。

李愬立刻命令大将李进诚对牙城发动了总攻。所有人都以为，敌军这时候肯定已经吓破了胆，拿下牙城，不过是砍瓜切菜。

但令人万万没有想到的是，吴元济打得极为顽强，唐军猛攻了一天，竟然没能拿下牙城。

而此时，淮西的精锐正由吴元济的大舅子董重质率领，驻扎在洄曲，距离蔡州不过一百多里，只需要一天时间，便能杀到蔡州城下。

如果再拖下去，洄曲的援军到了，李愬必将陷入极为危险的境地。

于是，李愬一面命人继续猛攻牙城，一面派人把董重质的家人请到了自己的办公室。

双方经过一番平等、友好的协商，李愬把董重质的儿子拎了出来，让他带着书信火速赶往洄曲，劝降董重质。

董重质充分发扬了大丈夫能屈能伸的精神，一接到书信，立刻单枪匹马地赶往蔡州，投降了李愬。

与此同时，吴元济死守的牙城，终于在第二天（十月十七日）下午五点左右，被唐军攻破了。

走投无路的吴元济，只好束手就擒，随后被押往了京城，一刀两断。而对他手下的官吏和士兵，甚至厨房里的伙夫，李愬都充分发挥了人道主义精神，全部官复原职。

为了安抚人心，李纯又下诏，免除了淮西各个州县两年的赋役和邻近淮西四州一年的夏税。对阵亡的官军，政府向其家属提供五年的衣服和粮食。凡残废的官军，下半生的吃穿由政府全部承担。

创造了军事奇迹的李愬，则被任命为门下侍郎、同平章事，进封凉国公。

在庆功会上，各位将领纷纷向李愬道贺，并向他请教了那两枚烟幕弹的作用："当初朗山战败，您为何哈哈大笑？吴房取胜，您又为何不进而夺取？"

李愬这才道出了谜底："朗山失利，敌人便轻视我们，因而不作防备。夺取吴房，吴房的人马便要逃奔蔡州，合力坚守，所以我将吴房留下来，以便分散敌人的兵力。"

又有人问道："冒大风雪而不停止行军，孤军深入而不惧，这又是为何？"

李愬又解释道："风雪阴晦，敌军便不能用烽火联系。孤军深入，将士才愿意死战啊。"

这时候，唐军将士们才知道，原来李愬早就在下一盘大棋，对战俘的优待，对奸细的放纵，甚至深受李愬信任的李祐、李忠义等人，不过是棋盘上的棋子。

原来所谓的军事奇迹，并不是赌博似的以身犯险，而是经过了精密计算。

原来自己心中的步步惊心，只是李愬眼中的水到渠成。

"夫未战而庙算胜者，得算多也。未战而庙算不胜者，得算少也。多算胜，少算不胜，而况于无算乎？吾以此观之，胜负见矣。"

李愬用他的实际行动，将《孙子兵法》的理论与现实完美地结合了起来，岂能不胜？

至此，打了将近四年的淮西之战，终于画上了圆满的句号。

一百八十六　大屠杀！唐朝衰亡为何不值得同情

淮西被暴力说服以后，那些桀骜不驯的河朔藩镇，马上就尿了。

前段时间闹得很欢的成德节度使王承宗，赶紧作诗一首：

老大，你坐下，听我说说知心话。

德棣二州你拿走，

国家赋税按时收，

官员全部你任命，

只要你放下手中刀。

唐宪宗李纯轻蔑一笑，也写了一首诗：

淮西没平你捣乱，

大难临头你哭喊，

早知如此何当初，

让我放刀恐怕难。

注意，诗是笔者编的，大家知道那意思就行。

但是王承宗是铁了心要装孙子，他又举着颤抖的双手，到处找关系，说好话，李纯这才答应了他的请求。

818年四月，王承宗让他的两个儿子，拿着德、棣两州的版图与印符送到了京城。

卢龙节度使刘总和魏博节度使田弘正不必说，他们在五六年之前就已经归顺了朝廷，向朝廷交两税，并由朝廷任免官吏。尤其是魏博节度使田弘正最为恭顺，打淮西的时候，还出人出力又出钱。

如此下来，头还很铁的藩镇，只剩下淄青节度使李师道了，尤其是他刺杀宰相武元衡这件事，让唐宪宗李纯和宰相裴度极为不爽。

李师道也知道自己罪孽深重，所以，等其他节度使都认怂以后，他也赶紧向李纯认怂，要向朝廷交赋税。

李纯大怒，表示不行，武元衡是自己最信任的宰相，你都敢杀，这种血海深仇，必须加钱才能解决。

李师道一听，长舒了一口气，钱能解决的问题，那就不是问题。

他马上派出使者，跑到了京城，请求割让三个州给朝廷，并让长子入朝当人质。

这件事，本来就可以这么过去了。朝廷得到了实惠，李师道保了一条命。

但是，李师道的老婆魏氏却很不高兴，因为长子是她的心肝宝贝，此去京城，肯定凶多吉少。

于是，她就劝李师道，生死看淡，不服就干，咱手下兵力不下十万，绝对不能割让三州。

李师道这人，本来就是一个耙耳朵，很怕老婆，以前遇到大事，就只和老婆魏氏以及几个家奴商量，如今听老婆这么一说，他立马又撕毁了协议。

李纯大怒不已：让你加钱就是给你脸，如今竟然敢反抗？于是，他立刻调兵遣将，于818年七月，兵分数路向李师道杀了过去，其中最主要的有四路：

第一路，由魏博节度使田弘正率领，从魏州出发（今河北邯郸大名），进攻阳谷（今山东阳谷县）。

第二路，由义成节度使李光颜率领，从郑州出发，进攻濮阳（今河南濮阳）。

第三路，由宣武节度使韩弘率领，从开封出发，进攻曹州（今山东菏泽）。

第四路，由武宁军节度使李愬率领，从徐州出发，进攻金乡（今山东金乡）。

由于刚刚平定淮西，所以，朝廷军队士气非常旺盛。不久之后，四路大军都取得了不同程度的胜利。

818年十二月，第四路李愬，十一战十一捷，攻克了金乡，距离李师道的大本营郓州仅两百里。

819年一月，第一路田弘正，大败淄青兵马，斩杀一万多人。

819年一月，第二路李光颜，在濮阳两战两捷，斩杀敌军数千。

819年一月，第三路韩弘，攻克了考城，斩杀敌军两千多人。

另外，他们还把俘获的四十七员淄青大将，押送到了京城。

李纯智商飙升，采用了杀人诛心的策略，把这四十七员大将全部放了，并且表示，自己要杀的人，只是李师道一人，谁要回家照顾老母亲，就给谁从优发放路费。

第二天，这则重磅消息，便立刻在淄青士兵们中间传开，形成了巨大的轰动效应。一拨又一拨不愿意打仗的士兵，开始排着队向朝廷投降。

在这一系列打击之下，淄青的内部，很自然地出现了严重的裂痕。

当时淄青都知兵马使刘悟（大概相当于军队的二把手），率领着一万多人，驻扎在阳谷（今山东聊城阳谷县）抵抗唐军。

他平时为人宽厚，军中的纪律只有一条，就是没有纪律，所以，士兵们都亲切地喊他"刘父"。

可是慈不掌兵，这种人带出来的兵，自然没有战斗力。结果就是刘悟被田弘正打得遍地找牙。

正所谓破鼓万人捶，墙倒众人推，有人看到刘悟屡战屡败，就赶紧跑到李师道面前，踹了刘悟一脚："刘悟不修军法，天天收买人心，恐有异志，应该早有防备。"

于是，李师道抱着"宁可信其有，不可信其无"的态度，找了一个借口，就把刘悟忽悠到郓州（今山东菏泽郓城），想借机把他宰了。

幸运的是，刘悟的人品还是不错的，就在李师道要动手的时候，有人站了出来，替刘悟说了一句公道话："如今官军四面围攻淄青，刘悟连谋反的迹象都没有，便听信一人之言把他杀了，以后谁还敢为您效力？"

前面说过，李师道就是一个耙耳朵，所以听完这人说的话，他又觉得挺有道理，便让刘悟回去了。

但是，世界上没有不透风的墙，这件事很快就被刘悟知道了。于是，刘悟开始大练士卒，私下里做防守的准备。

但是，世界上没有不透风的墙，这件事很快又被李师道知道了。

于是，819年二月，李师道就派了两个亲信，拿着自己的手令，跑到阳谷，命令行营兵马副使张暹杀了刘悟。

可李师道不知道的是，张暹和刘悟是一对异父异母的好兄弟。

张暹接到密令之后，立刻把这件事告诉了刘悟，两人一合计，就把李师道的两个亲信给宰了。

随后，刘悟把所有的将领都召集到自己的军营，发表了一通慷慨激昂的演讲，中心思想只有一个：李师道今天敢杀我，明天就敢杀你们，我准备率军起义，袭击郓州，宰了李师道。

他本以为，自己发表完演讲，大家肯定会一呼百应，但没想到，等待他的却是可怕的沉默。过了许久，竟然没有人说一句话。

站在最前面的兵马使赵垂棘，以为此时的沉默，就代表着无声的反抗。所以，他终于鼓起勇气，说了一句："不知道能否成功呢？"

这句话表面上是疑问，实际上就是反对，如果刘悟按照他的思路走，再向大家分析一下，获胜的概率有多少，士气早就泄完了。

幸好刘悟看透了这一切，他二话不说，抽出刀子，当场就把赵垂棘砍了。

接着，他又挨个询问，谁要敢有一点迟疑，立马便剁了喂狗。即便没有迟疑，但平时为非作歹，让士兵们厌恶的将领，他也给砍了。

不一会儿，刘悟就砍了三十多个人，吓得其他将领，两腿发抖，纷纷表示，一定听从命令，保证让李师道走得安详。

于是，刘悟充分发挥"打一巴掌给个枣"的精神，给了将士们很多枣："攻入郓州，每人赏钱一百缗。李师道和其他叛党的家财，可以任意掠夺，有仇者也可以任意报仇。"

当天夜里，刘悟带着一万多人，人衔枚、马缚口，便朝着郓州杀了过去。

为了防止消息泄露，路上只要遇到行人，他们就将其留在军中，跟着前行。

天还未亮，刘悟就已经抵达了郓州城下。

但他并没有选择直接攻城，而是派了十名亲信，跑到了城下。等到黎明时分，城门打开以后，这十个人才忽悠守门人说："刘都头奉节度使手令入城。"

守门人一看是自家兄弟，便没有作任何防备，让这十人稍等一下，他派人去通知李师道。

就在此时，这十人突然凶相毕露，抽出了砍刀，就向门卫的头上招呼了过去。守门人一看大事不妙，撒开脚丫子就跑得无影无踪了。刘悟立刻带领着大军，杀进了郓州城。

李师道听说以后，大吃一惊，赶紧带领着几百名亲信，登上牙城，准备负隅顽抗。但没过多久，刘悟就攻破了牙城，将李师道父子三人全部斩首，并将其脑袋，送往魏博节度使田弘正的军营。

田弘正大喜过望，万万没想到幸福来得如此突然。但他严重怀疑这三颗脑袋的真假，于是，他就把俘虏夏侯澄叫到了跟前验货。

夏侯澄一验，忍不住放声痛哭，悲痛欲绝。接着，他竟然做了一个让无数人目瞪口呆的举动——他把李师道的脑袋捧起来，用舌尖将其眼睛中的灰尘舔得干干净净，然后又放声大哭。

我们现代人听起来很恶心，但田弘正见此情景，却唏嘘不已，觉得他和当年颜真卿舔卢奕的脑袋一样，都是忠臣的举动。所以，并没有处罚夏侯澄。

819年二月十四日，田弘正一面派人向朝廷告捷，一面率军抵达了郓州城下。

至此，从唐代宗广德元年（763年）以来，已经割据了六十年的淄青十二州，终于重新回到大唐的怀抱。

但是，事情还没有结束。

因为唐宪宗李纯在讨伐淄青的时候，为了尽快瓦解敌人，曾经发布过一道诏令："如果李师道的部下杀了李师道，就把李师道的官爵全部授予此人。"

所以，刘悟杀了李师道之后，以为李纯该按照合同办事，任命自己为淄青节度使。于是，他就开始擅自任命文武官员，更换州县官吏。

李纯一看，刘悟竟然把自己的话当真，这一下就尴尬了。

把淄青给刘悟？不舍得，自己好不容易打下的十二州，再拱手让人，不可能。

不给刘悟？失信无所谓，反正自己脸皮厚，就是怕刘悟再造反，朝廷还得再用兵。

于是，李纯给田弘正下了一道密诏，让他时刻观察刘悟的言行，看看刘悟会不会造反。

田弘正接到密诏之后，就派了一名使者，去郓州拍刘悟的马屁。

因为刘悟力大无穷，特别喜欢摔跤，所以田弘正的使者来了以后，为了表示自己的热情好客，他就把使者带到摔跤场，观看士兵们摔跤去了。

两人坐定以后，一边喝着茶，一边聊着天，就认真地看了起来。刚开始，这个使者还挺拘束，毕竟跟着大领导看表演，还是有些压力的。

但是，还没过一会儿，刘悟竟然猛地站起来，撸起袖子，一边朝着空中乱比画，一边大喊大叫："加油，加油，揍他，揍他。"搞得使者一脸困惑，还以为来到了菜市场。

田弘正听说以后，哈哈大笑，当即给李纯写了一封奏疏，把事情的经过详细说了一遍，并得出结论："像他这个样子，如果朝廷下诏，把他调到别处，必然立即上路，不可能有所作为。"

李纯大喜过望，是啊，如果一个封疆大吏，在招待使者的时候，还控制不住自己的情绪，像一个莽夫一样，撸起袖子，加油助威，又能有什么城府呢？

而没有城府的人，又怎么可能成为一方诸侯？

事实果然如田弘正所料，刘悟接到新的任命的第二天，就惊慌失措地赴任去了。

随后，李纯将淄青一分为三，彻底结束了淄青割据的历史。

但是，还要说个但是，事情依然没有结束。

淄青被一分为三之后，李纯把一个叫作王遂的人，任命为兖、海、沂、密观察使，负责这四个州的事务。

但凡脑子正常的人，都应该知道，淄青刚刚被平定，这时候最需要的是安抚政策。

可王遂却是一个王八蛋，上任之后，就把自己当成了天王老子，动不动就打骂将士，而且还让士兵们在大夏天给他修建房屋。因此，引起了淄青将士们的极度不满。

当年七月，一个叫王弁（biàn）的士兵，在给王遂盖房子的时候，实在忍不了他的打骂和天气的酷热，于是，带着四名士兵就把王遂给剁了，自命为留后。

李纯大怒不已，想发兵砍了王弁，但又害怕淄青的其他州也跟着造反。于是，李纯就派了一个太监，拿着诏书，跑到沂州（今山东临沂）去忽悠王弁，任命他为开州（今重庆开县）刺史。

王弁不知是计，当天就带着任命书前往开州赴任去了。但是，他刚刚走到徐州，就被当地的官员戴上枷锁，押送到京城，拦腰砍了。

这件事，本来不算什么大事。官逼兵反，朝廷杀了王弁，就可以宣告结案了。

但是，唐宪宗李纯却认为，王弁之所以敢杀朝廷命官，是因为他的背后还藏着一股强大的力量，即李师道的牙兵（亲兵）。

于是，李纯又把棣州刺史曹华任命为沂州观察使，并让曹华带领着自己的部队开进沂州，命其找个机会，杀掉李师道的牙兵。

曹华率兵抵达沂州城之后，忽悠牙兵们说，皇帝派自己来，是安抚大家的，给大家带了很多金银珠宝。这些牙兵一听，顿时两眼放光，便放松了警惕。

哪知道，三天之后，曹华就露出了真实的面容。

曹华在自己的府邸，举办了一场盛大的鸿门宴，把李师道的一千两百多名牙兵，全部忽悠了过去。

等到大家刚刚坐定，还没来得及吃一口饭，曹华一声令下，埋伏在周围的一千名刀斧手就冲了出来，朝着手无寸铁的牙兵，疯狂地砍了过去。

一时之间，惨叫声、哀求声，响彻云霄。一股又一股的鲜血，顺着士兵们的脖子、大腿、胳膊喷涌而出，不一会儿，整个院子便被鲜血形成的雾气笼罩起来，久久不能散去。

不知道的人，还以为这是大唐为庆祝削藩成功，而特意点燃的红色烟花。

一百八十七　韩愈为什么说释迦牟尼是夷狄

不知道大家发现没有，我们都在慢慢变成自己曾经讨厌的人。

年轻时候，我们喜欢敢爱敢恨、敢打敢杀的热血青年；中年以后，我们却变成了能忍则忍、能让则让的和事佬。

年轻时候，我们讨厌溜须拍马、油嘴滑舌的领导；中年以后，我们却学会了见人说人话，见鬼说鬼话。

年轻时候，我们不理解，为什么那么多男人家里红旗不倒，外面还要彩旗飘飘；中年以后，我们才发现，原来一个美女在中年男人身边嗲嗲几声，大部分中年男人都会喊出一句："咱爷俩真是有缘人呐。"

为什么会这样？

原因有很多，比如生活的压力，见识的增长，大脑的衰退，金钱和权力的诱惑等等。尤其是权力和金钱的腐蚀，没有几个人能扛得住。

所以，大家在看历史的时候，一定要先有一个概念：

君王早年英明神武，晚年昏庸无道，才是人之常情，才是历史常态，而那些晚年依旧英明的君王才是稀有熊猫。

之所以说这些，是为了给大家打个预防针，因为唐宪宗李纯接下来要干的事情，肯定会让很多人大失所望。

事实上，李纯在平定了淮西之乱还没有平定淄青的时候，就已经骄傲奢侈起来。

他开始给自己建豪宅，修别墅，挖湖泊，大兴土木工程。

宰相裴度劝他，刚刚平定了淮西，国家正需要休养生息。他却大怒不已，将裴度狠狠地训斥了一顿。

他开始重用小人，把善于拍马屁并大肆敛财的皇甫镈（bó）提拔为宰相，鼓励他搜刮百姓，以供自己挥霍。

裴度三次劝说李纯，皇甫镈克扣淮西将士工资，搞得淮西士兵差点造反，这人不能重用。但李纯却把裴度当成了朋党，不再听从他的劝谏。

没有了裴度的约束，李纯算是彻底放飞了自我，竟然学习起当年的李世民，喜欢上了神仙不老术。

有一个官员上书表示，在凤翔的法门寺里，有一根释迦牟尼的指头，不知道是脚趾还是手指，反正相传三十年才开放一次。开放的时候，就会风调雨顺，人民安康。明年法门寺塔就要开放，希望把释迦牟尼的指头迎接到京城，首先实现京城百姓的共同富裕。

李纯大喜过望，当即派了几名太监，带领着一群和尚，跑到凤翔把释迦牟尼的指头运到了京城，并在宫中祭祀了三天。

随后，李纯又让人把这根骨头送到周围的各个寺庙，让老百姓们赶紧祭祀。

在李纯的鼓励下，上自王公大臣，下至平民百姓，纷纷向寺庙捐钱捐物，以表示对佛的虔诚。更有甚者，直接变卖了家产，也要给这根指头，唱一曲"信仰"。

但在一片混乱的时候，有一个人却保持了高度的清醒，他就是时任刑部侍郎、唐宋八大家之首的韩愈。

韩愈，768年出生于官宦世家，父亲曾担任秘书郎，但在他三岁的时候就去世了，他只好跟着哥哥韩会一起生活。

但在他九岁那年，他哥哥被贬为韶州刺史，不久之后也去世了。幸好他的嫂子异常坚强，这才将他抚养长大。

穷人的孩子早当家，虽然韩愈家并不穷，但失去父亲和哥哥的庇护，韩愈还是很快就感受到人情冷暖。所以，他学习非常刻苦。

在他十八岁的那一年，他就开始一个人前往河东与京城闯荡。之后几十年里，他几度沉浮，但都是小官。直到后来，五十岁的他跟随宰相裴度去征讨淮西，才立下一些功劳，被提拔为刑部侍郎。

面对如此来之不易的官职，如果韩愈能够顺风使舵，也去劝说唐宪宗李纯迎奉佛骨，再过几年，他大概率能够成为宰相。但是，他却选择了逆水行舟。

于是，就有了这篇名传千古的《论佛骨表》，由于内容十分劲爆，这里就只摘录翻译一部分：

佛法，只是夷狄的一种法而已。

从黄帝到夏禹、商汤、周文王、周武王，都年高寿长，百姓安宁快活，那个时候，是没有佛的。东汉明帝的时候，才开始有了佛法。

自从有了佛法以后，中国的祸乱就接连不断，朝廷的命运与福气都不长久。

宋、齐、梁、陈、北魏，都对佛十分恭敬，但这些朝代一个比一个完蛋得快。梁武帝在位四十八年，曾经三次舍身去当寺院的家奴，最终呢？却遭受了侯景之乱，被活活饿死了，不久以后国家也灭亡了。

大家都说，侍奉佛法是为了祈求福报，但却给梁武帝带来了大灾大难。由此可见，佛根本不值得人们相信！

释迦牟尼本来就是一个夷狄。

释迦牟尼口中不讲礼法，身上不穿中国服装，不懂君臣大义，不明父子恩情。

假如释迦牟尼还活着，来咱们大唐朝拜，陛下接待他，也不过在宣政殿见他一面，在礼宾院设上一宴，赐给他一套衣服，派人护卫他出境罢了，绝对不会受他迷惑。

何况释迦牟尼已经作古一千多年，剩下来的都是残骸而已，怎么能把他请到宫殿里？

古代的诸侯举办祭祀的时候，还要先让巫师用桃木驱除孤魂野鬼。如今陛下完全没理由观看腐朽秽浊的东西。

希望陛下把释迦牟尼的骨头，交给有关部门，将它丢到水里或者火里毁掉，杜绝后世的迷信，使天下人知道大圣人做出的事情，超过平凡人物千万倍，这难道不是很有意义的事情吗？

最后，韩愈还加了一句，如果佛真的有灵，能够控制人的福祸，那就把所有的殃灾，都加在我自己身上好了！

李纯看罢啥反应？那就跟现在信佛的人看了这段话一样，怒不可遏，暴跳如雷！

他把这封奏疏专门拿了出来，让宰相们相互传看，嚷嚷着要把韩愈千刀万剐，生吞活剥。

大家一看皇帝如此发怒，吓得一个个噤若寒蝉。幸好宰相裴度和崔群都是明白人，他们两个极力劝说李纯，韩愈虽然狂妄，但内心忠诚，应当对他宽容，以开通言路。

李纯这才稍微缓和一点，把韩愈贬为了潮州（今广东潮州）刺史。

这就有了那首著名的唐诗：

一封朝奏九重天，夕贬潮州路八千。

欲为圣明除弊事，肯将衰朽惜残年。

云横秦岭家何在？雪拥蓝关马不前。

知汝远来应有意，好收吾骨瘴江边。

818年十月，在宰相皇甫镈的推荐下，一个号称会造长生不老丹的道士柳泌，引起了李纯的注意。

此人向李纯大吹牛皮说："天台山里有神仙，还有很多灵草，虽然我知道这些灵草长啥样，但是没有能力把它们弄到手。如果陛下能让我去那里当长官，可能就会找到这些灵药。"

李纯竟然真的听信了柳泌的鬼话，将其任命为代理台州刺史。

大臣赶紧劝说李纯，君王喜欢道士的有很多，当年武则天甚至还让道士当过宰相，但给的都是虚职，还从来没有让道士掌握过实权，治理过百姓。您这不就是娶媳妇戴孝帽——瞎胡闹嘛。

可是李纯不以为然，认为动用一州的力量，换取自己的长生不老，是相当划算的买卖，坚持要让柳泌去当刺史。

起居舍人裴潾上书劝李纯，是药三分毒，不能随便吃，而且金石浓烈毒性更大，人的五脏六腑肯定承受不了。以前君王吃药，都由臣子先尝一口，确定没有了问题，君王才会去吃。如果李纯真想吃丹药，就让那些献药的方士自己先吃一年，试一试仙丹的真假。

无论怎么看，这都是极为理性、极为忠诚的进谏，但李纯的表现却是大怒不已，把裴潾贬为江陵令。

如此一来，再也没有人敢进谏了，李纯也就离死不远了。

柳泌就任台州刺史以后，天天逼着老百姓到天台山上采摘灵药，但是折腾了一年多也没有任何收获。

柳泌自知死罪难逃，赶紧带着贪污的钱财以及全家老小，跑到深山老林里躲了起来。

但是，819年十月，他就被当地的官员捉了回来，并押送到了京城。

宰相皇甫镈一看，自己推荐的人却是一个大忽悠，赶紧向李纯解释，柳泌不是躲了起来，而是带着全家老小找灵草去了，而且还找到了一些灵药，只要李纯吃一口，虽不能长生不老，那也能益寿延年。

李纯一听，大喜过望，开始把柳泌进献的丹药，当作保健品吃了起来。

结果就是，李纯越吃越暴躁，动不动就殴打周围的太监，有些太监甚至被他活活打死了。不久之后，他就卧床不起了。

三个月后（820年一月二十七日），李纯突然在大明宫驾崩，享年四十三岁。

关于他的死，至今还是一个谜。

《旧唐书》和《资治通鉴》都说，当时的人传言，李纯是被太监陈弘志杀死的，但是，外人不知道真假。

《新唐书》则说："十五年正月，宦者陈弘志等反。庚子，皇帝崩。"虽然没有说李纯是不是被陈弘志杀的，但从上下文看，绝对是陈弘志造反引起的。

也有很多人猜测，李纯是被太子李恒的母亲郭贵妃杀害的。

因为李恒还有两个同父异母的哥哥，老大叫作李宁，老二叫作李恽。

809年，唐宪宗李纯把老大李宁立为了太子，但是812年的时候，李宁突然病逝了，于是太子之位出现了空缺。

接下来立谁为太子，李纯非常地犹豫不决。

按照顺序，应该是让老二李恽当太子，但是子以母贵，李恽的老妈地位低下，连一个名字也没有留下。而老三李恒的老妈，却是郭子仪的孙女，家族势力异常强大。

太监吐突承璀仗着唐宪宗李纯的宠爱，要求立老二李恽为太子。

而朝廷上下、文武百官却因为郭子仪的原因，要求立老三李恒为太子。

李纯左思右想，为了朝局的稳定，最后只好听从朝臣们的建议，把老三李恒立为了太子。

但是，太监吐突承璀和澧王李恽并不甘心，在此后的几年里，他们一直窥视着太子之位。

太子的母亲郭贵妃自然也不是好惹的，她发动巨大的关系网，开始在朝廷内外广结党羽，其中就包括了神策军中尉太监梁守谦、马进潭、刘承偕、韦元素、王守澄等人。

李纯因为吃丹药生病之后，两派的矛盾便达到了白热化的程度。

太子李恒极为恐惧，便找来时任司农卿的舅舅郭钊商量对策。

郭钊劝太子说："殿下只要一心一意地孝顺皇上，其他的事情就不用担心了。"

这一句话，看起来没有毛病，但多想几次，却是"细思极恐"。

太子不必担心，到底是什么意思？

纯粹是一句安慰的话？还是说明，郭家已经制定好了应急计划，一切尽在掌握之中？

很多人认为，应该是后者，因为此时郭家不可能没有准备。

所以，这才有了郭家指示太监陈弘志，杀害唐宪宗李纯的说法。

但这一切都只是猜测，李纯到底是怎么死的，我们也搞不清楚。

不过，笔者觉得这个并不重要，因为李纯即便不被太监所杀，也活不了几天了。并且依照他那种德行，即便让他再做几年皇帝，估计也和他的儿子李恒一样昏庸。所以，早点结束生命，对于他和大唐来说，都是一种解脱。

李纯死后，郭家的党羽神策军护军中尉梁守谦等人，就立刻发起兵变，杀死太监吐突承璀以及澧王李恽，并拥立李恒当了皇帝，这就是唐穆宗。

一个荒淫无德、内外交讧的时代就要来临了。

一百八十八　听歌看戏送礼物，穆宗李恒不识宰相

820年正月初三，二十六岁的唐穆宗李恒正式即皇帝位。

他是唐朝开国以来，第一个有始有终的皇帝，不过是始终荒唐、始终淫乱的那种始终。

他上台以后，准确地讲，就干了一件正事——把间接整死他爹的宰相皇甫镈贬到了边疆，把直接整死他爹的道士柳泌乱棍打死，并把剩下的方士全部流放到了两广地区。

接下来，他就开始了无休无止的昏聩操作。

他爹死的第四十天，他就让人在城楼上，搞了一出盛大的辞旧迎新联欢晚会，不知道的人，还以为是过春节呢。

他爹死的第五十天，他又在神策军军营举办了一场盛大的武林争霸赛，外加曲苑杂坛。

再之后的日子，他就是啤酒喝得天天飘，烧烤一顿不能少。白天到野外征服野兽，晚上在宫里尽情发挥。

如果他只是纯粹爱玩也就罢了，毕竟害的只是他自己而已。但是没过几天，他又学会了大肆挥霍。谁让他高兴了，他就拿着国库里的金银珠宝，毫无节制地给对方赏赐。

就这样，一直玩了八个月，他也没有停下来的意思。当年重阳节，他又在宫中举办了一场盛大的宴会。

大臣李珏实在看不下去了，就带领着一群小伙伴劝说李恒，陛下继位不到一年，你爹的坟还是新的，其他国家奔丧的人还没有走呢，你就在后宫举办宴会，恐怕不太妥吧？

但是李恒看都没看大臣们一眼，双手一挥，指导着大家一边奏乐一边舞。

几天之后，李恒终于为他的荒唐，付出了一点点代价。

好几年都没有大动静的吐蕃，听说大唐的皇帝如此荒唐，带着兵马就向唐朝的边境杀了过去。

李恒得到战报，大吃一惊，急忙命令右神策中尉梁守谦（太监），率领四千名神策军，同时征发京城附近八镇的全部军队，前往边疆救援。

但是，李恒也就紧张了这么一会儿，救援的军队刚打了一个小胜仗，他就又开始泡澡、打猎了。

谏议大夫郑覃等人看不下去了，便在朝堂之上，再一次向他进谏："陛下游玩次数过多，打猎毫无节制。如今吐蕃大军来犯，万一有紧急军情，找不到陛下怎么办？另外，陛下天天给戏子们送礼物，这都是百姓们的血汗钱，国库被送空了，万一天下有变，又该怎么办？"

李恒一听，两眼一翻，朝着宰相们吃惊地问道："这几个都是什么人？"

文武百官，差点直接晕倒。敢情你当了将近一年班主任，除了班长和几个委员以外，其他同学都不认识啊？

皇帝当到这个份上，也是前无古人、后无来者了。

等宰相们自我介绍完以后，李恒这才尴尬无比地回了一句："朕正打算按你们说的去做呢！"

百官简直不敢相信自己的耳朵，没想到李恒竟然能听得进去。于是，纷纷跪地，热烈祝贺李恒回心转意。

但是，百官们明显多想了，李恒就是随便一说，应付一下尴尬而已。过了几天，他又要出去溜达了。

这一次，连宰相们也看不下去了。他们振臂一呼，带着中书、门下两省的所有官员，跑到了延英门，挡住李恒的去路，要求他老老实实地待在宫中。

可是李恒根本不为所动，坚持要出宫溜达。

无奈之下，宰相们只好退了一步，要求李恒折腾的时候，带着自己折腾。不是宰相们喜欢玩儿，而是遇到紧急军情的时候，起码还能找到领导汇报一下。

这个要求，无论怎么看都是相当合理的。可是，李恒依然不同意。

这时候，那些闲着没事干的谏官正好也听到了动静，于是，他们纷纷撸起袖子，赶到了延英门助战。

看到李恒是王八吃秤砣——铁了心要出去，他们也不跟李恒废话，直接往路中间扑通一跪，死活不再起来了，想出宫，就从我们身上压过去吧。

李恒一看，大怒不已，既然你们那么爱跪，就跪去吧。他既不退让，也不说让大家起来，让这帮人一直跪到了傍晚。

当时已经是农历的十二月了，长安的天气，异常寒冷，待在家里都能冻得浑身哆嗦，更别提跪在宫门口了。

多亏大唐有尚武的风气，官员们平时经常锻炼，一顿饭能扒好几碗，所以，大家跪了一天，竟然没有一个人被送到医院抢救。

到了晚上，大伙见皇帝不可能再出宫了，这才陆续回到家中。

但就在大臣们觉得自己获胜的时候，李恒却给了他们一个意外的大惊喜。

第二天，凌晨四五点钟，按照以往的惯例，大臣们都骑着马，晃晃悠悠地来到宫中，准备早朝。

可是大伙左等右等，等了老半天，就是不见李恒的身影。

于是，宰相们又开始带着百官，打着灯笼四处寻找，找了老半天，大家才发现，原来李恒早已经带着一帮宫女、太监，偷偷地溜到几十里外的华清宫潇洒去了。

如果这时候的唐朝，像贞观时期一样强盛，李恒如此折腾几年，估计也不会出现什么大事，毕竟他只是爱玩，爱给别人送礼物，没有滥杀无辜，也没有鱼肉百姓。

但关键是，他面对的是一个外强中干、危机四伏的帝国，内部藩镇、军阀刚刚平息，外有吐蕃、回纥虎视眈眈。

所以，就在他一边疯一边玩的时候，巨大的危机，已经不知不觉地露出了苗头。

820年十月，成德节度使王承宗突然去世了。

按照以往的惯例，他的部将把他的死讯隐瞒起来，准备自行推举一个人当节度使。

当时王承宗的两个儿子都被扣在长安当人质，所以，这些将士就准备把王承宗的弟弟王承元推选为新一任节度使。

可是，无论成德的将士如何劝说，王承元就是两个字——不干。

道理很简单，皇帝李恒虽然昏庸，可是名将李愬和名相裴度还都活着呢。西川刘辟、淮西吴元济、淄青李师道的天灵盖，还没有干透呢。如果自己敢擅自担任节度使，皇帝再派这两人来群殴自己，几条命也不够砍。

但成德的将士们根本不管这些，朝廷揍你是你的事，今天你不当也得当。

无奈之下，王承元只好答应暂管军务。但是，扭过头，他就偷偷地把自己哥哥的死讯报告给了朝廷，并强烈要求朝廷另派节度使。

李恒大喜过望，学习他爹的方法，把王承元调到了外地，任命其为义成节度使，到安阳滑县赴任。

可是，朝廷的任命书刚刚到达成德，成德的士兵们就不干了。他们聚集到王承元的家门口，无论如何不让王承元离开，非让他世袭为成德节度使不可。

王承元望着乌泱乌泱的人群，大惊失色，如果自己坚决要走，这群兵痞子估计要发生兵变，到时候自己必然小命不保。

可是如果不走，真的当了节度使，朝廷派兵来打，自己肯定要成为李师道第二。

走与不走都是死路一条，这该如何是好？

经过三秒钟的思索，王承元终于想到了一个办法，他让仆人们把家里的钱财全部抬了出来，一边流着泪，一边表示，只要大家让行，就把这些钱财，全部分给大家。

大部分将士看到堆积如山的钱财，心态立马就发生了一百八十度的大转变。道理很简单，只有王承元走了，他们才能分到这些钱嘛。

可是，还有十几个愣头青，也不知道是嫌钱少，还是什么别的原因，他们依然堵在门口不肯放王承元离开。

王承元敏锐地察觉到，军心已被自己收买。于是，他立刻抹掉眼泪，命令左右把这十几个人拉下去砍了。

经这么一闹，士兵们总算安静了下来，笑嘻嘻地拿着钱走了，王承元也终于顺利地赶往滑州赴任去了。

那么，王承元走了以后，谁去当成德节度使呢？

李恒走了一步风险和收益都极大的险棋：让魏博节度使田弘正去当成德节度使，让李愬去当魏博节度使。

为什么说这个安排的收益很大呢？

田弘正虽然已经归顺朝廷十年了，这十年以来，朝廷指东他打东，朝廷指西他打西，非常地恭顺。另外，他还把老婆和孩子全部送到了京城。

但是，唐穆宗李恒并不太相信他，毕竟他们田家已经在魏博割据几十年了。如果田弘正去世，魏博依然有割据的隐患。

而让李愬当魏博节度使，凭借李愬的能力和威望，经过几年的运作，魏博肯定会老老实实地永远听从中央的调令。

魏博和成德两镇属于世仇，尤其是在田弘正当上魏博的老大以后。

当年成德节度使王承宗两次反叛，田弘正都率兵攻打过对方，两边的士兵不是有杀父之仇，就是有杀兄之恨。

所以，让田弘正去成德当老大，田弘正一定不会对成德士兵客气。如果他能像当年曹华杀李师道的一千两百多名牙兵一样，把成德的牙兵们全部杀了，成德必将彻底地归顺朝廷。

那么，为什么说这个安排的风险极大呢？

因为成德的士兵们不是傻子，朝廷当年杀了李师道的一千两百多名牙兵，他们是知道的。如今派自己的仇人来当自己的老大，他们怎么可能不小心提防？

万一他们发动兵变，不仅田弘正性命不保，成德还极有可能再次反叛。

所以说，唐穆宗李恒的安排，就是一场豪赌，赌赢了天下太平，赌输了战火纷飞。

而幸运的是，他赌赢了第一步。

田弘正接到任命书以后，尽管有一百个不愿意，但他还是到成德上任去了，而且为了保证自己的安全，他还带了两千名魏博的士兵。

在这两千名士兵的震慑之下，成德的兵痞子们一时也不敢轻举妄动。

可是，没过多久，便发生了意外。

因为田弘正还没有在成德站稳脚跟，所以这两千名士兵的工资，他没有办法让成德支付。于是，他就上书朝廷，希望朝廷能够供给。

可是，唐穆宗李恒只顾着吃喝玩乐，根本不知道这件事情。而负责这件事的户部侍郎崔倰又是一个刚愎自用、气量狭小的家伙。田弘正连续上书四次，他竟然都给驳回了。

被逼无奈，田弘正只好让这两千名士兵返回魏博，只留下了三百名亲信以及亲信的家属。

如此一来，成德都知兵马使王庭凑（回纥人），便燃起了熊熊的野心。

他开始四处联络与魏博有仇的将士，并不断地用一些小事，激怒手下的士兵。几个月后，整个成德就变成了一颗随时可能爆炸的核弹，只等一个火花，便让这个世界伏尸百万，流血千里。

而这时，北边的卢龙，突然就烧了起来。

一百八十九　谁才是搞乱唐朝的罪魁祸首

821年一月，卢龙节度使刘总，突然给唐穆宗李恒送了一份大礼。

他派人跑到长安，表示自己要出家当和尚，请求朝廷把卢龙一分为三，彻底消除割据的隐患。

另外，为了让削藩没有阻力，他还把都知兵马使朱克融（朱滔孙子）等一帮骄兵悍将，打包送到了京城，并向朝廷上贡了一万五千匹战马。

一个军阀，不远千里跑到长安，要求朝廷对自己动刀子，这是什么精神？这是精神病精神啊！

是的，刘总大概率得了精神病。我们之前讲过，十一年前，刘总杀了他爹和他哥才继承了卢龙节度使的位置。

但是这位仁兄的心理素质，和李世民完全不是一个级别。他经常梦到他爹和他哥化身厉鬼来找他报仇，以至于天天夜不能寐。

为了把他爹和他哥镇住，永世不得翻身，他就找了几百名僧人，天天在节度使府里念佛祈祷，搞得大家上班跟赶庙会一样。

可惜他的这通操作并没起到什么效果。

到了晚年，刘总的恐惧更是达到了无以复加的地步。等到淮西、淄青被平定之后，刘总的心态算是彻底崩了。这就有了上文所述他主动要求削藩的那一幕。

但是，还没有等到李恒的回复，刘总就剃掉了头发，准备离开幽州。

和王承元离开成德时一样，一群将士也把他围了起来，坚决不让他走。

刘总大怒不已，一边念着阿弥陀佛，一边挥刀，连砍了十几个人，这群将士才胆战心惊地退了回去。

当天晚上，刘总把节度使的大印扔在办公室，撒开脚丫子就逃跑了。第二天，将士们醒来准备上班，这才发现老大没了。于是，赶紧四处寻找，可是刘总早已跑得无影无踪。

几天之后，刘总竟然不明不白地死在了几百里外的定州，也不知道是不是被仇人所杀。

如果把削藩比作斗地主的话，唐穆宗李恒这时候毫无疑问是拿了两个王、四个二。

他只要按刘总所说，把卢龙一分为三，再把那些骄兵悍将留在京城，授予高官厚禄，卢龙彻底归顺中央，已是板上钉钉。

但令人痛心的是，这时候，李恒的脑袋竟然被驴踢了，他先出了两个王：

刘总让他把卢龙一分为三，他却一分为二，而且还分得极不合理。

其中七个州：幽州、涿州、营州、平州、蓟州、妫州、檀州，分给了宣武节度使张弘靖。

另外两个州：瀛州、莫州，分给了京兆尹卢士玫（刘总老婆的亲戚）。

但凡脑子正常的人，都能看出来这种分法，纯粹是羊拉套——瞎胡闹嘛。

当年梁崇义拥有襄汉七州，反了！

李希烈拥有淮西六州，反了！

田承嗣、李宝臣、李怀仙都是拥有六七个州反了！

如今明明可以将九个州一分为三，每个节度使管理三个州，可李恒偏偏就分成了七和二。

更加让人无语的是，当时的宰相崔植、杜元颖也支持这种分法。史书说他们是没有远见，是为了尊崇张弘靖的官位，但笔者觉得，这两人大概率收了张弘靖的贿赂，不然堂堂宰相，怎么可能没有这点常识？

随后，李恒的脑子又被门夹了，他又出了四个二：

朱克融等一帮骄兵悍将，在京城待了一个多月，竟然没有人搭理他们，以至于他们不得不到处找人借钱、借衣服、蹭饭。

朱克融气不过，就天天往中书省跑，要求朝廷授予他们官职，可是宰相崔植、杜元颖竟然天天装大爷，对他们依旧爱答不理。而唐穆宗李恒呢，只顾着和宫女们一起耍，对此更是不管不问。

更让人吐血的是，等到张弘靖到幽州赴任的时候，这俩宰相竟然还把这群骄兵悍将放了回去，要求他们听从张弘靖的命令。

好好的一份大礼，被李恒和宰相如此一搞，就为卢龙的反叛，提供了坚实的物质基础和精神食粮。

以前的幽州节度使们，都是和士兵同甘共苦，打成一片。张弘靖到了幽州之后，却处处装大爷。

李恒下诏，赐给了幽州将士一百万缗，张弘靖却自己截留二十万缗，天天开着豪车，带着美女，到幽州各个地方旅游，每隔十天才到节度使府办公一次。

除了张弘靖以外，他的亲信也都是一帮混蛋，动不动鞭打幽州将士，甚至克扣幽州将士们的工资。而他们自己却一个个大金链子小手表，一天三顿小烧烤。

没过多久，原本和谐文明的幽州，就变成了"水浅王八多，遍地是大哥"的是非之地。

于是，幽州士兵们的愤怒就达到了极点，随时都有爆炸的可能。

821年七月十日，张靖弘的亲信韦雍终于引爆了这颗炸弹。

这一天，韦雍和往常一样，带着一大帮随从在幽州城里溜达。一名幽州小将，一不小心没有避让，和韦雍的仪仗队碰到了一起。

韦雍大怒不已，抓着这名小将，就准备摁在马路上，痛扁一顿。

但是，幽州的将士拒不服从命令。交通事故，凭啥刑事处罚？

于是韦雍就把这件事报告给了张弘靖。而张弘靖又是严于待人、宽于律己的德性，他也不调查一下事情的原委，就命人把这个小将关进了大牢。

当天晚上，愤怒到极点的士兵，终于发动兵变，攻进了节度使府，抢了张弘靖的财产和妻妾，杀了他的一大帮亲信，并把他软禁了起来。

不过事情发展到这里，还有转机。因为第二天，这些愤怒的士兵就后悔了。他们赶紧跑到张弘靖的跟前，承认了错误，并表示要洗心革面，重新做人。

但是，张弘靖这时候竟然还在装大爷，这些士兵连续求了他几次，他却一直没有任何答复。

一怒之下，这些士兵就跑到朱克融的府中，把朱克融推举为新一任节度使。

随后，朱克融便带领着幽州士兵，一起举起了造反的大旗，并把朝廷刚刚划分出去的两个州，又夺了回来。

十八天之后，准备发动兵变的成德都知兵马使王庭凑，看到卢龙乱成了一锅粥，也趁机发动兵变，杀了成德节度使田弘正及其随从三百多人，举起了造反的大旗。

就这样，已经被基本平息的河北，又一次燃起了熊熊的战火。

魏博节度使李愬，听到田弘正被杀以后，大怒不已，穿着丧服把魏博的士兵全都召集起来，大声喊道："成德人大逆不道，竟敢无故杀害田公，欺负我魏博无人。诸位世受田公恩惠，应当如何报答？"

魏博士兵听说老领导被杀，顿时放声大哭，不能自已。

李愬见军心可用，便取下自己的宝剑和玉带，交给了成德大将牛元翼，并对其鼓励道："以前，我的父亲（李晟）用此剑平定朱泚叛乱，立下大功。后来，我又用这把剑平定淮西吴元济。现在我将这把剑授予你，希望你用它平定王廷凑。"

牛元翼一边抹泪，一边接过了剑和玉带，高举着在军中跑了一圈，一遍又一遍地喊道："赴汤蹈火，在所不惜！"其声音响彻云霄，直击每一个士兵的内心。

可惜，世道不公，天妒英才。就在李愬准备出兵的时候，一场大病却突然将他击倒，几个月后在洛阳去世，年仅四十九岁。

只顾着游玩的唐穆宗李恒听闻，震惊不已，追赠其为太尉，谥号"武"。

一代军事传奇，就这样，在人生中最辉煌的时刻，也是时代最需要他的时刻突然陨落了，大唐也由此不断地朝着深渊滑去。

当年八月，李恒任命田弘正的儿子田布，接替李愬为魏博节度使。

田布大哭不已，临行之前，把家人全部召集到一起，哽咽着说道："此去，我已不打算生还！"

到达魏博之后，他变卖所有的家产，换了十几万缗钱，发放给了士兵，率军数万，朝着成德杀了过去。

与此同时，李恒再次起用了裴度，任命其为镇州四面行营招讨使，率领横海、昭义、河东、义武等镇，合计十五万大军也杀向卢龙和成德。

但是裴度上任以后，才发现问题比他想象的严重多了。

首先，士兵不够，朝廷说是十五万，但根本没有这么多。

因为李恒刚刚登基的时候，任命了两个宰相：萧俛和段文昌。这两人觉得天下已经太平，便忽悠李恒每年削减百分之八的士兵。

这些士兵被削减之后，无处可去，就上了梁山，当了强盗。等卢龙、成德造反之后，他们就手拉着手，投入了朱克融与王庭凑的麾下。

而朝廷这时候又不得不再次征兵，但征募的兵大部分都是新兵蛋子，战斗力为零，甚至为负。裴度不得不一边打仗，一边征兵，一边训练士兵。

其次，太监在军中捣乱。

上一次打淮西的时候，唐德宗李宪就给军中派了很多太监监军，导致将士们摸了四年的鱼。直到裴度把这些太监赶走，唐军才打了不少胜仗。

如今，李恒又派了很多太监当监军。

和几年前一样，将士们取得一点小胜，太监就赶紧向朝廷报捷。但是，一旦打了败仗，他们就痛骂将领，不把将领当人看。

更可气的是，这帮监军还把军队里的精锐挑了出来，充当自己的保镖，而到战场上拼杀的，只是一群老弱病残，这就导致将领们根本没有任何积极性。

裴度再次上书李恒，要求取消这些监军，白居易也替裴度说话，希望李恒能改邪归正。但是，李恒竟然没有听从。

最后，朝有奸臣。

当年平定淮西的时候，唐宪宗李纯对裴度言听计从。可是，唐穆宗李恒对裴度却并没有完全信任。而且李恒的身边，还围绕着元稹这样的奸臣。

没错，就是那个写出"曾经沧海难为水，除却巫山不是云。取次花丛懒回顾，半缘修道半缘君"的著名诗人元稹。

元稹时任翰林学士，深受李恒的宠爱，朝政大事，李恒都会和他商量。但元稹的人品和诗的艺术高度完全成反比。

他虽然和裴度没有任何矛盾，但他害怕裴度建功立业，再次担任宰相，影响他的升迁。于是，他就不断给裴度穿小鞋，只要看到裴度的上书，要么压着不发，要么发的时候，故意瞎指挥，搞得裴度根本无法正常调兵遣将。

裴度忍无可忍，一再上书要求惩治元稹。但是，李恒只是把元稹调任为工部侍郎，对其依旧宠信不已。

自古未有奸臣在内，而大将能立功于外者。在这一系列的负面因素影响下，裴度领兵在外征战了四个月，也没有取得任何进展。

而这时，魏博节度使田布这边，也出现了意外。

田布的手下，有一个叫史宪诚的牙将。此人的祖先原是奚族人，所以没有什么忠君爱国的概念。

田布率军攻打成德以后，因为天降大雪，导致粮草运输困难，于是，田布就征发了魏博六州的税收以供军需。

史宪诚趁此机会，不断地挑拨将士们说："按照惯例，我军出境以后，都由朝廷供给。现在，田尚书却搜刮我六州的民脂民膏，六州百姓何罪之有？"

魏博的士兵看见大雪纷飞，粮草不济，本来就不想打仗，听到史宪诚的煽动，便更不想打仗了。

而这时，唐穆宗李恒又下了一份诏书，让魏博分出来一支部队，去几百里之外攻打深州。

魏博士兵一听，马上就不干了，纷纷跑到了史宪诚的军营，要跟着史宪诚单干。

田布见状，只好带领着刚刚招募来的八千新军返回了魏州。

几天之后，田布又把部将们召集起来，要求起兵攻打成德，为自己的父亲报仇雪恨。但是，这群将士不但反对出兵，还要求魏博也学习卢龙和成德宣布独立。

田布见大势已去，长叹一声，独自一个人，默默地回到住所，写了一封遗书。随后，他又走到父亲的灵位之前，号啕大哭。

过了许久，他仰天大喊："臣既无功，终负国恩，敢忘即死，以示三军。"

说完，他便抽出佩刀，向着自己的心脏猛地捅了进去，享年三十八岁。

很快，他的鲜血便染红了脚下的白雪，一抹红色朝着西方汩汩流动，像是在诉说着他内心的悲愤，以及上天的不公。

可怜田弘正父子，明明可以割据一方，享尽荣华富贵，却选择归顺朝廷。十几年来，他们对朝廷言听计从，四处征战，没想到一片赤诚却落得了这般下场。

田布自杀以后，史宪诚立马把魏博的将士们召集起来，宣布遵循河朔的惯例，再次实行割据。

恰在此时，大唐的国库，因为李恒不断给戏子们送礼物，加上这几个月的用兵，变得空空如也。

于是，李恒便下诏停止削藩，将朱克融、王庭凑、史宪诚全部任命为节度使。

自此，河朔三镇，再一次成为割据势力，一直到唐朝灭亡，也未能收复。

不久之后，刚刚被起用的裴度，又因为受人排挤，被第二次赶出朝廷，到外地当了一名节度使。

就这样，经过六十年的努力，终于被平定的藩镇，被唐穆宗折腾两年之后，又一次回到了原点。

822年十二月，把家都快败完的李恒，也终于迎来了报应。

有一次，他和一群太监在宫中打马球，一个太监不小心从马上掉了下来，估计是脸先着的地，摔得比较惨，场面相当血腥。

李恒看了以后，被吓得灵魂出窍，从此得了中风，手脚麻木，甚至不能下地行走。几天之后，在群臣的强烈要求之下，他把景王李湛立为了太子。

此后，经过御医的调养，李恒的病情虽然有所好转，但身体一直没有恢复到以前的状态。为了治病，他又准备学习他爹唐宪宗吃长生不老药，但经过大臣们的不断劝阻，总算是没有吃成。

十三个月以后（724年一月二十二日），李恒突然病重，并于当晚驾崩，时年二十九岁。

四年之前的正月，李恒正式接班称帝，他继承的是一个几至升平、即将复兴的大唐。四年之后的正月，他交出的却是一个战火纷飞、四分五裂的天下。

他虽然不是一个暴君，没有滥杀无辜、鱼肉百姓，但他却是一个十足的昏君，只顾贪图享乐、重用佞臣。

如果没有他，大唐的寿命也许就能突破三百年的大关。可惜历史没有如果，从他之后，巍巍大唐，终于步入了一日不如一日的晚唐。

《旧唐书》对他的评价，可谓一语中的：观夫孱主，可谓痛心，不知创业之艰难，不恤黎元之疾苦……存亡以之迭代，治乱从此周复。

一百九十　两次政变，两年换了俩皇帝

"龙生龙，凤生凤，老鼠生的儿子会打洞。"这句话用在唐穆宗李恒与唐敬宗李湛父子身上，简直就是量身定做。

824年一月，十六岁的李湛继承了皇位。受他爹李恒的影响，这位主一上台，就和李恒一样，开启了吃喝玩乐模式。

李恒刚死没几天，棺材板还没有盖上，乐队还在演奏，李湛就一边听着唢呐，一边跑去踢球、奏乐，以及和伎女们畅谈人生。注意，是伎女，不是妓女，前者主要卖艺，后者主要卖身，当然，在皇帝眼中，前者也经常兼职后者。

由于他晚上经常熬夜，原本早上五点到七点就要召开的早朝，也被李湛推迟到了中午。

很多人可能会觉得，中午上朝，大臣们岂不是爽翻了天，每天都可以睡到自然醒。

如果真的如此，那也算是员工的福报了，但问题是，李湛和大部分老板一样，非常具有严于待人、宽于律己的精神。他自己可以晚一点上班，员工们却还得早上五点钟打卡，打完卡也没有地方休息，只能站在那里等着他上班。

如果只是一两次，也无所谓，谁让人家是领导呢，但李湛基本每次都这样。如此一来，年纪大一点的官员算是倒了八辈子血霉，每天总有几个坚持不住，直接晕倒在宫中，给御医增加了很多业务量。

如果有大臣去劝李湛，早点去上朝，你好我也好，他也不生气，甚至还会夸奖一下该官员。但是，他也不听从，你说你的，我玩我的。

例如左拾遗刘栖楚实在看不下去了，就跪在朝堂之上，一边拿脑袋撞地板，一边号啕大哭，劝说李湛什么叫作忠孝仁义。

可是，任凭刘栖楚撞得头破血流，李湛也不为所动，只是派了一名太监，安抚了一下他，并给他赐了一套五品的官服，第二天，该干吗又干吗去了。

刘栖楚一口老血差点喷涌而出，就借口有病，辞职回洛阳去了。

再例如翰林学士韦处厚，也去劝李湛，大概意思是说，你爹因为酒色过度生了病，所以驾崩得早。当时，我没有冒死劝谏，是考虑到你已经十五岁了，你爹死了还有你。但你的儿子现在才一岁，你得为你家娃想想啊。

李湛还是和之前一样，觉得韦处厚是忠臣，派人赐给他一百匹丝绸，然后自己该干吗仍干吗去了。

遇到这么一位不靠谱的小祖宗，朝廷如果不乱也就奇了怪了。

为人奸诈、妒贤嫉能的宰相李逢吉，和谋害了唐宪宗李纯的大太监王守澄，就勾搭到一起，左右着整个朝局。为了总揽大权，他们还广结党羽，在朝中联合了十六个大臣，美其名曰"八关十六子"。

朝中大小官员，无论是工作调动，还是职位升迁，都得先贿赂"八关十六子"，然后再贿赂李逢吉和王守澄。

最夸张的是，地方节度使想父死子继，他们竟然也敢收取贿赂，帮助人家割据一方。

例如昭义节度使刘悟去世了（治所今山西长治），他的儿子刘从谏准备秘不发丧，自立为留后。

有人劝说刘从谏："当年你爹杀了李师道，率领淄青十二州归顺朝廷，功劳巨大。你怎么能'崽卖爷田不心痛'，毁了你爹的一世英名！"

刘从谏无言以对，只好公开了他爹的死讯，并请求朝廷任命自己为昭义节度使。

李湛不知道如何是好，就把大臣们召集到一起商量对策。

唐宪宗时期的名臣李绛，这时候的官职是左仆射，他一针见血地指出，朝廷不能答应刘从谏的请求，原因有三：

其一，昭义不是河朔三镇，没有父死子继的传统，谁想割据，谁就不得人心。

其二，刘从谏前几天刚给太行山以东的三州将士发布了命令，不许他们私备武器，由此可见，至少这三个州，和刘从谏貌合神离。

其三，刘悟刚刚去世，刘从谏还没有威望，只要命令昭义周边的藩镇大将为昭义节度使，星夜兼程赶往潞州，刘从谏必然不敢反抗。即便他敢反抗，他帐下的亲兵，也会把他砍了，然后归顺朝廷。

了解唐宪宗削藩历史的朋友应该都知道，李绛的分析从来没有错过，当年淄青、魏博两个藩镇的归顺，全是李绛准确分析的结果。所以，这一次只要按照李绛的分析执行，百分之一百能搞定刘从谏。

可是，李逢吉和王守澄这两个人，因为接受了刘从谏的贿赂，便力劝唐敬宗李湛，把刘从谏任命为新一任昭义节度使，为十几年后的叛乱，埋下了伏笔。

上面有不靠谱的皇帝，中间有不靠谱的大臣，下面自然也就乱了。

但让所有人都没想到的是，这一次乱的不是藩镇，而是大染坊里的工人。

当时有一个叫作苏玄明的算卦老道，听说唐敬宗李湛天天胡作非为、花天酒地之后，竟然脑洞大开，要杀了李湛，自己当皇帝。

于是，苏玄明就找到了他的好朋友——在朝廷的染坊里当工人的张韶。

苏玄明忽悠张韶说："老夫掐指一算，以后咱俩肯定会在大明宫中升殿而坐，推杯换盏、共享富贵。如今皇上昼夜踢球游猎，大多数时间不在宫中，可以乘机而图大事。"

张韶也是一个胆大手黑的无赖，听苏玄明这么一说，他也不想一下，成功的概率有多大，还真就同意了。

于是，苏玄明和张韶，就在工人中间，发展了一百多个死党，准备造反。

824年四月十四日，他们把兵器藏在柴草中，装到了车上，准备运到右银台门，等到天黑以后，再起兵造反。

但是他们刚刚到达右银台门，侍卫就发现了问题——他们的车超重了。于是，侍卫们就上前盘查，张韶见事情紧急，立刻抽出刀来，带领着一百多号人，就向侍卫们砍了过去。

这些侍卫也是一群尿货，还没砍几下，竟然撒开腿跑了。于是，这群人就顺利地冲进了大明宫。

这时候，李湛还在宫中踢球呢。太监们大吃一惊，赶紧跑去向李湛报告。李湛一听，顿时脸色苍白，撒开脚丫子就准备往右边跑。

李湛身边的太监大喊，敌人从右边冲过来了，你怎么能往右边跑，得往左边跑啊。

但是，李湛还是要往右边跑。因为右边是右神策军的军营，左边是左神策军的军营。而李湛平时很宠幸右神策军护军中尉梁守谦，以前每次左、右神策军比武的时候，他都为右军呐喊助威，导致左军将士对他十分不满。

幸好李湛身边的太监不是傻子，都什么时候了，还计较这些，先逃命再说吧。于是，这些太监再次极力劝说李湛，终于逃往了左神策军的军营。

　　幸运的是，左神策军中尉马存亮是一名忠心耿耿的太监，他并没有因为李湛的偏心而产生怨恨。

　　等李湛一行到达左神策军军营的时候，马存亮急忙跑出军营，两手捧住李湛的双脚痛哭不已，并亲自把李湛背到了军中。随后，领军杀向了宫中。

　　那么苏玄明、张韶这时候在干吗呢？

　　说来也可笑，他们攻入清思殿以后，竟然坐在皇帝的御榻上，吃起了饭。张韶还一边吃，一边贱兮兮地对苏玄明说："你以前说，咱俩会坐在御榻上一起吃饭，还真的实现了啊！"

　　这么两个鼠目寸光的货色，能造反成功也就怪了。还没等他俩吃完饭，神策军就杀了过去，将他们两个砍了，并把他们的同党全部捉了起来。然后，这件事情就结束了。

　　很多人看完之后，可能都会觉得很不可思议。

　　首先，按道理讲，小人物搞大事情的背后，一般都有大人物的支持。

　　其次，按照以往的政治传统，朝中发生如此重大的意外，肯定会有人利用这件事情大做文章、打击异己才对，但是，权倾朝野的李逢吉、王守澄等人却没有任何反应，实在让人感到不可思议。

　　可史书就是这么记载的，并没有说到有任何人的指使。所以，我们也只能说，大千世界，还真无奇不有！

　　不过，经过这件事情的打击，李湛总算是稍微收敛了一下爱玩的性格。

　　另外，他也可能意识到朝中一家独大的弊端，于是，他就把几年前被李逢吉排挤到外地的裴度，再一次召回了京城。

　　李逢吉和他的党羽大为恐惧，不断地捏造谣言诋毁裴度。

　　他们一会儿说，民间有民谣，暗示裴度要当皇帝，所以，必须让裴度滚。一会儿又说，《易经》里有图谶，重用裴度，就会遭雷劈。

但无论他们怎么说，李湛始终不为所动，坚持把裴度提拔为宰相。在裴度的努力之下，朝政终于有了一丝丝的好转。

例如李湛一直想去东都洛阳游玩，无论谁去劝说，李湛一概不听，坚持要去。

只有裴度站了出来，运用高超的谈话技巧劝住了李湛。

裴度先是肯定了李湛的想法："国家设置东、西两都，本来就是为了皇上巡行服务的。"

接着，裴度又说了去洛阳的弊端："安史之乱以来，洛阳的宫阙、禁军的营房和朝廷各部门的办公用房，都已经荒废。陛下如果一定要去，应该先让有关部门修补一下，过一段时间再去。"

李湛虽然爱玩，但其实并不傻，他知道经过他爹的折腾，国库已经空了。以前他之所以非要去洛阳，只是因为叛逆，大臣们不让去，他才非要去。如今既得到了裴度的肯定，又听说要花大笔的钱财，他也就借坡下驴，不再提去洛阳的事情了。

但是，李湛也就懂事了这么一下，不去洛阳，不代表不去其他地方。他转念一想，又想去骊山泡温泉了。

大臣们一听，脑袋都大了，和往常一样，他们又出来劝说李湛，让他不要再折腾了。为了让李湛信服，他们还搬出来一大堆封建迷信：

"周幽王到骊山游玩，被犬戎砍了；秦始皇埋在了骊山，秦朝二世而亡了；唐玄宗在骊山修建宫殿，安禄山反了；先帝到骊山游玩，回来没多久就崩了。"

他们本以为，用鬼神就能吓住李湛，但他们显然忘了，十几岁的少年，正是叛逆的年龄，越不让干的事情，就越想干，越不让去的地方，就越想去。

所以，李湛听到骊山有这么多神奇的事情，顿时大喜不已，高喊着："骊山真的这么不吉利？我必须亲自去一次，看一看是不是真的。"

百官听完，当场差点晕倒。

825年十一月，李湛心满意足地踏上了前往骊山的道路。天地的广阔、江山的多姿、北风的凛冽，都让他兴奋不已，他深吸了一口空气，感受到了自由的味道。

但让李湛绝没有想到的是，有些事情就是那么神奇，从骊山回到京城一年之后，他就发生了意外。

由于李湛特别喜欢踢球、摔跤，禁军和各个藩镇，就给他进献了很多大力士，而这些大力士仗着他的宠幸，经常不把太监们放在眼里，看哪个太监不顺眼，就会将其毒打一顿。

而李湛的脾气也很差，玩游戏的时候，经常会有意无意地把太监的胳膊打断或者头打破，导致很多太监敢怒而不敢言。

826年十二月八日，李湛和往常一样，又带了一群大力士出宫打猎，很晚才回到了宫中。

折腾了一天，他还像一个小马达一样，活力四射，又叫来太监刘克明等二十多个人陪自己饮酒。

而刘克明等人，以前正好就挨过李湛的揍，对李湛很不满意。所以，等到李湛喝得烂醉如泥，到房间里更换衣服的时候，他们便突然吹灭了蜡烛，一刀把李湛结果了。

随后，他们假传圣旨，要求绛王李悟（李湛的亲叔叔）暂时代理朝政。

第二天，他们又假传遗诏，让李悟在紫宸殿的外廊，接见了宰相和百官。

另外，为了防止李湛的心腹太监为李湛报仇，他们又准备撤换掌握实权的几个太监：枢密使王守澄以及神策军护军中尉魏从简、梁守谦等人。

但是，还没有等他们动手，王守澄的密探已经得到了这个消息。

于是，王守澄等人一不做二不休，又连夜发动政变，带着左右神策军杀进宫中，斩杀了刘克明以及绛王李悟，拥立了李湛的弟弟江王李涵为帝（后改名李昂），是为唐文宗。

以前每一个皇帝去世，我们都会作出一番评论。但关于李湛的去世，笔者想了又想，也不知道该如何下笔。

他登基的时候毕竟只有十六岁，正是一个爱犯错、很叛逆的年纪，大家可以回想下自己的十六岁，可能很多人无论是性格还是能力，都还不如他。

所以，他的所作所为，固然有他的不对，但更多的是封建君主制度的弊端。只要这种制度存在，年轻而荒唐的君王就必然层出不穷。毕竟，中国上下五千年，也就出了几个年少有为的皇帝而已。

一百九十一　唐朝为什么会有牛李党争

得益于父亲和哥哥的折腾，826年十二月十二日，十八岁的唐文宗李昂登基的时候，大唐就像一辆村头二狗子的二八大杠，除了铃铛不响以外，其他地方都响。

朝外是河朔三镇割据，以及其他藩镇蠢蠢欲动。

朝内是牛李党争，斗得是你死我活。

宫中是宦官专权，两任皇帝更替都与太监有关。

可能是看惯了父亲和哥哥的荒唐，十八岁的李昂，有着与同龄人不一样的成熟。

他一上台，就励精图治，厉行节俭，放生了一大批皇家动物园里的小动物，释放了三千多名宫女，裁撤了一千两百多名皇家临时工，恢复了以前单日上朝的制度，天天和宰相百官商讨国家大事。

总之，他所有的一切都向历史上的明君看齐，连那些爱挑刺的谏官，也忍不住竖起大拇指，觉得天下太平已经指日可待。

但是，树欲静而风不止，鸡想飞而身太胖啊。

原本一直遵从朝廷命令的横海节度使（治所河北沧州，下辖四州），却想学习河朔三镇搞独立。

826年三月，唐敬宗李湛还活着的时候，原横海节度使李全略就挂墙上了，他的儿子李同捷趁机自任为留后，实行了割据。可是李湛只顾着到处游玩，竟然对此不管不问，让李同捷趁机收买了人心。

唐文宗李昂登基之后，李同捷便想洗白上岸，他上书朝廷，表示只要中央承认他的合法地位，他就归顺中央。

李昂正准备大展宏图，自然不肯答应，于是李昂下诏，削除了李同捷的官爵，命令七路节度使，率领本部人马群殴横海。

虽然这场战争打了两年，但过程极其无聊，没有名将、没有奇袭、没有主攻，所以我们就不展开细讲了，只说两路比较有意思的节度使。

第一路是卢龙节度使李载义。

之前我们讲过，原来的卢龙节度使叫作刘总，杀了父亲和哥哥后上位。但是他的心理素质不过关，天天梦见父亲和哥哥变成厉鬼来报仇。

到了晚年，他大概率得了抑郁症，就出家当了和尚，非要归顺朝廷，并要求朝廷把卢龙一分为三。

但是，唐穆宗李恒只顾着花天酒地，没有把握住机会，导致刘总的手下大将朱克融篡夺了节度使的位置，重新施行了割据。

那么，朱克融怎么就变成了李载义呢？

原来826年五月，幽州又发生了兵变，将士们杀了朱克融和他的儿子朱延龄，将朱克融的另外一个儿子朱延嗣立为了卢龙节度使。

但是朱延嗣为人残暴，不是个东西，没过多久，都知兵马使李载义又发动兵变，杀了朱延嗣及其家属三百多人，自立为节度使。

而李载义有个极其特殊的身份,他是唐太宗李世民的大儿子李承乾的后代,两百年前和朝廷是一家。

所以,他当上节度使后,对朝廷比较恭顺,听说中央要砍横海李同捷,他提着刀子就冲了上去。

每次作战,他都极为勇猛,在未来的两年时间里,累计大破叛军五万多人。每次抓到横海的俘虏,他还极为残忍地将其剖心挖肺,再把他们的尸体送到朝廷巡展,吓得文武官员晚上都不敢一个人上厕所。

829年五月,李载义攻破了横海的治所沧州,李同捷迫不得已投降,结果被杀,脑袋也被送到了京城。李载义因功被授予同中书门下平章事(宰相)。

830年,北方的少数民族奚族,大举进攻卢龙。李载义亲率大军迎战,生擒了对方的元帅,俘获其刺史、大将等两百七十多人,斩杀了五千多人(作战过程不详)。

同样是830年,契丹也派出大军入侵卢龙,但再次被李载义打败,并且还俘虏了契丹的一个王爷,送到了长安(作战过程不详)。

李昂大喜过望,觉得他们老李家,终于出了一个军事大才,便于831年一月,派出使者,赐给李载义一个德政碑文。

但是,就在使者赐碑文的时候,却发生了意外。

李载义带着朝廷的使者,高高兴兴地去看一场球赛,刚看没多久,他手下的兵马使杨志诚,却突然在大本营发动了兵变,把李载义赶出了幽州,并把李载义母亲、兄弟的坟给刨了。

李昂听闻,大怒不已,准备派兵帮助李载义重新杀回幽州。但是,当时的宰相牛僧孺是一个主和派,他劝说李昂和气生财,将杨志诚任命为新的卢龙节度使。

李载义只好赶往长安,被任命为河东节度使,驻守在太原。

不过，故事还没有结束。三年之后（834年），杨志诚又被他的部下史元忠赶了出来。

从幽州到长安，正好需要经过太原。于是，李载义就把杨志诚一家老小全部捉了起来，准备挖了杨志诚的心脏，以祭奠自己的母亲，但是，唐文宗李昂没有同意。

李载义大怒不已，把杨志诚的老婆、孩子、随从全部砍了。不过，杨志诚也没活多久，他刚到长安，就被人举报，他在卢龙的时候制作了两件龙袍。李昂将其流放岭南，路上又把他杀了。

又过了三年（837年），李载义在太原去世，年仅五十岁。

第二路是魏博节度使史宪诚。

史宪诚和李同捷本来是亲家，所以，李同捷刚造反的时候，他就偷偷给李同捷送了很多粮食。

但是，史宪诚的儿子史唐是个聪明人，他哭着劝他爹，老婆死了还可以找，脑袋丢了可就再也没了，君不见，李师道等人的骨灰，还不知道在哪朵云上飘着呢。

史宪诚一听，觉得相当有道理，立刻调转枪头，让儿子史唐率领两万五千人，杀向了横海。

两年后，横海被平定，史宪诚看到朝廷武德充沛，为了自保，决定入朝为官，并劝说唐文宗李昂，把魏博的三个州分割出去，以便削弱魏博的实力。

但就在史宪诚收拾好行李，准备去长安的时候，魏博将士突然发动了兵变，杀了史宪诚，拥立另一位大将何进滔为留后。

李昂不愿意再次用兵，只好任命何进滔为魏博节度使，并将刚刚分出去的三个州，又还给了魏博。于是，魏博又变成了割据势力。

由此可见，河朔三镇之所以割据一方，并不是主帅的意愿，更多的还是其牙兵（亲兵）不愿意归顺朝廷。唐朝灭亡前夕，朱温将魏博的八千家牙兵亲属全部屠杀，也算是迫不得已采取的手段。

横海这边刚刚被平定，朝中的牛李两党又斗了起来。

他们是怎么斗的，我们也不细讲了，因为斗争的经过十二分无聊，就是明目张胆地你诋毁我，我诋毁你。所以，我们只解释一下，什么是牛李党争。

牛党，指的是以牛僧孺、李宗闵为首的朋党。他们主要是通过科举考试进入的官场，代表着庶族地主。他们的座右铭是："我寒窗苦读十几年，凭什么要让地主家的傻儿子，坐在我头上吆五喝六。"

李党，指的是以李德裕、郑覃为首的朋党。他们主要是权贵们的后代，通过门荫入仕，代表着士族地主。他们的口号是："我几代人的努力，凭什么输给你十年寒窗苦读。"

之所以会出现这两个派别，和唐代的科举制度有巨大的关系。

我们之前讲过，唐代的科举是双轨制。

对于庶族（平民）来说，就是应试教育，一万个人过独木桥，考过了你才能当官。

对于士族（权贵）而言，则是按爹排位。

假如你是皇亲国戚、国之重臣的孩子，恭喜你，你是不用和那些考生一起参加科举的，朝廷会单独给你开小灶。你在弘文馆、崇文馆学习几年，参加百分百通过率的毕业考试，就等于参加完科举考试，然后你就可以当官了。

假如你是七品以上官员的孩子，也要恭喜你，你只要满了十四岁，就可以到长安或者洛阳的两所国子监里学习。这是中央开办的两所国立大学，毕业生叫作生徒，一毕业就可以直接参加科举考试了。

不过，国子监里也是等级分明的，根据学生他爹官位的大小，又分了好几个学院。

第一，爹是三品及以上的，可以到国子学上课。

第二，爹是五品及以上的，可以到太学上课。

第三，爹是七品以上的，只能到四门学上课。

那如果你不善于学习，啥也考不中咋办呢？

不要紧，唐朝是很推崇素质教育的，从来不会一考定终生。只要你爹有能耐，你便可以直接到中央或者地方的各部门实习个一年半载，实习期内只要你的领导满意，那你也是可以做官的。

刚开始，这是一种进步的制度，因为它兼顾了现实与公平。既不会遭到权贵们的激烈反对，也给平民百姓留了一条上升通道。

但经过两百年的演化，这种制度就阻碍了社会的发展。因为朝中的庶族势力越来越强大，士族势力却越来越衰弱，两者在808年（唐宪宗时期），终于爆发了第一次激烈的交锋。

当年，唐宪宗举办了一次科举考试。考生牛僧孺、李宗闵等人，在作文里大肆批评时政、抨击当权者。主考官可能也是一个庶族，所以，对他们的文章非常欣赏，就将其推荐给了唐宪宗。

但当时的宰相李吉甫（李德裕之父）却相当的不满，原因很简单，你抨击时政，抨击的不就是我宰相吗？

所以，李吉甫就"诬告"主考官徇私舞弊，给其亲信开小灶。

唐宪宗大怒，就将牛僧孺、李宗闵以及主考官全部贬到了外地。

但此事又引起了朝中庶族的不满，他们纷纷为牛僧孺等人鸣冤叫屈。唐宪宗迫于压力，只好又把李吉甫贬到了外地。

这一下，士族和庶族算是杠上了，都恨不得把对方咬死。

到了唐文宗时期，牛僧孺和李德裕（李吉甫之子）相继担任了宰相，两个朋党的矛盾就达到了顶峰，朝中有三分之一到三分之二的官员都结成了朋党。

至于牛李两党，哪边是好人，哪边是坏人，并没有明确的划分。

不过，笔者个人更喜欢李党一些。不是因为笔者是贵族，而是因为李党主张武力统一，而牛党则主张以和为贵，不仅错过了几次削藩的良机，还错过了攻打吐蕃、收复失地的机会。

比如上文所讲的李载义被驱逐事件，朝廷如果派兵帮助李载义打回幽州，有很大的概率能够成功。即便失败了，起码也能让那些心向中央的人知道，中央没有抛弃他们。可是牛僧孺却劝说李昂见死不救，那么，从此以后，谁还敢心向朝廷呢？

再比如，吐蕃的维州副使举城向唐朝投降，李德裕当时是西川节度使，就接受了他们的投降，还上书朝廷，希望能够出兵吐蕃，趁机收复河陇地区。

但时任宰相的牛僧孺却主张以和为贵，劝说唐文宗李昂，把维州又还给了吐蕃。

事情到这里，也不能说牛僧孺错了，毕竟这时候唐朝内部还不稳定，再去攻打吐蕃，的确有碍民生。

可接下来，牛僧孺却出了一个极馊的主意，他把投降过来的人全部逮捕，又送还给了吐蕃。

这些人的结局相当的惨，他们刚刚被押到吐蕃边境，就被吐蕃的军队全部砍了。如此一搞，周围的少数民族兄弟们，得有多么的寒心，以后谁还敢再向唐朝投降？

再比如说，唐文宗曾经在延英殿对着宰相们感慨："天下什么时候才能太平啊，你们有没有想过？"

牛僧孺却回答说："太平没有固定的标准。如今夷蛮没有侵犯边疆，百姓不至于流离失所，虽非天下大治，也可谓小康了。陛下如果还不满足，追求更大的太平，就不是臣等考虑的事情了。"

这种话不仅笔者觉得很不要脸，连司马光老爷子，也忍不住痛骂他一顿：

君明臣忠，上令下从……四夷怀服，时和年丰……此太平之象也。于斯之时（唐文宗时期），阉寺（宦官）专权，胁君于内……藩镇阻兵，陵慢于外……而僧孺谓之太平，不亦诬乎……罪孰大焉！

唐文宗李昂也被牛僧孺的话震惊了，终于找到了朝廷羸弱的原因，原来宰相是一个屃货。于是，他开始慢慢有意地疏远牛僧孺，并把李德裕提拔为宰相。

李德裕当上宰相之后，双方的斗争终于到了白热化的程度，经常撸起袖子，在朝堂上展开激烈的辩论，斗得是面红耳赤。

唐文宗不胜其烦，这才有了那句名言："去河北贼易，去朝中朋党难。"

但是，笔者必须说一句公道话，唐文宗的感慨，只是感慨而已，事实上牛李党争，远没有河朔三镇对唐朝的危害大，因为，就在李昂发完感慨的第二年（835年），他就轻轻松松地把牛党和李党几乎全部赶出了朝廷。

一百九十二　为什么说甘露之变失败是好事

833年，二十四岁的唐文宗李昂突然得了中风，口不能言。

中风好像是他们老李家的遗传性疾病，他的太爷爷唐顺宗四十四岁得了中风，变成了哑巴，第二年就驾崩了。他的父亲唐穆宗二十八岁得了中风，腿脚出了问题，第二年也驾崩了。

如今李昂又得了中风，恐惧、紧张的心情自不必说。宫中的御医全都看了一遍，药也吃了不少，但是没有一点作用。

眼看自己的身体越来越差，李昂只好下令在京城广寻名医。

几天之后，太监王守澄把自己的心腹郑注带到了宫中，此人时任侍御史，个头不高，丑陋无比，犹如被猪啃过。

李昂一看到他们两个，就差一点直接咽气，不是被郑注吓到了，而是几年前，李昂和他们两人闹过一次严重的冲突。

826年，李昂被王守澄等几个太监拥立为皇帝之后，迫于无奈，把王守澄任命为枢密使兼右神策军中尉。

枢密使，相当于皇帝的贴身小秘，是王守澄原有的官职，主要负责皇帝和大臣们之间的联系，并参与军国大事。

右神策军中尉，也就是右御林军的老大，负责皇宫的安全。

也就是说，王守澄的手里，既有政权，又有军权，权力极大。

而王守澄的思想品德又很差，经常仗着手中的权力，收取贿赂，飞扬跋扈，有时候甚至都不把李昂放在眼里。

为了避免自己像哥哥唐敬宗一样，被太监杀害，李昂只好提前下手，准备灭了王守澄。

830年，经过几年的试探和寻找，李昂觉得时任户部郎中的宋申锡，做事严谨，为人忠诚。于是，李昂就把宋申锡提拔为宰相，让他结交朝臣诛杀王守澄。

但是没过多久，王守澄的心腹郑注，就打听到了这个消息。于是，他们两个人就诬陷宋申锡谋反，要求杀了宋申锡。李昂为了保命，只好弃车保帅，把宋申锡贬出了京城。

此后几年，李昂就一直想把王守澄弄死，可惜没有那个实力。

如今李昂病了，王守澄叫来郑注给自己看病，那酸爽的感觉，可想而知。

所以，李昂刚见到他们两个，就气不打一处来，嘴上哼哼唧唧，两手空中乱舞，不知道的人，还以为皇上在跳大神呢。

王守澄也知道李昂痛恨自己，但身在屋檐下，不得不低头，自己只是一名太监，虽说手中权力不小，还搞过两次政变，但自己名不正、言不顺，很多仇人都想踹自己一脚呢。

而且随着年龄的增长，自己的身体，也是一天不如一天，被人搞下台的概率越来越大。自己想要安全上岸，还得靠皇帝的关照。所以，他这次带来的还真不是毒药。

看到李昂的反应，王守澄急忙向李昂解释了一番。郑注虽然长得难看，但是能力强啊，当年大名将李愬得了一种痿病（肌肉萎缩），就是郑注给治好的，李愬还给他了一句评语——天下奇才。

听说有李愬的背书，李昂这才有了兴致。让郑注走到自己的跟前，好好地打量了一番，然后，就差点恶心吐了。

但恶心归恶心，郑注给他开的药，李昂还是捏着鼻子吃完了。

令人惊奇的是，李昂才吃了几副，中风竟然奇迹般地好了。

于是，李昂就开始百般宠幸郑注，天天把他召到宫中，不仅寻医问药，还商讨一些国家大事。而随着时间的推移，郑注竟然被李昂策反，又成了李昂的心腹，发誓要干掉王守澄。

为了帮助李昂夺回皇权，郑注又给李昂推荐了一个叫李训的人。

此人是原宰相李逢吉的侄子，后来因为犯事被贬到了广东，经受了各种野生保护动物的洗胃，遇到大赦才又返回了洛阳。

后来，李训先用重金贿赂了郑注，又用重金贿赂了王守澄，这才被提拔到了京城。王守澄觉得他是自己人，便把他推荐给唐文宗李昂为他讲解《易经》。

李昂本来很讨厌李训，但经过郑注的又一次推荐，李昂才慢慢地发现，李训果真是一个爱自己的男人。

于是，这三个人就天天关起门来，腻歪在一起，商讨国家大事。经过一段时间的头脑风暴，郑注和李训给唐文宗制定了一个宏大的霸业之计：

第一步，借用王守澄的力量，打压牛李两党，将朝中的主要领导干部，换成郑注和李训的人。

第二步，杀了王守澄，夺回皇权。

第三步，对吐蕃用兵，收复河湟失地，再对河北用兵，削除藩镇势力。

李昂大喜不已，马上开始了第一步计划。

为了让王守澄彻底打消顾虑，李昂又放了两个烟幕弹：

他逢人就夸，学习《易经》哪家强？长安城中找李训！六义讲得呱呱叫，大学教授比不了。让大家误以为，他只是把李训当成了老师。

另外，他逢人就夸，郑注的丹药含钙高，质量好，一片顶五片，吃了以后，腰不酸、腿不痛，一口气能爬五楼了。

王守澄看到李昂这种德性，每天都和两个不正经的人在一起神神道道，便彻底放松了警惕。

郑注、李训便趁此机会，在短短一年之内（834至835年）大肆招权纳贿，把贿赂自己的人提拔上来，而把牛李两党的人全部贬出了朝廷。当然，他们也不是啥好人，公报私仇的事情没少干，以至于朝堂之上"为之一空"。

不过为了稳定朝局，他们还把裴度等一群几朝元老请回朝堂，并且委以了实权。

另外，李昂还把贾𫗧（sù）、舒元舆等出身寒微、考中进士不久的官员，提拔为宰相，期望能够杜绝朋党之争。

第一步，就这么轻轻松松地实现了。至于他们是如何打压牛李两党的，史书并没有详细的记载，基本就是唐文宗一句话的事。

所以，这也充分说明了一件事，牛李党争并没有我们想象的那么严重，更没有唐文宗所说的"去河北贼易，去朝中朋党难"那么吓人。他这句话，可以说每一个字都是假的。

除掉了牛李两党，最高兴的人不是唐文宗李昂，而是太监王守澄。在他看来，郑注、李训都是自己人，清除了牛李两党，自己正好可以大权独揽。

但他不知道的是，郑注和李训马上就把屠刀架在了他的脖子上。

为了避免打草惊蛇，835年六月，郑注和李训先把和王守澄有矛盾的左神策中尉韦元素等人杀了。

王守澄大喜不已，顿时觉得他们两人就是自己异父异母的亲兄弟。

　　不过还没过几天，王守澄就惊讶地发现，原来是自己多想了，因为郑注和李训又把和王守澄矛盾更大的仇士良，任命为左神策中尉。

　　王守澄大为恼火，觉得自己的心灵受到了严重的暴击，提起大砍刀就准备找郑注、李训两人拼命。

　　但直到这时，王守澄才发现，自己已经失去了反抗的资本。

　　左神策军是自己的大仇人，朝中都是郑注和李训的人，除了身边养的那一条大狼狗，没有人愿意再为他拼命了。

　　当年九月，李昂见时机成熟，就明升暗降，把王守澄提拔为左右神策观军容使，兼十二卫统军，实际上则剥夺了他的兵权。一个月后，李昂又派了一名太监，把王守澄毒杀在家中。

　　第二步，又如此轻松地实现了。至此，李昂在登基九年之后，终于基本掌握了所有的权力。

　　事情到这里，按道理讲，就应该圆满地结束了。

　　李昂完全可以再找一个和仇士良有仇的太监，担任右神策军中尉，让这两个人相互掣肘，自己在中间大搞平衡术。也可以学习当年的唐高宗李治，从左右神策军里面，再挑选出来一批人，成立两支部队，将禁军的权力一分为四。

　　但是，李昂、郑注、李训等人却杀过了头，他们觉得，还应该把神策军护军中尉以下的所有太监都杀了，只有如此，皇帝才能真正掌握大权。

　　为了达到这个目的，他们又制定了一个非常完美（歹毒）的计划：

　　任命李训为宰相，郑注为凤翔节度使。郑注到达凤翔之后，抓紧挑选几百名勇士作为亲兵。

　　在王守澄下葬的时候，李昂就命令神策军护军中尉以下所有太监，全都到黄河边为王守澄送葬。到时候，郑注派兵关闭墓门，把这些太监全都砍死在王守澄的墓里。

应该说，这是一个相当不错的计划。既不会令太监们怀疑，也能保证不会有漏网之鱼。

但就在大家抓紧执行的时候，李训的野心却急剧地膨胀起来。

他觉得，如果按照原来的计划执行，郑注就是首功。如果自己能赶在郑注之前，把这些太监全杀了，功劳就是自己的了，而且他还可以借机把郑注杀了，以便自己独揽大权。

于是，在郑注去了凤翔之后，李训又忽悠唐文宗李昂，制订了一个非常复杂的B计划。

835年十一月二十一日，刚上早朝，左金吾卫大将军韩约，就急急忙忙地向李昂报告，前一天晚上，左金吾衙门后院的石榴树上，有甘露降临，是祥瑞之兆。

啥叫甘露呢？就是露水混合了树叶上蚜虫的尿液，因为蚜虫的尿液里有糖分，所以尝起来就比较甜。古人解释不了这种现象，觉得那是从北斗星上降下来的，喝了之后能够长生不老。

大家一听说有甘露，纷纷上前拍马屁，夸唐文宗的德行堪比三皇五帝。

李训见气氛已经上来了，便赶紧劝说李昂，让他亲自前往观看。

李昂装作大喜过望，当即就同意下来，命令宰相等人先去查看，如果真有此事，自己再去不迟。

李训带着几个官员，火速跑到了左金吾衙门，命令事先召集的几百名甲士，埋伏在了后院。

过了许久，李训回到朝中，满脸愁容地表示，自己反复检查了几次，石榴上的东西，不像是真正的甘露。

李昂装作一副不可思议的样子，让左、右神策军护军中尉仇士良、鱼弘志等人，带着一些太监，再次前往左金吾后院查看。

仇士良怎么也不会想到，自己啥坏事也没干，皇帝就要杀了自己。于是，他没多想，带着一群太监，便高高兴兴地去了。

仇士良刚刚出发，李训又急忙叫来另外两个心腹郭行余和王璠，命令他们两个人，率领之前悄悄召集的一千多名私兵，赶到大明宫，接受唐文宗的诏令，诛杀宫中所有的太监。

但是，事情到了最关键的时刻，王璠却尿了，他吓得两腿发抖，动弹不得。只有郭行余带着几百人，火急火燎地赶到了大明宫。

而韩约那边也出现了意外，他看到仇士良等人后，虽然没有被吓傻，但被吓得冷汗直流。

仇士良望了望寒冬腊月的天，又看了看韩约的微表情，马上就意识到了问题的严重性。

这时，刚好一阵风刮过，把走廊两边的帘子刮开了一角，埋伏在后面的士兵顿时暴露了。

仇士良大喊一声不好，撒开脚丫子就往回跑。守门的士兵正想关门，但被仇士良一声呵斥，竟然吓得没有关上。

仇士良等人，以百米冲刺的速度，跑到大明宫含元殿，向李昂报告发生了兵变。

李训见阴谋已经败露，立刻指挥郭行余带领的几百名士兵，迅速砍杀含元殿里的太监。

但就在他们砍太监的时候，仇士良已经带领着一部分太监冲到了李昂的身边，他们抬起李昂的轿子，就往宣政门跑了过去，还边跑边喊："事情紧急，请陛下速速回宫。"

李训见大事不妙，赶紧追了上去，拉住唐文宗李昂的轿子，大声喊道："陛下不可回宫。"

如果这时候，李昂坚持不回宫，这些太监大概率会被李训所杀。而且，杀完之后，李训还可以用李昂的名义，调动士兵再斩杀那些逃跑的太监。

但这时候，李昂竟然也尿了。他赶紧和李训划清了界线，大声训斥李训，让他放手。

仇士良见状，挥起拳头就朝着李训的胸口，狠狠地砸了过去，李训顿时被打倒在地。

这群太监和李昂，这才得以跑进宣政门，并关闭了大门。

不过，李昂最后的表演，很快就露馅了。仇士良随便抓了一个人，审讯了一下，就知道李昂才是真正的幕后老大。

仇士良怒火冲天，带领着几千名神策军，就冲出宫门大开杀戒。将宰相李训、王涯、舒元舆，以及一千多名参与政变的官员和士兵全部斩杀。

杀完这些人，他们还觉得不够泄愤，又在京城里大肆烧杀抢掠一番，这才慢慢地平息下来。

唐文宗李昂虽然没有被杀，但被仇士良派人密切地监视起来。大唐的最高权力，暂时转移到了仇士良的手中，连宰相也经常被他训斥。

直到三个月以后，昭义节度使刘从谏，上书大骂仇士良，并要求起兵清君侧，仇士良才畏惧起来，又将一部分权力还给了唐文宗李昂，以及新任的宰相郑覃、李石等人。

但从此以后，李昂再也没有了原来的权力和威望，每一个太监，都恨不得把他给剁了。

在被监视了四年之后，郁闷无比的唐文宗，终于等来了生命的最后时刻。

一天，他在宫中喝得酩酊大醉，向一名大臣问道："朕可以和前代的哪些帝王相比？"

大臣赶紧拍马屁说："陛下是尧、舜一类的帝王。"

李昂无奈地一笑："朕岂敢和尧、舜相比！我想问的是，我能和周赧王、汉献帝相比吗？"

大臣大吃一惊，赶紧跪地说道："周赧王、汉献帝都是亡国君，怎么能和陛下相提并论。"

"周赧王、汉献帝不过是受制于诸侯，而今，朕竟然受制于太监家奴。就此而言，我还不如他们啊！"说罢，李昂痛哭不已，从此不再上朝。

不久之后，李昂一病不起，准备让太子李成美监国。但是，仇士良却认为，当年立太子的时候，自己没有一点功劳。于是，他假传圣旨，将李瀍立为了皇太弟（李瀍后来改名李炎，为方便叙述，我们统称李炎）。

840年一月四日，李昂在太和殿驾崩。十天之后，李炎在仇士良的支持下即位，是为唐武宗。

有读者可能会问了，如果甘露之变成功，唐朝还有没有机会续命？

笔者的回答是，如果成功，情况可能会更糟。

为什么这样说，相信大家看完本章，应该会有答案。

李训和郑注是一起扛过枪、一起分过赃的生死之交，而且李训还是郑注提拔上来的人，但他竟然要杀了郑注，独吞胜利的果实。

这种恩将仇报的中山狼，谁能保证甘露之变成功以后，他不会篡夺皇位？

更何况，此时他已经把牛李两党的官员，全部排挤出朝廷，满朝文武大臣，大部分都是他的亲信，这种人比太监要可怕一万倍。

历史上，不就有一个基本相同的案例吗？

东汉末年，袁绍领军杀完了宫中的太监，结果董卓刚好进京，夺取了胜利的果实。我们可以试想一下，假如当时没有董卓进京，袁绍杀完太监之后，会怎么办呢？

从袁绍后面干的事情看，他就是一个加强版的董卓！

所以，李训的计划，应该和当年的袁绍一样，都是以杀太监为借口，准备大权独揽，甚至篡夺皇位。

而太监则与权臣不同，他们无论做得再过分，不过是杀一个皇帝，另立一个皇室子孙为帝，大唐还是属于老李家的天下。

从古至今，只有篡位的权臣，而没有篡位的太监。所以，笔者才说甘露之变没有成功，对于大唐而言不是悲哀，而应该是一件幸运的事情。

事实也证明，仇士良虽然飞扬跋扈，但他并没有剥夺唐文宗的所有权力，更没有杀了唐文宗自立为帝。

而唐文宗准备诛杀所有的太监，本身就是一个错误的决定。且不说，政治是拉一派打一派，不能同时得罪所有的人，就是大屠杀这种行为本身也不可取。

毕竟，太监也是人啊，他们中也有好人坏人之分，为了生存，他们已经挨了一刀，无缘无故再挨一刀，于心何忍！

一百九十三　外击回鹘，内定藩镇，晚唐迎来中兴

840年一月，二十七岁的李炎登基称帝，是为唐武宗。

只看这个"武"字就知道他是一个猛人。汉武帝见谁灭谁，魏武帝大杀四方，李炎虽然远远没有这两位爷猛，但是他刚毅果断，喜怒不形于色，有着非同寻常的能力，在执政的短短六年时间里，打了一场胜仗，进行了一系列改革，算是配得上"武"字了。

不过，李炎登基之后做的第一件事并不是打仗，而是继承了他们老李家的优秀传统——对付自己人。太子李成美，弟弟李溶、唐文宗的老婆杨贤妃等人，都被他逼死了。

李成美，是唐敬宗的儿子，也就是唐文宗的侄子。唐文宗最早立的太子是自己的儿子李永，可惜李永不学好，天天和一群太监宫女玩耍。于是，唐文宗就把李永软禁起来准备废掉，但遭到了群臣的反对，唐文宗只好作罢。

但是，还没有过几个月，年纪轻轻的李永就死了。唐文宗本来就两个孩子，之前已经死了一个，李永这一死，他便绝了后。

于是，在宠妃杨贤妃的不断推荐下，唐文宗准备把安王李溶立为皇太弟。

但他在咨询宰相们的意见的时候，宰相李珏明确表示反对。唐文宗只好把大侄子李成美立为了太子。

唐文宗驾崩之前，宰相杨嗣复和杨贤妃（两人是亲戚），准备发动政变，拥立李溶为皇帝。宰相李珏和几个太监，也准备发动政变，拥立李成美为皇帝。

但他们没有想到，螳螂捕蝉、黄雀在后，仇士良提前发动了政变，把李炎拥立为皇帝。

所以，李炎对他们相当恼火。刚一掌权，就在仇士良的建议下，逼迫太子李成美、弟弟李溶、杨贤妃自杀了。并准备把宰相杨嗣复和李珏，也砍死在流放的路上。

幸好刚刚被提拔上来的宰相李德裕，不断地为杨嗣复和李珏求情，李炎才饶了他们一命。

处理完皇位的竞争对手，李炎又把目光投向了太监仇士良。

虽然仇士良帮助李炎夺取了皇位，但李炎并不信任仇士良，道理很简单，今天你能帮我，明天你就能帮别人。也许你会忠心耿耿，但没有一个皇帝愿意承担那万分之一的风险，这是权力的规则，也是背叛者的宿命。

不过，李炎并没有着急动手，他和当年唐文宗消灭王守澄一样，先把仇士良明升暗降，提拔为观军容使，夺去了他的兵权。

这时候，仇士良已经六十岁了，只想安安稳稳地度过后半生。所以，他并没有反抗，只是在神策军中留下几个心腹，便乖乖地交出了军权。

三年之后，仇士良又主动提出退休。他的徒子徒孙们送他回家，仇士良自认为已经成功落地，便得意洋洋地向这群小太监传授了一套成功学的经验：

"不能让天子有任何闲暇的时间。应当变换花样，让他吃喝玩乐，没有时间顾及朝政。只有这样，我们才可以得志。千万不要让他读书，亲近读书人。如果他们明白了朝代兴亡的道理，就会励精图治，我们的下场就要惨了。"

　　他的党羽像听了成功学大师的讲座一样，顿时激动不已，发出了雷鸣般的掌声。仇士良总结的经验，以后代代相传，一直传到了清朝灭亡。

　　仇士良的这些话，很快就传到了李炎的耳朵里。李炎大怒不已，拿起砍刀就准备对仇士良下手，但仇士良却提前死在了家中。一年之后，有人举报仇士良私藏武器，李炎下诏将其削官抄家。

　　太监的势力，从此被压制了几年。

　　稳定了皇权之后，李炎开始在宰相李德裕的帮助下，夜以继日地工作。他广纳群臣意见，裁撤了一千两百多名官员，大力发展国际贸易，革除了许多积弊，打退了回鹘的骚扰。大唐在他的治理下，终于再一次焕发出勃勃生机。

　　但是这生机，也仅仅只有三年时间。因为843年四月，昭义军又反了（昭义，今山西东南部兼河北一部分）。

　　昭义节度使刘从谏，原来还算是一个忠臣。当年甘露之变后，仇士良在朝中为非作歹，不可一世，就是他上书朝廷，表示仇士良再跋扈下去，他就要清君侧，仇士良这才吐出来一些权力，还给了唐文宗和宰相。

　　李炎即位之后，刘从谏又多次上表，揭发仇士良的罪行，刘、仇两人的矛盾因此达到了白热化的程度。

　　后来刘从谏为了表示忠心，把自己的一匹宝马献给了李炎。但是李炎觉得，接受了他的宝马，可能会刺激到仇士良，所以就拒绝了。

　　刘从谏因此大为恼怒，以为是仇士良从中作梗，于是就杀掉了这匹宝马，招收了大批的亡命之徒，制造了大量的兵器军械，准备随时造反。

　　但是，造反事业刚刚起步，刘从谏就得了绝症，一病不起了。

　　临死之前，他把老婆和孩子都叫到跟前，语重心长地表示，自己对朝廷忠心耿耿，但是朝中有奸臣作祟，自己死后，朝廷如果另派他人做节度使，一定会杀了咱们全家。所以，与其坐以待毙，不如奋起一搏。

于是，刘从谏死后，他的侄子刘稹就封锁了他死亡的消息，上书朝廷说，刘从谏得了脑血栓，活不了几天，让朝廷任命自己为新一任节度使。

李炎正准备大干一场，自然不能允许。

所以，李炎就下诏表示，刘从谏如果病了，洛阳正好有名医，可以去那里看病，别说脑血栓，就是脑偏瘫也能治好。至于刘稹嘛，就别当节度使了，官职太小，到朝廷来，可以封个超级大官。

刚刚发完诏书，李炎又赶紧把宰相们召集起来，商量对策。

这时候，原来不可一世的回鹘，因为发生了内乱，被中亚的少数民族黠戛斯（xiá jiá sī），灭了国家。其中大约有十万回鹘人，跑到了唐朝的边境，不断地侵扰唐朝。

三个月前，唐朝刚在边境上打了一场胜仗，斩首一万多人，俘虏两万多人。但是，回鹘的残部还有不小的实力，随时都有反扑的可能。

所以，大部分宰相认为，安内必先攘外，等把回鹘余孽全部消灭，再派兵攻打昭义也不迟。

但是宰相李德裕，却提出了反对意见，他给出三个令人无法反驳的理由，以及一个初步的平叛策略：

第一，小国才作选择，大国统统都要。虽然我大唐不如以前强大，可瘦死的骆驼比马大，一边打回鹘一边打昭义还是可以的。

第二，想灭回鹘，可以结好黠戛斯。黠戛斯每次给我大唐上书，都号称是汉朝李陵的后裔，希望能得到大唐的册封。我们完全可以顺水推舟，赐予他可汗的地位，让他去攻打回鹘的余孽。

第三，昭义与河朔三镇不同，河朔割据时间太长，人心难以感化，所以不得不承认他们的现状。而昭义将士向来以忠义闻名，以前平定河朔三镇之乱，屡屡立下大功。所以，刘稹不得人心，完全可以平定。

第四，刘稹之所以敢造反，就是寄希望于河朔三镇，如果朝廷能派一位德高望重的大臣，劝说成德、魏博两镇攻打位于河北的邢、洺、磁三个州，让他们误以为，攻下这三个州，朝廷就会把这三州分给他们。他们必定会听从朝廷的命令。

李炎大喜过望，当即下令，全部按照李德裕所说的执行。不久之后，成德与魏博两镇，果然传来了消息，表示愿意服从中央领导，协同进攻昭义。

安排完这一切之后，当年六月，李炎下诏命令五路大军杀向了昭义：

第一路，河东节度使刘沔；

第二路，河中节度使陈夷行；

第三路，河阳节度使王茂元；

第四路，成德节度使王元逵；

第五路，魏博节度使何弘敬。

这五路大军是如何打的，乏善可陈，所以我们就不展开细讲了。不过，此战中李德裕却表现出极高的谋略水平。下面我们就看一下，他是如何运筹帷幄之中，决胜千里之外的。

刚刚开打，李德裕就给李炎提出了一个极有远见的意见：

朝廷每次平叛，各个节度使都会积极出兵，这是为什么呢？

因为他们只要离开自己的辖区，就由朝廷提供粮草。

但是，为何每次平叛，都要打好几年呢？

因为这些节度使贪图朝廷的粮草，所以，他们往往打下敌人的一座县城，就趴窝不动了，甚至经常谎报军功，故意拖延时间。

鉴于以上原因，本次平叛就必须给五路大军安排考核指标，不允许他们攻打县城，只让他们攻打州城。

李炎当即同意了李德裕的建议，立刻下诏给五路大军，每人分配了一个州城。

但是，理想很丰满，现实很骨感。魏博节度使何弘敬，还是故意拖延时间，不愿意进军，成德节度使王元逵已率军攻打昭义一个多月了，何弘敬还没有发兵。

为了让何弘敬出兵，李德裕提出了一个非常巧妙的办法，他让唐武宗李炎给何弘敬下了一道诏书，表示朝廷决定帮助何弘敬减轻一下负担，已经让大将王宰，率领着几千名中央军，去魏博帮助何弘敬攻打昭义。

何弘敬也是看过历史书的，看到这一招"假途伐虢"，马上就明白了朝廷的意思。为了不让王宰的中央军进入魏博，他立刻带着魏博的全部兵力，杀向了昭义，很快就取得了几场胜利。

但就在官军节节胜利的时候，当年十二月，河东的一千五百名士兵因为奖赏不足的问题，又在都将杨弁（biàn）的带领下，发动兵变，攻占了太原城。另外，杨弁还派人跑到昭义，和刘稹拜了把子，形成了攻守同盟。

消息传来，举朝上下，震惊不已。

主和派抱着看热闹不嫌事大的心态，再一次倾巢而出，抱着李炎的大腿使劲往后拽，让他罢兵休战。

李炎长叹一声，看着纷纷扰扰的乱局，一时间也不知道该如何是好。

关键时刻，李德裕再一次站了出来，他一针见血地指出了问题所在："太原士兵一直忠于朝廷，只是由于犒赏不足，才发动了兵乱，杨弁只有一千五百人，怎么可能成功？其他各个州镇肯定无人响应，朝廷只要派兵前去镇压，不出几天必定可以平定，根本不足为虑。"

李炎听完，这才稍微宽心了一点，但是，他又害怕太原叛乱不容易平定，到时候两线作战，将使朝廷陷入危险的境地。

于是，李炎就先派了一个叫马元实的太监出使太原，表面上是去劝说这些叛军归顺朝廷，实际上则是调查杨弁的兵力虚实。

可惜李炎慧眼识猪，嗯，没写错，是猪头的猪。马元实比猪头还要过分，他到达太原以后，杨弁请他胡吃海喝了三天三夜，又给他准备了一些糖衣炮弹，然后他就被收买了。

返回京城之后，马元实就开始忽悠李炎和李德裕，赶快任命杨弁为河东节度使。

李德裕问他为什么？

马元实吹牛说："河东节度使衙门往外十五里，遍地都是光明甲。这么强大的兵力，怎么可能平定？"

"太原库房中的兵器，早就被带往前线，杨弁不可能突然有这么多的士兵和兵器！"李德裕当面指出了他的错误。

但马元实依然不愿意承认，又赶紧编了一个谎言："太原人性情剽悍，都可以当兵。这些士兵都是杨弁招募的。"

李德裕哈哈大笑，又问道："招募兵士必须要有财物，这些士兵叛乱，就是因为没有得到足够的犒赏。杨弁又从哪里得到财物呢？"

马元实被问得哑口无言，脸涨得通红，不再说话。

李炎和李德裕，这才下定决心，命令附近的节度使前往太原镇压反叛。

天助自助者，朝廷的军队还没有出发，太原那边就已经传来了捷报。

原来驻扎在太原附近的河东士兵，听说朝廷要调其他藩镇进攻太原，顿时惊慌不已，害怕自己的家人被其他藩镇士兵屠杀。

于是，他们充分发挥主观能动性，没等朝廷的命令，就自动出兵，攻占了太原，活捉了杨弁，并把那一千五百名叛乱的士兵全部斩了。

一场内部的危机，就这么阴差阳错地被平定了。

随后，朝廷加紧了对昭义军的进攻。八个月后，昭义大将郭谊，看到大势已去，便发动兵变，斩杀了刘稹以及他的所有亲信，投降了朝廷。

不过李炎和李德裕认为，刘稹之所以反叛，全是郭谊在背后捣鬼。如今大军压境才选择投降，一样不可饶恕。于是，他们又派兵把郭谊及其党羽，全部斩杀。

就这样，为时一年零两个月的昭义之乱，终于被平定了。

此战的规模虽然不大，也没有打出名将，但让各个藩镇看到了朝廷的综合实力，更看到了唐武宗李炎和宰相李德裕出众的才能，以及治理国家的决心。大唐中央的权威，因此得到了极大的提升。

趁着战争的权威，李炎和李德裕又进行了一项比较大的改革——灭佛。

在一年时间里，他们一共拆毁了大小佛寺四千六百多座，佛祠四万多座，强迫和尚、尼姑还俗二十六万多人，解放寺院的奴婢十五万，收回土地几千万顷，以及大量的金银珠宝和铜器，极大地增加了中央的财政收入，减轻了人民的负担。

这些措施使得唐朝再一次呈现出中兴局面，史称"会昌中兴"。

但就在改革如火如荼进行着的时候，李炎却迎来了人生的最后时刻。

原来，李炎和他的祖宗们一样，早就迷信上了长生不老。

从他登基之后，就开始吃各种仙丹。等到845年冬季，李炎终于因为重金属摄入过多，一病不起。可是，那帮臭道士却认为唐武宗是在换骨，而不是生病，拒绝一切治疗。

846年三月二十二日，换骨不成的李炎，终于在宫中驾崩，年仅三十三岁。

"其兴也勃焉，其亡也忽焉。"

李炎在登基后短短六年时间里，北平回鹘，内定昭义，打压宦官，大灭佛教，提升相权，振兴皇威，其功绩虽不能彪炳千秋，但也功在当代。

可惜他却爱好长生之道，中毒早亡，不得不让人扼腕叹息，也许，这就是大唐的命吧！

一百九十四　"小太宗"李忱即位，百年故土重回中国

唐武宗因为死的时候只有三十三岁，所以并没有立太子。当然，即便立了太子也不一定有用，因为从唐宪宗开始，大唐的中央已经掉进了一个大坑。

即有兵就是爹，掌握神策军的太监，想让谁当皇帝，谁才能当皇帝。唐宪宗、唐穆宗、唐文宗、唐武宗全是被太监拥立才坐上皇帝宝座的。

所以，这一次也没有例外。唐武宗病危的时候，神策军中尉马元贽（太监）等人，便假传圣旨，把唐武宗的叔叔李怡立为皇太叔，改名字为李忱（chén）。

唐武宗刚死，他们就把李忱立为新一任皇帝，是为"小太宗"——唐宣宗。

从"小太宗"这个外号来看，就知道这是一位难得一见的明君。

但马元贽之所以选择李忱，可不是想感动大唐。他只是单纯地以为，李忱就是一个大傻帽，有利于自己的控制。

事实上，不只马元贽以为李忱是一个大傻帽，满朝文武官员也都这么以为。

李忱是唐宪宗李纯的儿子，但他的老妈却是原镇海节度使李锜的侍妾郑氏，侍妾也就是陪睡的丫头。

当年李锜造反失败之后，郑氏就被送到宫中，当了郭贵妃的侍女。一次，唐宪宗喝完了鹿血，到郭贵妃那边例行公事，突然看到了郑氏，便一起临幸了。

没想到，一击便中，没过几个月，郑氏就生下了李忱。

由于郑氏的身份过于卑微，所以李忱在很小的时候，就常常被人看不起，甚至连宫女和太监都认为他傻里傻气（不慧）。

在这种压抑的环境下长大，他变得越来越沉默寡言，用俗话说，就是三脚也踹不出来一个屁。

他的侄子唐文宗和唐武宗，也因此极为看不起他，经常在聚会的时候，强迫他说话，并且以此为乐。

面对这种羞辱，李忱并没有暴露出一丝丝的不满。他看着大家的耻笑，也跟着哈哈大笑。

只是没人知道，别人在笑他太疯癫的同时，他也在笑着别人看不穿。

就在这一片嘲笑声中，李忱度过了三十七年。直到被立为皇帝的那一刻，他才露出了真实的面容。

846年四月一日，李忱开始上朝听政。四月二日，李忱突然发布了一道诏书，调门下侍郎、同平章事李德裕带平章事衔，出任荆南节度使。

文武百官顿时大吃一惊，李德裕为相六年，立有大功，你刚一上台，就罢免朝廷大员，是不是出门忘了吃药？

但让百官震惊的还在后面，两天之后，李忱又下诏把李德裕的亲信工部尚书、判盐铁转运使薛元赏，弟弟京兆少尹薛元龟等人，全部贬出了朝廷。

百官这才意识到，原来李忱以前的沉默，不是傻里傻气，而是大智若愚。以前的忍让，不是畏缩不前，而是蓄势待发。

随后四年，李忱又把李德裕贬了四次，而且越贬越远。850年一月，李德裕终于在崖州（今海南海口）病逝，享年六十三岁。

被梁启超称为古代六大政治家之一的一代名相，就这样在委屈之中离开了人世（其他五位政治家为管仲、商鞅、诸葛亮、王安石、张居正）。

站在百官的角度看，李德裕功勋卓著，代表着智慧、光明与贤良，把如此优秀的政治家贬出朝廷，李忱肯定是一位昏君无疑。

但站在李忱的角度看，李德裕根本无足轻重，因为他相信，自己比李德裕更加优秀。李德裕能做到的事情，他也能做到，李德裕不能做到的事情，他一样能做到。

而事实也证明，他几乎做到了一个明君所能做到的一切。

为了防止宦官专权，李忱在未来十几年里，总是找各种乱七八糟的理由和借口极力打压太监们的权力。

太监看见宰相不下马，就贬到边疆去。

宫中卫生不达标，把负责的太监贬到外地去。

权力比较大的太监死了，不好意思，不再有新的任命，空着就空着吧。

如此一来，李忱就得罪了一大批太监，不少太监在梦里都想把他给砍了。

李忱知道以后，微微一笑，只用了一招简单的方法，就解决了所有的问题。

他凭借自己超强的记忆力，将宫中扫地的、跑差的等一大批身份低贱的太监和宫女的名字、爱好、特长全部记了下来。遇到这些太监宫女，李忱就会放下身段，和他们闲聊几句，或者送他们一些小的礼物。

这些太监和宫女哪里受到过这种恩宠，所以没过多长时间，就被李忱俘虏了"芳心"，自动成为李忱的眼线。那些对李忱不满的太监，只好低下头来，乖乖地学着做人。

为了治理好国家，李忱还让人把《贞观政要》书写在屏风的上面，每天起床路过屏风，他都要认真地看一会儿，以便时刻提醒自己，向老祖宗李世民学习。

他又让人把朝廷五品以上官员的简介，编辑成一本厚厚的书籍，放在自己的办公桌上，每次任命官员的时候，都必然查看一番。

即便如此，他仍然不放心，又命令各州刺史在调动之前，不论远近，都必须赶到京城，由他亲自考察之后，再委任官职。

每次考察之前，他还会抽出来一些时间，提前做好功课，充分地了解当地的风土人情、民生利弊，才会向各州的刺史提问。每一次提问，刺史们都惊叹不已，不敢相信眼前的皇帝，对自己所管理的州县，竟然有如此深的了解，所以，他们也就不敢有任何的隐藏。

不过，也有个别头硬的官员，非要挑战一下李忱的能力。

例如宰相令狐绹，在李忱身边久了，便胆大了起来。有一次，他没有经过李忱的同意，便将自己的亲信调到其他州当刺史。

没想到，李忱很快就发现这一问题。他大怒不已，立刻把令狐绹叫到宫中狠狠地训斥了一番："天下各州刺史大多所用非人，朕才想一一召见，当面询问他们的施政方略，以便知道他们的优劣。你却胆敢违令，看来宰相有权真可畏啊！"

令狐绹顿时被吓得汗流浃背，连连认错，从此以后，再也不敢欺瞒李忱。

为了防止宰相继续忽悠自己，此后李忱每次召集宰相商讨国家大事，都没有任何表情，不让宰相们窥探他的任何心思。商谈完事情以后，李忱还会放下一句狠话："你们几个人好自为之，朕经常担心以后会见不到你们啊！"

说完之后，李忱立即起身回宫，吓得几位宰相经常汗流浃背，无时无刻不小心谨慎。

在李忱的不断努力下，一大批优秀的官员，终于被提拔了上来。

例如京兆尹韦澳，就特别的刚正不阿，对待皇亲国戚也毫不留情。

有一次，韦澳发现国舅爷郑光家里有一个小吏，仗着有国舅爷撑腰，经常做假账，偷税漏税，韦澳一怒之下就把他关押了起来。

郑光大怒，便带着李忱的母亲，跑到了李忱的面前，将韦澳的祖宗十八代都骂了一个遍，要求李忱严惩韦澳。

李忱是一个孝子，碍于母亲的面子，只好把韦澳叫到宫中，表示自己的舅舅郑光，非常喜欢这个小吏，是否可以网开一面。

没想到，韦澳却表示，自己只能按照法律办事，除非把自己革职查办。

李忱长叹一声，只好后退一步，用商量的语气向韦澳求情："你说的很有道理，但舅舅的面子朕不能不顾啊。把小吏打一顿，免他一死，你看行吗？"

皇帝都放低姿态，把话说到这个份上了。韦澳也只好给李忱一个面子，把这名小吏狠狠地打了几十大板，并让他补齐了税款，这才把他放了。

事后，李忱见到韦澳还特别不好意思地表示："朕因为舅舅的关系，阻挠你执法，真让人惭愧不已。"

有人可能会说，这件事李忱做得并不值得称赞，私情还是大于国法了，特权还是压倒公平了。

但如果我们从封建社会的实际出发，和前面所讲过的十几个皇帝对比一下，大家就会发现，李忱的这种做法，也就李世民做到过而已。

如果说，对待亲人，李忱可能还有点手软，那么对待自己的家人，以及自己喜欢的人，李忱则表现得异常铁面无私。

例如，当时宫里有一名相声演员，名叫祝汉贞，其艺术水平堪称宫中一哥。李忱随便指一个东西，他就能立马编一段相声，让李忱大笑不已，李忱年年给他颁发最佳相声演员奖。

但有一次，祝汉贞在表演的时候，播报了几段国内新闻。他本以为，把政事改成段子，李忱一定会大笑不止。但没想到，李忱却大怒不已，骂道："我养你们这群优人，只是供我嬉笑罢了，你岂敢干预朝政？"

说罢，李忱拂袖而去，从此开始疏远祝汉贞。不久之后，祝汉贞的儿子因为贪赃枉法被判以乱棍打死，李忱随即就把祝汉贞流放充军。

再例如李忱有个女儿，被封为永福公主，到了该嫁人的年龄，李忱就在百官之中，给她选了一位名叫于琮的大臣。

双方三书六礼，四聘五金，马上就要结婚了，李忱却突然叫停了婚事。

大家都以为，是于琮有了问题，要么贪污，要么受贿，要么不行。

于是，一群小人就开始到处寻找于琮的黑材料，有人说，于琮的祖坟冒了青烟，大逆不道。有人诬陷，于琮他爹勾引小姨子，品德不行。

但他们诬陷了半天，李忱全都不为所动。宰相们赶紧去询问中止婚姻的原因，李忱这才解释道："永福公主和我吃饭的时候，竟然因为生气把筷子折断了，这种脾气的女人，怎么能嫁给士大夫为妻。"

于是，李忱把自己的另外一个女儿广德公主嫁给了于琮。

后来，于琮不负所望，做到了宰相的高位。黄巢之乱时，于琮被俘，宁死不愿做黄巢的宰相，结果被杀。

广德公主大哭不已，当场要求黄巢把自己也给杀了，但是黄巢没有允许。广德公主一怒之下，就返回房中，自缢而死。

一家忠烈，满门芬芳。

除了以上值得称道的地方之外，李忱还做了很多有意义的事情，例如从谏如流、广修水利、勤俭节约、宽以待民等等。

总之，经过他十三年的不懈努力，百姓变得安居乐业，国家变得太平强盛。尤其是总爱捣乱的河朔三镇，在这十几年里，也全部安静下来，没有发生过一次叛乱。

自助者天助之，就在大唐局势日渐好转的时候，和大唐对砍了两百年的吐蕃，却因为王室的不断征战，迎来了生命的最后时刻。

李忱立刻派兵，趁机收复了秦州、原州、安乐、维州、扶州五个州以及七个关隘。

沙州（今敦煌）人张议潮，趁机发动了起义。在那里生活的唐人，纷纷揭竿而起，很快占领了沙州。

随后，张议潮又派兵攻取了河西、陇右等十一个州（具体过程不详）。851年，张议潮派他的哥哥张议潭入朝为质，并向唐宣宗李忱奉上了这十一州的地图。

唐宣宗大喜不已，在沙州设置了归义军，任命张议潮为节度使。后来，张议潮又派兵攻克凉州，彻底打通了河西走廊。至此，沦陷了将近一百年的河湟故地，终于再一次回到了大唐的怀抱。

867年，六十九岁的张议潮亲自入朝为质，被授予右神武统军，加官司徒。五年之后，张议潮在长安去世，享年七十四岁。

大唐在即将倒闭的前夜，竟然又全方位地雄起了一次。因为李忱的年号是大中，所以历史上把这段时期称作"大中之治"。

但是，智者千虑必有一失，李忱在做了无数好事的同时，也犯下了两个非常大的错误。

第一个大错是恢复佛教。

847年，他刚刚登基的第二年，就下了一道极臭的命令：

唐武宗当年毁掉的四万四千多座寺庙和佛祠，允许僧人全部修缮和重建。另外，唐武宗强令还俗的二十五万和尚与尼姑，可以全部再次出家。当然，当年被政府没收的几千万顷土地，也再一次成了佛家的私有财产。

这一举措，让将近两百万户农民，又一次背上了沉重的负担，为他的儿子唐懿宗留下了巨大的隐患，导致从唐懿宗登基的那一天起，农民起义就几乎没有中断过。

第二个大错是，他和他爹唐宪宗、他侄子唐武宗一样，也相信长生不老。

859年八月，刚满五十岁的李忱，本来应该还能再活几年，甚至是几十年。但因为吃了太多的金丹，背上长了一个大大的毒疮，不久之后，便一命呜呼。

他本想让最宠爱的三子李滋继承皇位，但是左神策军中尉王宗实，又一次发动政变，把他的长子李温，改名为李漼，立为了新一任皇帝，是为唐懿宗。

唐宣宗执政的这十三年里，没有大刀阔斧的改革，没有波澜壮阔的战争，至今看起来都索然无味。以至于我们只用了一篇文章，四千多字，就介绍完了他的一生。

但是，老百姓们所追求的，不就是这种平平淡淡的生活吗！

什么王图霸业，什么开疆拓土，对于执政者和后世的文人来说是兴奋剂，但对于老百姓来说，不折腾才是最好的良药。

善战者无赫赫之功，善医者无煌煌之名。

作为一个皇帝，李忱无愧于"小太宗"的称号，虽然他也犯下了一些错误，但功远大于过。

作为一个男人，李忱忍辱负重，装疯卖傻三十多年，最后做到了三十年不飞，一飞冲天，三十年不鸣，一鸣惊人，可谓每一个低谷时期的男人的榜样。

一百九十五　唐末也有隋炀帝，"救火队员"王式登场

唐懿宗李漼是一个幸运的皇帝，因为大唐在他父亲唐宣宗的精心治理下，综合国力得到了显著的提升。

北方的回纥、西南的吐蕃手拉着手走向了灭亡，大唐的疆域再一次扩张到河西走廊，边境终于获得了难得的安宁。

桀骜不驯的河朔三镇，屡禁不止的专权宦官，在唐宣宗的强压之下，全部变得老老实实，百姓们终于得到了十几年的休养生息。

放眼此时的大唐，虽不是百尺竿头，那也是步步高升。如果李漼能够像他父亲一样，励精图治、奋发向上，大唐的寿命也许就能突破三百年的大关。

但是唐懿宗李漼又是一个不幸的皇帝，因为父亲唐宣宗处处学习李世民，唯独在如何培养继承人的问题上没有学习。

当年李世民为了培养李治，天天把李治带在身边，传授治国经验。

李世民看到李治划船，就对李治说，水能载舟，亦能覆舟，百姓是水，君王是舟。

李世民看到李治骑马，就对李治说，骑马和治理天下的道理一样，马累了就得让马吃草休息，你才能骑很长时间。君王也应该珍惜百姓，不要没完没了地征收徭役。

每过一年半载，李世民还会让李治监国一段时间，手把手教他如何处理政务。

而被称为"小太宗"的唐宣宗，对待儿子李漼却只有一个原则：躺着撒尿——爱流哪流哪！

因为唐宣宗很喜欢老三李滋，一直想让李滋继承皇位。所以，作为长子的李漼，很早就被迫搬出了皇宫。

如何处理政事，李漼既没有耳濡目染，也没有监国学习，其业务水平，估计和村头的二大爷差不多。

让这么一个人，突然变成了公司的董事长，如果不出事也就怪了（个别天才除外，如汉宣帝刘病已）。

所以，李漼登基之后，就跟地主家的傻儿子差不多，每天只知道吃喝玩乐，比之前的唐穆宗和唐敬宗还要过分。

穆宗、敬宗爱玩，也就是和太监们踢踢球，打打猎，吃吃饭，听听曲儿。但李漼好像把几百年前的隋炀帝当成了干爹。

当年隋炀帝十分爱面子，每次出去游玩，必须带着十几万人，否则就觉得丢人现眼。

如今李漼也是如此，每次游玩不仅要带着太监，还要带着王爷公主、文武百官以及十几万随从。

当年隋炀帝游玩毫无节制，天下战火纷飞，他还要上塞北、下江南到处溜达。

如今李漼也是如此，北方有农民起义，南方有南诏攻破安南，他还要大办歌舞晚会，天天吹吹打打。

唯一与隋炀帝不同的是，隋炀帝尽管玩得飞起，但还会亲自处理政务，而李漼除了军国大事以外，其他政务基本都交给了宰相路岩。

而路岩又偏偏和党纪国法、两袖清风之类的成语有仇，生活奢侈、作风糜烂，被当时的人骂作"牛头阿旁"，也就是地狱中"牛头马面"的意思。

除此之外，李漼还和他爹唐宣宗一样喜欢佛教。

当年他爹让唐武宗好不容易"灭掉"的二十五万僧人重新剃度为僧，导致一百多万户农民背上了沉重的负担。

李漼则亲自唱诵经文，手抄经书，在长安设置了四座戒坛，允许人们在二十一天时间里剃度出家。他甚至还在宫中设坛，亲自给宫女们受戒。

当年的大隋如日中天，被隋炀帝几番胡闹，还搞了个国破家亡。

如今的大唐，藩镇割据不休、土地兼并严重，已经步履蹒跚，唐懿宗李漼还敢如此折腾，其结果可想而知——唐朝末年的农民起义，终于拉开了序幕。

859年十二月，即唐懿宗李漼即位的第四个月，浙东私盐贩子裘甫，带领着一百多名一贫如洗的农民，率先举起了造反的大旗。

几天之后，裘甫便占领了象山县城（今浙江宁波象山）。

第二年一月，朝廷急忙派了三百多名地方兵，前往象山镇压农民军，但被裘甫军打得全军覆没，仅副将一人落荒而逃。

裘甫趁机攻占剡县（今浙江嵊州市），打开府库，赈济百姓，招募士兵，起义军很快发展到了三万多人。

随后，裘甫自称天下都知兵马使，改元罗平，率军朝着浙东城（今浙江绍兴）杀了过去。

唐浙东观察使郑祗德大惊失色，急忙上书朝廷告急，并向附近诸道求救。

可惜，江南承平日久，民不知兵，诸道虽然派了几百名士兵前去助战，但是这些士兵一到浙东就蔫了。

有的人假装从马上摔下来腿折了，有的人假装痔疮发作流血了，反正全都龟缩在城里，没有一个人愿意出战。

唐懿宗李漼一看大事不妙，赶紧从"百玩之中"抽出来一点时间，把宰相们召集起来商量对策。

极为幸运的是，唐宣宗留下了一位比较有眼光的宰相夏侯孜，在夏侯孜的推荐下，唐末第一位名将王式（注意，第一位不是第一），终于闪亮登场了。

王式，唐文宗时期宰相王起的儿子。

王起才高八斗，学富五车，曾留下过大量著作（现已失传），有"唐代仲尼"之称，和刘禹锡、白居易等人齐名。

可惜，作为他儿子的王式，文化水平却相当的"坑爹"，不仅没有留下任何著作，连科举考试都没有敢参加，只是靠着老爹的关系，混到了刺史的位置。

三十多岁时，王式又靠着老爹的关系，在唐代官员评级中，被评为了"善最"，也就是"优秀官员"的意思。

如果不出意外，继续凭借他爹的关系，最后他至少能混到部级干部。

但是，他刚评上优秀官员，他爹就死了。

于是，王式瞬间体会到了什么是人情冷暖，在未来的十几年里，他从黄金王老五，一下子变成了路人甲，既没有升官发财，也没有任何奖项，有的只是默默无闻的付出，以及庙堂之上不屑的目光。

在他四十八岁的那一年（858年），不知道因为得罪了哪一位权贵，他又被调到安南，担任了安南都护。

安南也就是如今的越南北部，表面上看，安南都护要比刺史大一些，但在当时，安南绝对是一个大坑。

那里除了蚊子多、老鼠大、得病率高以外，还有一个让所有官员都很头疼的毛病——民风剽悍，当地土著动不动就提刀砍人。

王式去之前，安南的乱民们已经发展到了相当可怕的程度。

有些人暴力抗税，导致前任都护从来没有收齐过税赋；有些人则勾结境外势力到处劫掠，以至于安南都护的首府宋平（今越南河内）都不得安生。总之，安南虽然没有大乱，但已经处于乱的前夜。

所以，这时候把王式派过去，很明显就是借敌之手，把王式搞臭、搞烂，最好搞死。

但整王式的人显然忘了，这个世界上有这么一种人，不鸣则已，一鸣惊人，不飞则已，一飞冲天，而王式正是如此。

王式到了安南以后，只用了两招，就搞定了乱哄哄的一切。

第一招，罢黜朝廷规定之外的所有苛捐杂税。

这一招看似简单，只用发布一道命令就行了，但实行起来最难。

因为断人财路犹如杀人父母，"规定之外"的苛捐杂税是什么意思？

那是官员们的外快啊！

你把他们的外快全砍了，他们的老婆、孩子怎么养？

以后你的命令，谁还愿意听？即便慑于权力，他们不得不听，但在执行的时候，他们也会通过各种手段，让你什么事也干不成。

为什么历代安南都护，都不敢免除所有苛捐杂税，不是他们傻，而是迫不得已。

最重要的是，安南民风剽悍，搞不好失去外快的官员们，就会铤而走险，起兵造反。

而王式显然也料到了这一点，所以，在取消苛捐杂税之后，他马上就使出了第二招：深挖沟、广栽树。

深挖沟，是在首府宋平城的外围，挖了一道深深的壕沟。

广栽树，不是王式思想觉悟有多高，而是在沟的外面，栽了几排带着毒刺的树，以防止蛮兵入侵。

而王式刚刚挖好沟、栽好树，危险就真的来了。

在那些官员的挑唆下，一群蛮兵突然把宋平城围了起来，嘴里喊着一些乱七八糟的蛮语，把王式的祖宗十八代问候了一个遍。

但王式并不着急，只是派了一个翻译去告诉这群蛮兵，想打就赶紧派人来砍树，不打就别乱嚷嚷，再不退兵，我就去灭了你们。

蛮兵们看见壕沟和毒树，本来就有点心虚，再见到王式如此嚣张，瞬间就蔫了，当天傍晚便都离开了，走之前还专门派人告诉王式，一切都是误会，他们只是追捕逃犯而已。

但是这些官员仍然不甘心，不久之后，他们又鼓动一批乱民，在深更半夜把宋平城围了起来，大声喊着，王式滚回北方。

王式本来准备登上城楼查看情况，但转念一想，问题似乎并没有表面这么简单。

一群没有攻城能力的乱民，在半夜里围城，目的何在？

很明显，这些乱民只是诱饵，一旦自己出了府邸，恐怕就会有刺客出现。

于是，王式立刻把所有的仆人召集起来，分发武器，自己也穿上了一身厚厚的盔甲，这才不慌不忙地走出府邸，登上了城墙。

这些乱民看到王式已经有了准备，立马尿了，只好放弃了原来的计划。

王式趁机下令万箭齐发，立刻把这些人射得人仰马翻。第二天，那些漏网之鱼也被王式抓了起来，全部斩杀。

经过这两次小规模的较量，安南终于暂时稳定下来，而王式的能力，也让宰相夏侯孜看在了眼里，这才有了前文中提到的举荐。

李漼大喜不已，立刻任命王式为浙东观察使，率领忠武、义成、淮南等道军队，朝着起义军杀了过去。

860年四月十五日，王式率领大军抵达了浙东城。

裘甫自知不是王式的对手，立刻撤掉对浙东城的包围，率领起义军退到了象山。

大家都劝说王式赶紧趁势追击，必定能旗开得胜。但王式却先在内部，悄悄地开展了一次扫黑除恶的专项行动。

原来裘甫在围攻浙东城的时候，曾派出大量间谍潜入浙东城。

而浙东城里的一些官员和将领，竟然把他们藏了起来，主动传递情报给他们，以求城破之后，能够免得一死。

王式刚到浙东城，就发现了这一秘密。他深知攘外必先安内的道理，立刻偷偷地派人调查了一番，没过几天，那些通敌的官员就被揪了出来。

王式大怒，把这群吃里爬外的家伙，全部当众砍了脑袋。

那些虽没有通敌，但平日里飞扬跋扈的权贵，王式也没有放过。他随便找了一些理由，把这群人逮捕起来，狠狠地揍了一顿。

如此一来，那些假装腿折的、痔疮发作的将领，全都虎躯一振，纷纷表示王大人指哪自己就打哪，绝对不敢有半点拖延。

看到这一切，王式这才满意地笑了，把诸位将领召集起来，商讨消灭起义军的计划。

有人说，我军正需要军粮，应该把各县的粮食集中起来，以免县城被攻克以后，贼军得到补给。

王式则说，所有县城都应该开仓放粮、赈济百姓。贼军之所以越来越多，就是用粮食引诱饥民，我军如果分发粮食，百姓就不会造反，更何况，很多县城根本没有守军，贼军一到，官府的粮仓正好能为贼军所有，与其被动防守，不如主动出击。

有人说，我军缺少骑兵，应该让朝廷派一支骑兵，再作下一步打算。

王式则说，不必让朝廷派军，把当年发配到江淮地区的吐蕃、回鹘俘虏找过来，挑选几百匹好马，组建一支精锐骑兵就行了。

不少人觉得，非我族类，其心必异，这些俘虏绝对不能重用。

但王式认为，这些俘虏像奴隶一样被看管了多年，自己把他们释放了，他们感激还来不及，绝对不会有异心。

有人又说，可以在各个县城建造烽火台，以便传递军情。

王式则说，设置烽火台是为了要救兵，而自己手下的军队已经安排了任务，浙东城中没有救兵可用，设置烽火台不但白费工夫，还会惊扰百姓和军队，完全是无稽之谈。

总之，无论大家说什么，王式要么是早有准备，要么是看得更加长远一些，让在场的所有人，全都上了一堂军事前沿理论课，既震惊不已，也对平定叛乱充满了信心。

但令这些将领吃惊的还在后面，大军出发之后，王式特意挑选了一些老弱的士兵去当侦察骑兵，而且给他们配备很少的武器。

又有人劝说王式，这些人如果见到敌军，就是长敌军士气，灭自己威风。

王式却回答说："如果让一群猛人去当侦察兵，并配给倚天剑屠龙刀，遇到敌军，这群人很可能不自量力，上前拼杀。如果战死，就没有人回来报告军情了，这样的侦察兵有什么用？"

众部将听完，不由得再一次伸出了大拇指，纷纷感叹，王式的大脑袋非比寻常。

孙子兵法有云："夫未战而庙算胜者，得算多也；未战而庙算不胜者，得算少也。"

王式已经不能用多算来形容了，简直就是开了天眼。遇到这种级别的将领，就算是黄巢，估计也活不了几个月。

所以，这场战争打得极为顺利，双方厮杀了一个月，唐军连赢十九次，裘甫军一次也没有胜利。

等唐军攻克宁海县的时候，王式掐指一算，又对属下们表示："贼军已逃无可逃，必然要逃入大海。"

于是，王式派出了两路军队，一路看守海港，一路在海岸线不停地巡逻。

不出王式所料，没过几天，裘甫还真的率领一万多人，准备往海上跑了。

但是裘甫刚刚到达海边，就被唐军痛扁了一顿。裘甫只好带领着一万多人逃窜到了剡县（今嵊州市）。

王式带领着唐军在后面紧追不舍，很快就将剡县围了起来，并发起总攻。

出人意料的是，临死关头裘甫终于爆发出惊人的战斗力，连续几次打退了唐军的进攻。

王式灵机一动，派人跑到新昌江的上游，准备切断城内的水源，把裘甫军渴死在城里。

裘甫见状，急忙派兵前去争夺水源。三天之内，双方交战了八十三次，唐军终于成功控制了新昌江。

几天之后，走投无路的裘甫，终于动了一次脑子——诈降，趁机偷袭官军。

可是王式根本不吃这一套，听说裘甫要投降，马上就拆穿了裘甫的阴谋："裘甫想让我放松防备，趁机袭击，我们只要严加防备，大功必将告成。"

不出王式所料，当天晚上，裘甫果然率军出城，与官军交战了三次。但每一次，都被唐军打得鼻青脸肿。

六月二十一日，被王式吊打了一百多天的裘甫退无可退，只好出城投降了官军。

王式大喜，把裘甫的二十多名亲信全部腰斩，将裘甫本人装上囚车，押送到了京城。不久之后，裘甫被唐懿宗所斩。

唐朝末年的第一场农民起义，就这么简简单单地平息下去，用时不过半年而已。不过，王式的故事还没有结束。

两年之后（862年七月），徐州发生了兵变，叛军把徐州节度使温璋赶出了徐州。

之所以出现这种情况，还得从四十年前说起。

当时河朔三镇发生了叛乱，唐穆宗听说大将王智兴文武双全，就让他率领几万人前去平叛。哪曾想，这个屠龙少年野心暴涨，平定叛乱之后，他自己却变成了恶龙，趁机发动兵变夺取了徐州。

朝廷无力讨伐王智兴，只好任命他当了徐州节度使。

王智兴害怕手下士兵有样学样，发动兵变把自己砍了，就招募了两千名勇士，号称"银刀七军"，充当自己的亲兵。

王智兴死了以后，朝廷为了防止徐州割据，连续派了几个文人去当徐州节度使。

"银刀七军"这时候已经形成了牢固的利益集团，十分看不起这些空降的节度使，稍有不如意，就会发动兵变驱逐节度使。

节度使们为了笼络这些骄兵悍将，一般都会选择花钱消灾。例如前任徐州节度使田牟，每天都得赏给这些银刀兵一万钱，遇到刮风下雨，还得付出双倍工资。

即便如此，这些银刀兵还不满意，田牟还得和他们坐在一起，胡吃海喝、唱歌跳舞，完全没有了规矩。

田牟死后，朝廷任命温璋代理徐州节度使，这些银刀兵觉得温璋太过严厉，便有了上文所述的那一幕，发动兵变，把温璋驱逐出了徐州。

这时候，王式征讨裘甫的军队还在浙东。于是，唐懿宗便让王式带领着军队，火速赶往徐州。

"银刀七军"听说王式要来，全都惊恐不已，急忙选了一批代表出城迎接王式，希望用一通马屁来与朝廷和解。

王式逢场作戏，表示自己初来乍到，还需要银刀兄弟们多多支持。

随后，双方在愉悦的会谈中，就共同关心的问题，交流了意见，最后达成了满意的共识。

王式得以顺利进入徐州城，"银刀七军"则获得了安心，不过，这安心只有三天而已。

三天之后，王式在府上举办了一场盛大的宴会，对外表示自己要遣送从浙东带过来的士兵，并邀请"银刀七军"参加宴会。

不知道大家还记得吗，四十多年前（819年七月），唐宪宗李纯曾让棣州刺史曹华用同样的方法，屠杀过李师道的一千两百多名牙兵。

可惜，大部分"银刀七军"的士兵，扁担倒了不知道是个一字，他们并没有看过这段历史，听说有饭吃，就急忙来了。

结果他们刚刚坐下，还没来得及扒拉一口，王式一声令下，埋伏在周围的士兵们就冲了出来，像砍瓜切菜一样，把这两千多人以及他们的家属几乎全部砍成了肉泥。

当年李纯杀害李师道的一千两百名牙兵时，我们批评了这种屠杀行为。因为这一千两百人并没有做什么出格的事情。

如今王式屠杀这两千多人，虽然手段依然残忍，但笔者觉得特别适合老子所说的一句话——强梁者不得其死。

"银刀七军"生来就不义，纯粹为了割据而生，而且嚣张跋扈几十年，搞得徐州百姓痛苦不已。他们虽然没有造反，但其影响丝毫不亚于造反，最后落得这般下场，也算是死有余辜。

连续两次完美地完成任务，唐懿宗大喜不已，将王式提拔到中央，拜为左金吾大将军。

可惜的是，十二年后（874年），也就是王仙芝起义爆发的那一年，王式就去世了，享年六十五岁。如果他能再多活几年，遇到黄巢起义，也许还能迸发出更加精彩的火花。

一百九十六　熬死南诏，大唐最后的荣耀

就在王式灭裘甫、平徐州的这几年里，唐朝西南部的南诏（今云贵地区），突然像吃了金戈一样，趁着大唐空虚拼命地干了一番。

从788年西川节度使韦皋按照李泌的策略结好南诏以来，唐朝和南诏亲密地度过了七十多年。

但亲密是有代价的。

南诏每年派出上千名留学生到成都留学，唐朝政府要对这些留学生，包吃包住不包分配。

另外，南诏的使者每次到长安朝贡，都会带领大量的随从，要求大唐给自己更多的赏赐。

按道理讲，拿钱换取南诏的臣服，是一笔非常划算的买卖。既可以牵制吐蕃的力量，也可以感化四方，彰显皇皇国威。

但问题是，唐宣宗的时候，吐蕃因为内乱而灭亡了，唐朝不再需要南诏牵制吐蕃了。

所以，唐宣宗便看人下菜，准备甩了南诏，要求对方减少留学生和使者的数量。

南诏首领丰祐大骂唐宣宗是绝顶"渣男"，从此以后，不再按时向唐朝进贡，并经常派兵侵扰唐朝边境。

唐宣宗驾崩以后，唐懿宗派了几名使者到南诏报丧，按照规矩，南诏接到消息以后，就得派人到长安吊祭。

但好巧不巧，南诏首领丰祐恰好也去世了，他的儿子酋龙继承了王位。

酋龙本来就对唐朝很不满意，所以，看到唐朝的使者后，便蛮不讲理地表示："我国也有国丧，唐朝廷为什么不派使者来吊祭？"

唐朝使者一脸迷惑，你不去长安报丧，谁知道你爹死了？

酋龙不管这些，直接把唐使者轰到了三十块钱一晚的小旅馆。

唐朝使者边骂边走，回到朝廷之后，就把酋龙的祖宗十八辈问候了一个遍。

唐懿宗刚刚登基，正准备树威，所以，就以酋龙不派遣使者入朝吊祭，而且酋龙的龙与李隆基的隆是同音字为由，拒绝册封酋龙为南诏首领。

酋龙见状，干脆一不做二不休，自封为皇帝，国号大礼，改年号为建极，并派军队攻陷了唐朝的播州。

860年年底，在原安南都护王式率军平定裴甫之乱的时候，南诏又趁机派出三万大军攻陷了安南（今越南北部）。

861年年初，唐懿宗命令邻近安南各道，派兵救援安南，几个月后唐军重新收复了安南。

862年十一月，南诏再次派出五万大军攻占了安南，俘虏和斩杀了十五万唐朝百姓。随后，南诏调转枪头，杀向了邕州（今广西南宁）。

唐懿宗李漼急忙命令大将康承训，率领许州、滑州、青州等八道军队合计一万人，前去抵御南诏。

但没想到，康承训就是一个废材，第一仗就中了南诏的埋伏，被歼灭了整整八千人。

李漼大怒，任命大将张茵为岭南西道节度使，率领两万五千人收复安南。

可是，张茵又是一个尿货，吃人饭，不干人事，在邕州待了几个月，硬是趴窝不动。

而这时，距离南诏攻陷安南已经将近两年了。

李漼不得不再一次从百玩之中抽出来一点时间，把宰相们召集起来商量对策。

当年发现了名将王式的宰相夏侯孜，再一次站了出来。在他的推荐下，唐朝末年的第二位名将高骈，终于闪亮登场了。

高骈，唐宪宗时期名将高崇文的孙子（高崇文曾平定西川刘辟之乱）。高崇文是个文盲，高骈则不同，从小就习文习武、文武双全。

长大以后，凭借家族的关系，高骈被拜为右神策军都虞候（负责军纪）。

唐宣宗年间，西北党项叛乱，高骈率领一万禁军戍守长武城（今陕西长武），多次发动奇袭，屡立战功，唐宣宗将其提拔为右神策军兵马使。

唐懿宗即位之后，高骈趁着吐蕃内乱收复了河州、渭州等地，立下了不少功劳。

不过，前几次战绩，因为比较简单，史书只是提了一句，没有任何细节。收复安南这一次则不同，虽然也比较简单，但过程却挺长。

864年七月，高骈被任命为安南都护。过了整整一年（865年七月），高骈才率领五千人准备渡海作战。

九月，高骈率领大军抵达南定县（今越南南定县），趁着蛮军正在收割水稻之机，发动突然袭击，大破蛮军五万。

随后几个月，高骈一路高歌猛进，屡次大败南诏军队，将宋平城围了起来

（今越南河内）。

经过十几天连续不断的攻城，眼看宋平城就要被攻克，但这时候却出现了意外。

原来监军李维周（太监）十分讨厌高骈，高骈的捷报送到后方之后，他竟然全部给压了下来。

李漼连续几个月没有得到高骈的消息，便派使者去询问李维周。

李维周竟然欺骗李漼说，高骈驻扎在峰州，一直不敢进兵。

李漼勃然大怒，随即任命右武卫将军王晏权为安南都护，以接替高骈。

迫不得已，高骈只好带领一百多人，准备回到长安。

幸运的是，当高骈一行到达海门的时候，李漼终于通过其他渠道，得知了前线的战报。

所以，李漼急忙恢复了高骈安南都护职位，让其到前线继续领兵打仗。

866年十月，高骈经过不懈努力终于攻克了宋平城，斩杀敌军三万多人，收复了整个安南。

战报传至京城，李漼大喜过望，宣告大赦天下，并向安南、邕州等地颁发诏书，要求唐军各保疆域，不再进攻南诏。

另外，李漼又向南诏首领酋龙伸出了橄榄枝，声明如果南诏能与大唐修复旧好，就赦免南诏的一切罪行，概不追究。

可惜，酋龙把李漼的忍让当成了放纵的资本，他不但没有收兵，还在四川地区不断地侵犯唐朝的边境。

于是，李漼又把高骈调到四川，和南诏连续打了将近十年。直到875年高骈在大渡河大败南诏军，斩杀几万人，活捉几十名酋长之后（作战过程不详），南诏才收敛了许多，没有再闹出更大的动静。

897年，南诏终于被自己的权臣郑买嗣所灭。讽刺的是，郑买嗣居然是被南诏俘虏的唐朝县令郑回的子孙。

至此，唐朝以孱弱之躯，终于熬死了所有的死对头，包括吐蕃、回鹘、南诏等。

但高骈的故事还没有结束，十几年后黄巢起义爆发后，他还将再次出现，左右整个战局。

好不容易收复了安南之后，日渐衰落的唐朝又爆发了内乱——868年唐朝自己的士兵又反了。

当年收复安南的时候，李漼曾下过一道诏令，在徐泗镇（今徐州、泗水一带）招募两千名士兵前去援助安南，其中有八百人被分配到了桂州（今广西桂林）。

最初约定这些人三年轮换一批，但是徐泗观察使崔彦曾忒不是个东西，这八百人在桂州驻扎了六年，他仍然以轮流替代费用太多为由，让他们再驻扎桂州一年。

而这群士兵本身就不是什么善类，例如都虞候许佶、军校赵可立等人以前都是徐州的强盗，政府不能消灭他们，才用招安的办法让他们成为吃公粮的军人。

所以，这群人大怒不已，当年七月便发动兵变，杀了主管领导，推举粮料判官庞勋为主帅，向徐州杀了过去。

极其夸张的是，南方州县因为承平日久，面对这八百人的劫掠，竟然毫无还手之力，以至于这八百人，走到哪抢到哪吃到哪，畅通无阻。

李漼看到事情越搞越大，急忙派了一名太监前去赦免这八百人的罪行，并由官府出资，送他们回到徐州。

这件事本来就要这么结束了，但是，庞勋等人根本不相信朝廷。

原因也不复杂，几年之前，徐州的"银刀七军"，因为驱逐了徐州节度使，就被王式全部给砍了。如今，他们杀了朝廷命官，而且走一路抢了一路，朝廷怎么可能会真正地赦免他们？

所以，他们到达徐城县（今江苏泗洪）以后，就正式举起了造反的大旗。

几天之后，他们便顺利地攻陷了宿州，并把城里的金银珠宝全部聚集起来，让老百姓随意来取。

老百姓多纯真啊，一听说有钱拿，便撒开脚丫子，以百米冲刺的速度跑了过去。

但天下哪有免费的午餐，等大伙分完钱准备走的时候，庞勋一把拉住了他们，嘿嘿一笑，兄弟，你还是过来当兵吧。

什么，你上有八十老母，下有三岁小儿，不想当兵？那老子就送你一程，让你下辈子投个好胎。

就这样，一天时间之内，庞勋的队伍就发展到了几千人。

868年十月八日，徐泗观察使崔彦曾听说庞勋已经占领宿州，距离徐州只剩下两百里，急忙命令都虞候元密，率领三千人前去平叛。

经过几天的行军，元密终于赶到了宿州城下，就在唐军磨刀霍霍准备攻城的时候，原本晴朗的天空，突然之间乌云密布、阴风大作，而风的方向，正好刮向了唐军。

庞勋大喜，立刻命令叛军制备火箭，朝着城外的茅屋以及唐军的军营射了过去。

不一会儿工夫，唐军军营就乱成了一团，哭爹喊娘声此起彼伏。

庞勋趁机率领几百名叛军冲出城外，朝着唐军的脑袋一通招呼。

一番乱战下来，唐军被杀了两百多人。元密只好领军后退了几里，再次安营扎寨。

庞勋虽然旗开得胜，但此战也让他认识到了自己与唐军的差距。

唐军已经被大火烧得乱成了一锅粥，自己率领几百人冲过去，才杀了两百多人，这样的战斗力，无论怎么看，都不及格。

所以，当天晚上，庞勋便召集一批妇女，让她们在城楼上猛捶战鼓，装作要进攻的样子。而他自己则派兵抢夺了三百艘大船，装满了粮食军资，顺着汴水偷偷地溜出城外，准备落草为寇。

第二天一早，元密正准备组织唐军攻城，却发现庞勋早就跑了。

于是，元密也顾不上吃饭，带领着唐军就猛追了过去。

还别说，唐军的体力那是相当的不错。只用了一上午的工夫，就用两条腿追上了这三百艘大船。

元密见士兵们已经饥饿疲惫到极点，便准备休息一下，再去战斗。

可是庞勋却给唐军设下了一个诱饵，他让三百艘船停在岸边，只带领一部分老弱病残在岸边列阵，还不停地挑衅唐军。

元密大怒不已，这辈子只有自己调戏良家妇女，哪有别人来挑衅自己。再加上叛军都是一群老头，所以，他一声令下，提起大刀，带着士兵，就朝叛军猛砍了过去。

等唐军快要杀到跟前的时候，庞勋大喊一声："快跑啊！"

叛军一溜烟就跑到了水里。

唐军以为对方被吓傻了，在后面就是一通狂追。

但是，等唐军紧赶慢赶，追到船边的时候，他们才惊讶地发现，原来上了庞勋的当，那三百艘船里还埋伏了几千名叛军。

唐军顿时厉了半截，虽然有一些唐军拼死力战，但饥饿早已渗透到他们的每一个毛孔，败局已定。

双方从中午一直厮杀到黄昏，唐军被杀一千多人，被俘一千多人，元密等将领全部战死，没有一人逃出战场。

经过此战，庞勋信心大增，瞬间觉得自己天下无敌。所以，他又打消了落草为寇的念头，带领着手下的六七千人，朝着徐州城狂奔而去。

有人劝说徐泗观察使崔彦曾赶紧弃城逃跑，但崔彦曾在最后的关头，表现出了难得的品质。

他将劝自己逃跑的人立刻斩首，并表示自己身为元帅，守城是自己的职责，城破不过殉国而已。

可惜的是，守城只是军人们的一厢情愿而已。那些失去了土地、活不下去的黎民百姓早就厌恶了这个国家。

他们看到叛军之后，纷纷箪食壶浆，出力出钱。没过几个小时，在老百姓的帮助下，庞勋就攻克了徐州的外城。

崔彦曾急忙带领守军，退到内城继续抵抗。但老百姓们又主动推来了装满干草的车辆，一把火烧掉了内城的城门。

随后，崔彦曾被抓，软禁在大彭馆，不久被杀。而那些被俘的唐军将领的下场，则极其惨烈，极其血腥。

叛军把他们的肚皮全部剐开，剁成了碎片，其家属也被全部斩杀。

徐州城就此落入庞勋之手。

一百九十七　血战泗州，唐朝连隐士都这么猛

庞勋占领徐州之后，便飘了起来，用极其傲慢的语气给唐懿宗李漼上了一封奏疏，大概意思是说：我有十万雄师，你赶紧下诏让我当节度使，否则我就统率数万大军，打到长安！

李漼看罢，气得直想吐血，立刻命令右金吾大将军康承训、神武大将军王晏权、御林将军戴可师等人，率军七万，兵分三路朝着徐州杀了过去。

在康承训的建议下，沙陀族一个部落的老大朱邪赤心，也率领着骑兵参与了这次平叛。而朱邪赤心还被李漼赐了一个名字——李国昌，他的儿子就是大名鼎鼎的李克用。

就在这三路大军杀向徐州的时候，距离徐州五百里的泗州城下（今江苏盱眙），早已爆发了一场又一场激烈的战斗。

泗州位于徐州和广陵（今江苏扬州）之间，由大运河相连，是江南财税运往洛阳、长安的必经之地，位置极其重要。

所以，庞勋拿下徐州之后，就急忙派大将李圆率领五六千人去攻打泗州。

李圆觉得泗州只有一两千名官军，看到自己率军前来，肯定会不打自降。所以，他就派了一百名士兵充当前锋，大摇大摆地跑到泗州，准备接管仓库。

事实果然如李圆所料，这一百名叛军抵达泗州城下之后，泗州刺史杜慆就投降了，还派了一群美女站在城下，举着大标语，欢迎他们入城。

这一百人大喜不已，一边流着口水，一边撒丫子就跑进了城内。

但是，刚刚入城，他们就立刻体验到了"色字头上一把刀"的滋味，埋伏在城门两边的刀斧手瞬间将他们剁成了肉泥。

李圆恼羞成怒，第二天便带着几千名叛军，气势汹汹地赶到泗州城，对其发动了猛烈的攻击。

但是，泗州刺史杜慆早有准备，在他的指挥下，一批又一批的利箭、石块、滚水，朝着叛军的脑袋招呼了过去。

不一会儿，叛军就被搞死了将近一千人，李圆只好鸣金收兵，屯驻于城西，并向徐州请求援军。

庞勋大为恼火，因为这是他起兵以来的第一场败仗，而且还是以多败少，所以，他就撤了李圆的主帅之职，让另一位大将吴迥带领一万多人，火速赶往泗州。

眼看城下的敌人越来越多，泗州内外顿时人心惶惶，老百姓们纷纷携家带口朝着南方逃去。

在这人群之中，却有一位五十岁的老者，偏偏逆流而上，朝着泗州赶了过去。

此人名叫辛谠（dǎng），出身于将门世家，是唐玄宗、代宗时期宰相、金城郡王辛云京的孙子。按说如此好的出身，此时应该高官厚禄才对，但他却淡泊名利，不愿为官，一直到五十岁还是平民百姓，在广陵闲居。

不过，他的淡泊名利和那些只会高谈阔论、眼高手低的所谓隐士不同，他不愿为官，只是不愿与官场的蝇营狗苟狼狈为奸而已。

他之所以在这个时候赶往泗州，并不是他神通广大，有退敌之策，而是因为杜悟是他最好的朋友，更重要的是，他要实现他一直以来的梦想——匡扶国难！

很多人可能不理解他这种"怪异"的梦想。国家平安时，你没有在体制内食君之禄，国家危难时，你却要挺身而出，怎么着也轮不到你啊！

不但我们不理解，见到他的所有人都不理解，逃难的老百姓们纷纷劝他："大家都往南走，您却独自北行，不是去找死吗！"

辛谠微微一笑，没有说话。

他知道，在这些逃跑的人中，讲再多"国家兴亡，匹夫有责"的道理也没有用，他们只会以为你是读书读傻了的傻子。

到达泗州城以后，辛谠并没有直接劝说杜悟坚守城池，而是用激将法，劝说杜悟弃城逃跑。

杜悟大吃一惊，作为自己最好的朋友，怎么可以在这个时候说出这种话。

于是，他义正词严地表示，平安享其禄，危难弃其城，非君子所为，自己心意已决，一定要与泗州共存亡。

听到这句话，辛谠长舒一口气，满意地笑了！

这个朋友没有白交，来吧，让我陪你一起守城。城在你在，城亡你亡，你在我在，你亡我亦亡！

杜悟大喜不已，抱着辛谠号啕大哭，随即任命辛谠为团练判官，发誓保卫泗州，至死方休。

在他们两人的严密配合之下，经过十几天的浴血奋战，泗州城终于抵挡住叛军一轮又一轮的进攻。但是，唐军也损失惨重，疲惫至极。

这时候，太监郭厚本正好率领一千五百名淮南军队，赶到了泗州附近的都梁山，准备救援泗州。但是，郭厚本又是一个废货，看到叛军强盛，竟然不敢前进。

一天，辛谠趁着夜色，乘坐小船偷偷地溜到都梁山，劝说郭厚本赶紧进军。可是无论辛谠如何劝说，郭厚本依旧畏缩不动。迫不得已，天亮之后，辛谠只好又驾船回到泗州城。

两天之后，叛军对泗州城发起了更加猛烈的进攻，差一点就烧毁了泗州城的水门，城中将士已经拼杀到了极限，泗州城危在旦夕。

辛谠再次向杜惛表示，自己准备前往都梁山求救。

杜惛一声感叹，说道："您上次去没有搬来救兵，今天再去又有何用？"

"这次去，如果能搬来救兵，我就活着回来，搬不到救兵，我就死在那里。"辛谠回答得极为坚决。

说罢，两个人抱头痛哭，挥泪而别。

幸运的是，经过辛谠苦口婆心的劝说，这一次郭厚本终于被说动了。

但是，郭厚本的手下大将袁公弁却站了出来，劝说郭厚本，叛贼势力过于强大，大家自保都难，不应再去援救泗州！

辛谠大怒，拔出剑来，瞪着眼睛，大声骂道：

"泗州城危在旦夕，你受皇命而来，却逗留不前，岂止是上负国恩！如果泗州城不守，淮南就要遭殃，你又怎能独存？我应当先宰了你，然后自杀！"

说罢，辛谠愤然起身，举起剑来，朝着袁公弁砍了过去。郭厚本见状，急忙起身抱住辛谠，让袁公弁赶紧退场。

辛谠仰天长叹一声，回头望着泗州，痛哭不已。

郭厚本见此情景，终于被感动了，不过他只是给辛谠派了五百人而已。

辛谠对着郭厚本和五百名将士，拜了几拜，又一次踏上了不归之路。

可是当这群士兵到达泗州城附近的时候，又一次出现了意外。

大家看到叛军正在围攻泗州，形势异常严峻，有一个将领突然就尿了，大声喊道："贼军势强，好像已经入城，大家还是回去吧。"

说完，这名将领撒开脚丫子就往回跑。

辛谠大惊，三步并作两步，追了上去，一手抓住这名将军的头发，一手举起剑就准备砍了他。

士兵们一看，被抓的人正是自己的判官，赶紧过来求情。

辛谠大怒说道："临阵信口胡说，妖言惑众，绝不能免他一死！"

大家见求情无效，也不管那么多，一拥而上就要夺取辛谠手中的剑。但辛谠不愧为将门出身，力气极大，一群年轻小伙，竟然无法靠近。

双方僵持不下，而泗州城又急需救援，辛谠只好退让一步，表示只要大家登船入城，就放了判官。

于是，这群人才慢悠悠地登上船，向泗州城划了过去。为了防止有人再逃跑，辛谠一直提着剑站在船后，只要看见有谁回头，就提剑砍谁。

不一会儿，船便划到了泗州城下。辛谠一马当先，带领着五百名士兵，就向叛军发动了突然袭击。

此时，杜慆正好在泗州城上布置军队，看到辛谠派援军前来，顿时士气大振，急忙派军接应，经过半天的激战，这五百人终于进入了城内。

十天之后，唐朝大将翟行约，率领四千名援军，准备救援泗州城。但是，刚刚到达城下，翟行约就被叛军围了起来，经过一天的浴血奋战，竟然全军覆没。

叛军拿下翟行约之后，趁机攻下了都梁山，斩杀了郭厚本。

几天之后，唐军大将戴可师，率领三万大军，赶到了泗州城附近，准备先拿下都梁山，再去救援泗州城。

叛军看到唐军如此势大，便忽悠戴可师，自己准备出城投降，如果戴可师准许投降，就后退几里，以示诚意。

戴可师骄傲自大，还真的后退了五里。等到第二天准备去受降的时候，他才发现，叛军早就乘夜逃跑，只留下了一座空城。

被别人忽悠了，按说应该生气才对。可戴可师脑回路非同常人，他觉得敌人是被自己吓跑的，竟然不再设防。

于是，刚刚逃跑的叛军，又带领着几万人杀了回来，把三万唐军打得几乎全军覆没，只有几百人逃了出来，戴可师也被砍了脑袋。

泗州顿时变成了孤城，再也没有了援军。

辛谠见状，便第三次向杜慆提出，让自己出城，向淮、浙地区请求救兵。

当晚，辛谠率领十名敢死队员，手持长柄斧，乘坐小船，和叛军激战三十里，再一次杀出了泗州城。

五天之后，辛谠顺利到达镇海（今镇江）。

镇海节度使杜审权，本以为泗州城早已陷落，看到辛谠之后，才知道原来泗州打得如此艰难，顿时感动不已，立刻派了两千名士兵，携带五千斛大米、五百斛盐，前往援救泗州。

869年一月，辛谠率领两千名援军，终于抵达了泗州。

没想到，意外又一次出现了，和上一次的五百人一样，这两千人看到叛军之后也怂了。

辛谠见状，着急地一边跺脚，一边对诸位将领大喊道："我当前锋，得胜之后，你们就跟我前进，如果失败，你们就赶快撤退。"

可是，这群将领仍不敢进军。无奈之下，辛谠只好招募了几十名敢死队员，驾着三艘米船和一艘盐船，向泗州城直冲过去。

叛军立刻两岸夹击，一时间箭如雨下，四艘船瞬间变成了刺猬。但辛谠和这几十名敢死队员，早就将生死置之度外，依然冒着箭雨疯狂地向前划桨。

正所谓，狭路相逢勇者胜，在辛谠不要命的砍杀之下，四艘战船终于划进了泗州城内。

泗州城上，欢呼之声震天动地，杜慆及其部将，纷纷哭着前往迎接。

看到辛谠带领四艘船都能进入泗州城，那两千名士兵顿时信心暴涨，也纷纷朝着泗州城涌了过去。

但是，在距离泗州城还有几里时，他们遭到了叛军的疯狂进攻，叛军将一艘艘火船摆在淮水中间，让他们根本无法通过。

于是，辛谠再一次率领数百名敢死队员，冲出了城外，前去迎接援军。在内外夹击之下，叛军终于败退，船队得入泗州城。

几个月之后，泗州城的粮食又快吃完了。辛谠第四次冲出泗州城，转战一百多里，来到扬州等地求救。

扬州刺史给了辛谠四百多人，以及二万石盐米、一万三千缗钱，让他救援泗州。

有再二再三，没有再四再五。叛军见辛谠完全把自己当成了透明人，想进就进，想出就出，愤怒到了极点。于是调集一万多人，以及一百五十多艘战舰，前去围堵辛谠。

双方在泗州城附近，从早上五点打到了下午一点，辛谠虽猛，但毕竟也是人啊，四百多人打一万多人，即便是草原平头哥，也不敢如此生猛。

所以，唐军越打越弱，终于到了扛不住的时候。

千钧一发之际，辛谠灵机一动，突然想了一条妙计。

他派了几艘小船，趁着混战之际，悄悄地溜到敌军大船的下方，在长矛上绑了几把干草，扎入了船身，然后点燃了干草。

水面之上，本来就容易起风，所以，不一会儿工夫，叛军的几艘战舰就着起火来，火借风势，风助火威，越烧越大。叛军一看大事不妙，纷纷跳船就跑。

辛谠趁机赶紧带领船队，进入了泗州城。

就这样，在辛谠、杜慆等人不懈努力之下，泗州城一直坚守了整整七个月。

守城唐军因为没法睡觉，脸上和眼睛上全都长了脓疮，但他们依旧坚守在一线，没有让叛军前进一步。

869年五月，唐朝另一大将马举，终于率领三万唐军，杀到泗州城下，大败叛军，解了泗州之围。

泗州解围之后，其他几路唐军也进展神速，连战连捷。当年十月，终于彻底平定了庞勋之乱。

辛谠因功，被授予了一个小官，任泗州团练判官、侍御史。杜慆则被升为郑滑节度使，辛谠又跟着杜慆到了郑滑，成为杜慆的谋士。杜慆死后，辛谠便辞去官职，再次到江东隐居起来。

事了拂衣去，深藏身与名。

辛谠以平民之身，一己之力，坚守一座孤城。其勇猛可歌，其精神可泣，其灵魂之伟大，放眼三百年唐朝，除了李泌之外，再无他人。

可是，这么一个人，立功之后，却只被封了一个小官，这样的朝廷实在让人唏嘘不已。

而沙陀部落老大李国昌，却因功被提拔为单于大都护、振武节度使，为他几年之后反叛唐朝、割据一方打下了基础。

至此，除了高骈还在四川与南诏大战之外，唐朝的内部终于迎来了难得的安宁。只是这安宁，只有短短的五年时间而已。

873年，年仅四十岁的唐懿宗李漼，终于把自己的命给玩没了。

这年春天，他突然派了几名太监，前往法门寺，准备迎回佛骨。大臣们见他又要胡闹，便纷纷跑过来劝他，当年唐宪宗李纯要迎佛骨，结果没几个月就驾崩了，佛骨可不是什么好东西啊。

可是，李漼根本不听，并放出话来，只要能见到佛骨，就算是死了也值。于是，他派人在宫中大兴土木，建造迎接佛骨的佛塔、宝帐等。

当年四月，李漼朝思暮想的佛骨，终于被迎到了京城。为了拍皇帝的马屁，京城的达官贵人们，全部在门口张灯结彩，布施钱财。大人小孩们也全部涌上街头，比元宵节灯会还要热闹。

李漼站在城楼之上，看到如此场景，顿时激动不已，泪水像断了线的风筝，哗哗地直往下流。

但这一激动，却要了李漼的小命，仅仅过了两个月，他便一病不起了。

因为李漼这一辈子只顾着玩耍，所以便一直没有立太子。神策军左军中尉刘行深与右军中尉韩文约，便假传圣旨，把他最小的儿子、年仅十二岁的普王李俨，立为了太子。

七月十九日，李漼在咸宁殿驾崩，当天，李俨在灵前即皇帝位，是为唐僖宗。

唐朝终于迎来了最乱的时刻，一个屡考不中的落榜私盐贩子，即将上场了。

一百九十八　黄巢起义为什么能乱十年

　　因为黄巢起义后《唐实录》丢失，所以大唐最后三十多年的历史，史书基本都是按照流水账的形式记录的。

　　即某年某月某日发生了某事。政治斗争没有智慧，战场厮杀没有计谋，基本上没有细节可言，更没有隋朝末年那样的名将辈出、跌宕起伏、波澜壮阔。

　　巧妇难为无米之炊，所以我们的唐朝史，在此就要按快进键了。

　　接下来的文章，我们不再采用类似小说的笔法，刻画人物形象，揣摩人物心理，渲染战争画面，而改用类似议论文的形式，提出问题，分析问题，从大历史的角度出发，去剖析剩下的让人心疼、愤怒与不舍的三十年。

　　黄巢起义为什么能乱十年之久（875年至884年）？

　　最根本的原因，肯定是我国古代每隔三百年左右就要来一次的"马尔萨斯陷阱"。

　　即人口的增长速度，超出了土地的承载能力，粮食不够吃了，人们就得通过自相残杀的方式，把多余的父老乡亲杀死，然后重新分配土地，走向下一个轮回。

除此之外，还有两个主要原因：政治原因和军事原因。

第一，政治原因。

强，总是全面的强。弱，总是全面的弱。

我们去看一个强者，大概率会发现他的各个方面都很强，行动能力强，学习能力强，理解能力强，沟通能力强。

我们去看一个弱者，大概率会发现他的各个方面都很弱，又笨、又懒、又不爱学习，又自以为是，又顽固不化。

国家的兴亡，其实和人也一样，强大的时候各个方面都极强，贫弱的时候各个方面都极弱。

大唐在建国两百五十五年之后（873年），就遇到了这么一个情况——全面的弱。从中央到地方，从文官到武将，全都巨烂无比。

新任皇帝唐僖宗李儇，年仅十二岁，刚刚小学毕业，什么也不懂。

再加上他和他爹一样特别喜欢玩，蹴鞠、斗鸡、马球样样精通。所以，他就把国家大事以及神策军的兵权，全部交给了贴身太监田令孜，并称田令孜为"阿父"，也就是干爹的意思。

而田令孜又是一个王八蛋，平常只会干两件事：

第一件，拍皇帝李儇的马屁。李儇喜欢给人送礼物，以至于国库耗尽，田令孜就给李儇出了一个主意，把长安两市商人们的货物全部没收，送入内库，如果有商人不满，直接打死。

第二件，贪污腐败，卖官鬻爵。谁想当官，给他送礼即可，不必向皇帝汇报。

在这两位爷的带领之下，满朝文武大臣基本都成了溜须拍马、毫无底线的宵小之辈。

例如宰相卢携和郑畋（tián）两个人，就非常地讲原则，即对方支持的，自己就反对，对方反对的，自己就支持，而不管对国家是否有利。

当然，他们在个别问题上，还是有共识的，例如拍马屁。

有一年北方闹了蝗灾，蝗虫遮天蔽日，所过之处五谷皆毁，颗粒无收，老百姓们连草籽、槐树叶都吃没了，京兆尹杨知至却向李俨上奏称："蝗虫飞入京畿地区，不吃庄稼，全都抱着荆棘自杀了。"

对这种鬼都不敢相信的鬼话，这两位宰相竟然达成了共识，赶紧跑入朝堂向李俨报喜。

庙堂之上如此糜烂，江湖之远可想而知。

但老天爷还觉得不够乱，在李俨登基的当年，又送来一份大礼——关东、河南地区发生大水灾。

第二年，华北、关中地区又发生大蝗灾，老百姓们只能坐地等死，再把尸体扔入山沟之中。

宰相卢携虽然一心内斗，但也意识到问题的严重性，所以，急忙劝说李俨免除税收，打开义仓，赈济百姓。李俨同意，下诏准备实施。

但是，大唐周边的少数民族，又在此时送来第二份大礼：南诏、党项，甚至已经灭国的回鹘，趁着唐朝衰弱之机，扑上来狠狠地咬了几口。

尤其是南诏，以几万大军不断地攻打四川，唐朝派名将高骈，率领军队与之打了十年之久，才把对方打服。

迫不得已，朝廷只好又征兵加税，以御外侮，但老百姓哪里还有一滴血汗可供压榨。

于是，农民起义，风起云涌，大唐内外，战火四起，王朝末日，终于来临。

874 年年底，也就是李俨即位的第二年，私盐贩子王仙芝，率先在濮州濮阳（今河南濮阳）举起了造反的大旗，自称均平天补大将军、兼海内诸豪都统，率领起义军攻克了曹州、濮州。

875年六月，王仙芝的好朋友黄巢，在曹州冤句（今山东菏泽）率领几千名活不下去的农民，起兵响应。

黄巢，祖祖辈辈以贩卖私盐为生，家中十分富有。

因为在古代贩卖私盐，和现在贩卖毒品差不多，都属于风险性极高的行业。所以，黄巢从小开始便练就了一身武功，剑术、马术、箭法样样精通。

但他的文学造诣和武艺水平却不成正比，所以他成年之后，曾经几次参加科举考试，但都名落孙山。

于是，他一怒之下，便写了一首名传千古的《不第后赋菊》：

待到秋来九月八，我花开后百花杀。

冲天香阵透长安，满城尽带黄金甲。

之后，他就离开长安，继承祖业，成为当地的盐帮老大。

在王仙芝和黄巢的模范带动之下，华北地区走投无路的农民，以及当年庞勋造反的余部，全部争先恐后投奔了义军，几个月内，义军便发展到几万人。

左拾遗侯昌业上书唐僖宗李儇："潼关以东盗贼遍地，皇帝你却不关心政事，一心只想着游戏，让太监田令孜专权。最近又发生了日食，天象变异，你不能再这么干了啊！"

面对大臣的忠言进谏，李儇竟然恼羞成怒，把侯昌业叫到宫中，逼迫他自杀了。

如此一来，再也没有人敢进谏了，忠臣本来就稀少的朝廷，终于彻底黑化。

第二，军事原因。

军事原因可以分为两个阶段来分析：

第一个阶段，前期，黄巢为什么能够高歌猛进，打进长安？

875年十一月，在王仙芝、黄巢等人劫掠了十几州之后，李儇终于意识到了问题的严重性，急忙命令大将宋威，率领淮南、忠武、宣武、义成、天平五军节度使，以及三千五百名禁军，镇压起义军。

876年七月，经过八个月的浴血奋战，宋威在沂州（今山东临沂），大败王仙芝。

这本来是一件喜事，唐军若是再接再厉，估计还能取得更大的胜利。但是宋威竟然虚报战果，说自己已经把王仙芝诛杀了，要求朝廷遣返诸道兵马。

李儇和大臣们大喜不已，赶紧举办庆祝晚会。

但是，几天之后，他们又得知王仙芝原来没有死，还在到处抢掠。

这时候，诸道的军队已经回到了大本营，将士们正在和老婆感受小别胜新婚的快乐。朝廷一纸调令，又把他们调集到前线，导致这些将士极其不满，甚至萌生了造反的念头。

王仙芝趁此机会，再次做大做强，连续攻占了阳翟（今河南禹州）、郏城（今河南中牟东）、汝州（今河南汝州）等地，直逼东都洛阳。

李儇大惊失色，急忙下诏赦免王仙芝，并授予其官职。

但诏书还没有到达前线，唐军便再一次大败王仙芝，使其不敢西进。王仙芝调转马头，向如今的武汉附近杀了过去。

876年十二月，转战几千里之后，王仙芝来到了蕲州城下（今湖北蕲春）。

蕲州刺史裴渥自知不是王仙芝对手，便搬出了李儇的圣旨，希望招降王仙芝。

此时，王仙芝在唐军的不断围剿之下，只剩下五千多名士兵，所以，就接受了招降。

裴渥很高兴，把王仙芝、黄巢等人叫到城中，举办了一场盛大的联谊晚会。

李儇也很高兴，下诏任命王仙芝为左神策军押牙兼监察御史，并派了一名太监，把委任状送到了蕲州。

王仙芝更加高兴，接到委任状之后，便准备到长安任职。

可是，唯独黄巢很不高兴！

因为朝廷没有给他一官半职。

因此，他大怒不已，拿起板砖就把王仙芝摁在地上狠狠地揍了一顿。

王仙芝被打得瑟瑟发抖，又把委任状扔在地上，表示自己永不为奴。

于是，王仙芝和黄巢带领着五千多人，在蕲州城内大肆劫掠一番，烧毁了全部房屋，屠杀了一半的百姓。

唐朝第一次招降计划，就此破产！

随后，王仙芝带领三千多人南下，黄巢带领两千多人北上。

在之后的一年时间里，王仙芝攻陷了湖北的鄂州、随州等地。

黄巢攻陷了山东的郓县、临沂等地，起义军发展到十几万人。

总之，北至黄河、南至长江一带，被农民起义军搅得是天翻地覆、鸡犬不宁。

878年一月，王仙芝率军在江陵（今湖北荆州）大肆烧杀抢掠一番，使得江陵附近的一百多万百姓，死掉了至少三四十万。

王仙芝的暴行，引起了老百姓们的强烈不满。

大唐招讨副使曾元裕，趁此机会主动出击，终于大破王仙芝军，斩杀五万多人，并砍掉王仙芝的脑袋，传送到了长安。

王仙芝余众急忙北上，找到黄巢，推举黄巢为盟主，号称"冲天大将军"，改年号为王霸。

就在唐军和农民起义军大战的时候，唐朝振武节度使李国昌和儿子李克用（沙陀族）起了异心，活剐了大同防御使段文楚等五人，并用马把他们的尸体踩成了肉泥，占领了大同、振武两镇。

李俨大怒，急忙调兵遣将，前去镇压李国昌、李克用的叛乱。

李克用的战斗力，大家都知道，在唐朝末年属于顶级的存在。所以，唐军打了整整两年，才打败李国昌、李克用父子，将其赶去内蒙古的草原喝风。

趁着唐军对付李克用之机，黄巢率军一路南下，在之后的一年时间里，先后流窜到山东、河南、安徽、浙江、福建等省，斩杀了五万多名唐军。

878年十二月，黄巢攻陷福州。

在宰相卢携的推荐之下，正在四川与南诏作战的名将高骈，被调到了东南，全权负责平叛事宜。

高骈追着黄巢一路猛砍猛打，连赢十几场，还逼降了黄巢的十几员大将。

黄巢见大事不妙，只好率军逃到了广州，并上书朝廷，只要任命自己为天平节度使，就归顺朝廷。

但是，李俨觉得黄巢已经穷途末路，不配当天平节度使。

黄巢没有气馁，再次上表朝廷，乞求能够得到广州节度使的职位。

李俨把文武大臣们召集起来，讨论此事。

宰相郑畋认为，黄巢的这个要求并不过分，农民起义已经爆发五年了，天下民不聊生，国家亟须休养，而广州又是偏僻之地，给了黄巢并无大碍。

可是宰相卢携却打起了小算盘，因为高骈是自己推荐的猛将，他觉得只要高骈再努力一把，一定能够灭了黄巢，自己就能得到封赏。所以，他便极力反对招降黄巢。

唐僖宗李俨也不知道如何是好，只好中和了一下两位宰相的意见，提出可赐给黄巢小一点的职务。

879年六月，经过宰相们激烈的讨论，大家终于商讨出来一个官职——率府率（东宫侍卫队长，正四品上）。

等待了几个月，却被封了一个"弼马温"，黄巢大怒不已，当即撕毁任命书，派军猛攻广州城，当天便攻下了广州。

由此，唐朝错失了第二次招降黄巢的机会。

不过，拿下广州之后，黄巢也没有高兴几天。不是因为唐军来了，而是因为他手下的农民起义军都是北方人，到了广州之后极不适应，很快便因为瘴疫死了十分之三四。

于是，黄巢又带领着部下，跑到了桂州，制造了几十个大木筏，沿湘江顺流而下，攻陷了潭州（今湖南长沙），并杀了数万唐军，将其尸体全部抛入湘江之中。

十几天后，黄巢率领军队攻占了江陵，直逼襄阳。

大唐山南东道节度使刘巨容和江西招讨史曹全晟（zhěng），急忙合兵一处，对黄巢围追堵截。

双方在荆门大战一场，唐军采用诱敌深入之计，终于取得大胜，俘虏和斩杀黄巢军十分之七八。

黄巢收集余众，渡过长江，向东逃去。

有人劝说刘巨容乘胜追击，便可以将黄巢军斩杀殆尽。

但此时刘巨容已经对这个黑暗无比的朝廷失去了所有的期望，他说道："国家根本没有信用可言，危难之时不惜官爵，事平之后却坑害功臣，倒不如养寇自重。"

没想到，刘巨容一语成谶，黄巢攻陷长安之后，唐僖宗外逃成都，刘巨容引兵平叛，并在后来护送唐僖宗回京，功勋卓著。但是，黄巢覆灭仅仅四年，他即被唐僖宗毒杀，并被灭了全族。

没有了追兵，黄巢便得到了喘息之机，又一路向东，连续掠夺了饶州、信州、杭州等十五个州，部众发展到二十万人，势力再一次膨胀起来。

唐朝第三次错过了消灭黄巢的时机。

不过，黄巢这一次也没有膨胀多久，还没过几个月，他又在淮南遇到了名将高骈，高骈二话不说，举刀就砍，连续几次把黄巢打得大败而逃。

更不幸的是，880年五月黄巢军又在信州（今江西上饶）遇到了传染病，士兵死了一大半。

高骈深知"趁其病、要其命"的道理，急忙派大将张璘猛攻黄巢，将其打得嗷嗷直哭。

无奈之下，黄巢只好再次使出了假降的计谋。

高骈虽然猜到了黄巢是假降，但他觉得可以玩儿一个计中计，利用这次假降，设下鸿门宴，诱捕黄巢。于是，他就同意了黄巢的投降。

当时昭义、感化、义武等镇的军队，已经赶到了淮南。高骈觉得，自己的鸿门宴大概率能够成功，害怕这些军队瓜分他的功劳，于是，他竟然上奏朝廷，黄巢马上就可以平定，不用麻烦诸道的军队，希望将这些军队全部遣归本镇。

李俨信以为真，批准了高骈的奏请。

黄巢听说以后，大喜过望，立刻翻了脸，又和高骈干了起来。

高骈怒气冲天，再次命令张璘向黄巢进攻。但是，张璘因为大意，被黄巢打得大败亏输，自己也战死在沙场之上。

于是，黄巢的势力又一次迅速壮大，不久之后，发展到了十五万人。

这是唐朝第四次错过了消灭黄巢的机会。

俗话说，有再一再二，没再三再四。老天爷已经给了唐朝四次机会，但是，由于唐朝中央政治腐败，加上将领们各怀鬼胎，一次也没有抓住。

胜利的天平，由此开始向黄巢倾斜。

880年七月，黄巢率领十五万大军渡过长江，朝着洛阳杀了过去。

唐朝急忙命令高骈率军镇压，但是，这时候的高骈已经起了异心，准备割据江南。

所以，高骈假装得了中风，龟缩起来，无论李儇如何催促，他都不再派兵作战。（高骈最终也没能割据江南，七年之后，被部下所杀。）

李儇急忙下诏，在各地招募军队，奔赴前线抵御黄巢。

但是，这些刚刚招募的军队，成分异常复杂，大部分都是乱民。

当年九月，黄巢还没有打到洛阳，一支路过洛阳的唐朝军队就发生兵变，烧掉了洛阳的安喜门，并大肆抢劫了一番。

有这样的猪队友捣乱，唐军如果能打得过黄巢军也就怪了。

更令人气愤的是，唐朝的河中都虞候王重荣，也起了异心，举兵造反，把河中城抢夺一空。

唐朝的河中，就是今天的山西永济蒲州。我们以前讲过，从三门峡进入关中只有两条路，一条是潼关，一条是蒲坂津，也就是蒲州。当年曹操征马超，走的就是这条道。

如今河中一反，就意味着关中无险可守了。所以，李儇被逼无奈，只好任命王重荣为河中留后，希望他能够效忠朝廷，阻挡黄巢大军。

880年十一月十三日，黄巢攻入东都洛阳，自称天补大将军，气势汹汹地向长安杀了过去。

唐僖宗李儇大惊失色，急忙召集诸位宰相到延英殿商议对策。

宰相卢携，因为之前反对招降黄巢，自知有罪，所以宣称有病，躲在了家中，不敢上朝。

宰相崔沆说："以前安禄山只有五万人就打下了潼关，如今黄巢有六十万大军，咱们还是跑吧。"

宰相豆卢瑑说："以前哥舒翰率领十五万大军，都不能把守潼关，如今潼关只有一万多人把守，还是跑往四川好啊。"

大敌当前，宰相们竟然都是这种心态。

李儇被吓得嗷嗷直哭。不过，哭完之后，他又让太监田令孜带着自己去了神策军营，精挑细选了两千八百多名"炮灰"，准备送到潼关前线。

但神策军们一听说要打仗，瞬间也哭了，是真的哭，不是夸张。

因为这些神策军，大部分都是长安的富家子弟，他们之所以参军，完全是因为神策军工资高、待遇好，并且有太监的撑腰，但这些人根本没有上过战场。

于是，这群富家子弟，花钱雇了一些穷人，让他们代替自己前往前线。

临行之前，左神策军大将张承范，对唐僖宗进言："听说黄巢拥兵数十万，而潼关只有万人把守，今天让我率领两千多名士兵前去支援，也没有听说给我们调拨粮饷，就这样让我们去抗拒强敌，实在令我寒心啊。希望陛下能够赶紧调集诸道精兵，尽早做我们的后援。"

唐僖宗李儇拍着胸脯表示："你们先行一步，援军随后就到！"

880年十一月二十七日，张承范率军赶到华州，华州军民已经全都逃到了华山，只留下了一座空城。

幸运的是，华州仓库里还有一千多斛米，于是，这两千多人，就带上三天的粮食，火速赶往了潼关。

十二月一日，张承范率军到达潼关，粮食正好吃完。于是，他就向潼关守将齐克让要粮。

齐克让两手一摊表示，大兄弟，我们早就断粮了，咱们还是去抓老鼠、剥树皮吃吧。

张承范正准备骂娘，黄巢的大军已杀到了潼关之下，放眼望去，满山遍野，一望无际。

但张承范和齐克让并没有丝毫畏惧，立刻进入一级战斗状态，和黄巢大军展开了血战，双方大战一天，唐军勉强守住了潼关。

为了鼓舞士气，张承范把军中辎重和自己的钱财，全部散发给了将士，并派人向朝廷告急：

"我率军离京六天，士兵没有增加一人，军饷更未见到一分。到潼关之日，我以两千多人抗拒六十万敌众，如果潼关失守，我死而无憾。但听说陛下已经准备西巡蜀中，如果陛下撤退，我军必将土崩瓦解。希望陛下不要放弃潼关，紧急征兵前来救援，以保我大唐高祖、太宗创立之基业，使黄巢步安禄山之后尘，而微臣我即便战死，也比哥舒翰要强许多！"

十二月二日，黄巢再次率军猛攻潼关，张承范率军竭力抵抗，双方从凌晨三点打到下午三点，唐军的弓箭全部用尽，只好用石头砸向黄巢军。

当天晚上，黄巢再次率军猛攻潼关，张承范又坚守了整整一夜。

十二月三日早晨，唐军连石头也用完了。于是，黄巢终于拿下潼关。

唐军另一大将王师会，看到大势已去，伤心不已，就挥刀自杀了。

张承范身穿便服，率领残部逃往了长安。

走到半路，张承范才看到姗姗来迟的两千多名援军，可惜为时已晚。

到达渭桥时，张承范又看见了田令孜招募的新军，全都穿着新衣皮裘，不禁怒从心中起，恶向胆边生，大骂这些人，没有功劳，却穿得如此之好，而自己在前方浴血奋战，却要受冻挨饿！

于是，这位大唐勇士，瞬间变成了一条恶龙，下令抢劫了新军，并甘愿充当黄巢的向导，杀向了长安。

大唐河中留后王重荣，见唐朝大势已去，也投降了黄巢。

880年十二月五日，唐僖宗李儇在太监田令孜的引导下，只带领五百多名护卫，以及四个儿子，向蜀中疯狂逃去。

但他在逃跑的时候，却没有告诉宗室子孙以及文武百官。

于是，留在长安的唐朝宗室全部被黄巢所杀，一个不剩。

大部分文武百官，也成了黄巢的俘虏，宰相卢携当天喝药自杀，宰相豆卢瑑和崔沆被黄巢所俘，灭其三族。

唐朝时任宰相，被一网打尽。

当晚，黄巢率领大军进入长安，长安居民夹道欢迎，黄巢意气风发，向民众表示："我黄王起兵，本为了百姓！不像李唐皇帝，不恤百姓，你们只管安居乐业，不必恐慌。"

880年十二月十三日，黄巢在含元殿即皇帝位，定国号大齐，改年号金统，黄巢的势力至此达到了顶峰。

第二个阶段，后期，黄巢为什么屡战屡败，最终走向灭亡？

俗话说，打江山难，守江山更难。

打江山时，你只要武力惊人，就可能打下大片江山，如项羽、李自成。

守江山时，你却要文武双全，面面俱到，而黄巢正好就不是这样的人。

前面讲到，刚入长安时，他告诉百姓，自己起兵是为了天下百姓。

但是还没过几天，他的部下就开始出来大肆抢劫、到处杀人，尤其是唐朝官员，只要被抓到，全部处死，以至于整个长安，死尸满道，臭气熏天。

有人对此强烈不满，在尚书省的大门上写了一首诗，嘲弄黄巢军。

黄巢手下大将尚让见到以后勃然大怒，把当时在尚书省的官员和守门的士兵，全部挖掉了眼睛。

随后，他又在长安城中，大肆搜捕能写诗的人，一共杀死了三千多人。虽不会写诗但认识字的人，他也没有放过，全部被押到战场，去干苦力。

如此胡搞，黄巢就得罪了两批人：整个唐朝的官僚系统和天下黎民百姓。

因为唐朝的各个地方大员，在长安基本都有亲属、老师、同学，你把长安的官员都杀了，这些地方大员岂能善罢甘休。即便有些地方大员的亲人没有被黄巢所杀，但看到黄巢的所作所为，也会兔死狐悲。

你已经占领了长安，当上了皇帝，百姓就是你的子民，你怎能如此对待百姓？李唐皇室统治两百多年，也没有发生过如此恶性的事件，你刚一上台就如此胡作非为，哪里的百姓还会支持你？

所以，从这时起，黄巢便走向了一条下坡路。

唐僖宗李儇刚刚跑到兴元（今陕西汉中），便下诏征发天下兵马，前往关中收复长安。

原宰相、现凤翔节度使郑畋，立刻派人招抚散布在关中附近的数万神策军。

这些军人大部分都是长安人，看到自己的兄弟姐妹被黄巢军屠杀，心中无比悲愤。

所以，他们全都赶到了凤翔，听从郑畋的调遣。郑畋把凤翔的财产全部分给了军队，于是唐军军势大振。

黄巢派出五万大军，征讨郑畋。郑畋设下伏兵，诱敌深入，大败黄巢军，斩杀两万多人。

黄巢又派人到河中调发军粮，由于数额巨大，让刚刚投降过来的王重荣苦不堪言，于是，王重荣又斩了黄巢派去的使者，重新归顺李唐朝廷。

黄巢大怒，派部将朱温进攻河中，但被王重荣打得大败亏输。

随后，郑畋向全国各藩镇发布檄文，号召天下藩镇合兵讨伐黄巢。

各藩镇本来就对黄巢不满，又看到唐军取得了两场大胜，于是，纷纷派军前往关中参战。

881年四月，唐朝的四路大军集结完毕，在郑畋的协调指挥之下，开始逼近长安。

黄巢见唐军声势浩大，主动撤出长安，向东方逃窜而去，长安居民纷纷拿起石头，朝黄巢军抛掷过去。

而此时，距离黄巢占领长安仅仅四个月而已。

唐朝的三路大军率先进入长安，长安居民大为高兴，争先恐后出来欢迎官军，欢呼笑语连成一片，有的人还收拾箭头提供给官军。

但是，这三路大军进入长安之后，却没有告诉凤翔节度使郑畋。

而且这帮人面对长安百姓的欢迎无动于衷，到了晚上竟然大肆入室抢劫，奸淫妇女，和黄巢军完全无异，导致长安城大乱不已。

刚刚逃到霸上的黄巢听说之后，大喜不已，又率军杀回长安，把唐军打得大败而逃。

唐将程宗楚、唐弘夫等人全部被杀，而那些抢劫百姓的官军，也被杀了十之八九，算是得到了报应。

再次进入长安的黄巢，不仅没有反思老百姓为什么会反对他，还对长安百姓帮助官军的行为极为愤怒。于是，他纵兵大肆屠杀，见人就砍，把长安城搞得血流成河，尸横遍野。

唐僖宗李儇听说黄巢的暴行以后，再次向天下发出诏令，让各个节度使起兵平叛。

一年半以后（882年九月），在几路节度使的不断夹击之下，黄巢的势力开始逐渐减弱。

这时，黄巢手下大将，同州（今陕西大荔）防御使朱温，在大唐河中节度使王重荣的不断攻击之下，逐渐不支，便率领同州全部人马投降了王重荣，并把王重荣当作舅舅对待。

李儇下旨，任命朱温为右金吾大将军、河中行营招讨副使，并赐名为朱全忠。

随后，王重荣又上表李儇，要求赦免李克用父子，让其入关平叛。

李儇本来不想赦免李克用父子，因为这两人完全就是狼子野心的叛徒。

前面说过，878年的时候，唐军正和黄巢军在南方激战，李克用父子起兵造反，李唐朝廷用了两年，才把李克用父子赶到了塞外。

但880年年底，黄巢攻入长安以后，有人向李儇奏请，希望能够赦免李克用父子，让他们带领沙陀军进关平叛。

李儇同意了这一请求。于是，李克用父子率领一万多名沙陀骑兵，进入了代州（今山西代县），并招募三万多军队，成为北方的一支劲旅。

但是，李克用父子并没有因此感激唐朝，相反，他们再一次落井下石，假借平叛的名义，跑到河东大肆抢掠一番，结果又被唐军联合突厥、吐谷浑军打回了代州。

随后，李克用率军和唐朝打了两年，但一直都没有取得进展，他这才意识到，原来瘦死的骆驼比马大，于是，再次上表，希望归顺中央，但李儇一直没有同意。

如今，王重荣又替李克用求情，李儇自然不愿意了。

但是，考虑到黄巢还占据着长安，李儇不得不作出退步，第二次赦免了李克用父子。

幸运的是，李克用父子，这一次终于长了记性，不再和唐军对着干。

882年十一月，年仅二十八岁的李克用率领四万沙陀军，到达了河中，与王重荣、朱温合兵一处。

黄巢看到李克用来了之后，大惊失色，因为他刚刚起兵那几年，曾和沙陀军打过很多仗，深知沙陀骑兵的厉害。

于是，黄巢就派出使者携带大量金银珠宝，企图贿赂李克用。

但李克用不为所动，将金银珠宝分给了各位将领，把使者打发回去。然后带领大军，渡过了黄河。

883年二月十五日，李克用以及其他几路唐军，对黄巢派出的十五万大军发起了总攻。双方激战一天，唐军大获全胜，斩杀叛军几万人。

随后唐军连战连捷，当年三月，不堪打击的黄巢放火焚烧宫殿后，再次率军逃出长安，跑到了蔡州（今河南汝南）。

蔡州节度使、唐末"吃人魔王"秦宗权出兵迎战，但被黄巢打败，于是秦宗权投降了黄巢，与黄巢军合兵一处，攻打陈州（今河南周口）。

但陈州刺史赵犨（chōu）是唐末难得一见的名将，早在三年前，黄巢占领长安的时候，他就预料到，黄巢要么会死在长安，要么会率军东窜。

于是，他在这三年时间里，把陈州城周围六十里范围内的百姓和粮食，全部迁到陈州城内，并加高城墙，挖了五重壕沟，制造了大量的武器。

等黄巢军一到，他马上作出了反击，大败黄巢军。

黄巢恼羞成怒，在陈州的北面建立行营，设立宫室百官，发誓一定要拿下陈州。

但是，陈州附近的粮食，早就被赵犨搬到了城内，于是，黄巢就下令抓百姓充饥，把活人直接扔到石磨里面去磨。

等到百姓抓没了，黄巢又放纵士兵到周围的许州、汝州等几十个州抢掠粮食。

黄巢在陈州折腾了三个月之后（883年七月），李儇下诏任命朱全忠（朱温）为宣武节度使，加东北面都招讨使，前往镇所汴州（今河南开封），并率军攻打黄巢。

当时汴州连年饥荒，破败不堪，仓库空虚，根本没有实力和黄巢对抗。不过，朱全忠却极为乐观，决定以此为根据地成就大事。

经过四个月的准备（883年十一月），朱全忠和其他两路唐军，赶往了陈州，和赵犨合兵一处，一起攻打黄巢。

但是，他们和黄巢打了三个月，却毫无进展。

于是，884年二月，朱全忠又向刚刚被任命为河东节度使的李克用请求支援。

李克用立刻率领五万兵马，杀向了陈州。

就在李克用赶往陈州的过程中，唐军突然打败了黄巢，解了陈州之围。

黄巢率军北上，准备攻打汴州。朱全忠急忙回防汴州，又派人向李克用求援。

李克用调转马头，火速赶往了汴州，经过一个月的浴血奋战，李克用连续几次大破黄巢，把黄巢打得只剩下了一千多人。

当年五月，李克用率领几百名骑兵，狂追黄巢一天一夜两百多里，把他赶回了山东老家冤句。

李克用还想继续追击，彻底消灭黄巢，但奈何士兵和战马都已经疲惫到了极限，而且粮食也吃完了，于是就率军回到汴州，想找朱全忠借点粮食，再次追击黄巢。

朱全忠为了答谢李克用的救助之恩，举办了一场盛大的庆功仪式。双方大吃大喝，好不自在。

可是，李克用的酒风却很差，喝醉之后大发脾气，让朱全忠大为恼火。

于是，朱全忠恶从胆边生，当天晚上，趁着李克用醉酒之机，派兵对李克用居住的驿站发动了突然袭击。

李克用的三百多名亲兵，一边与朱军奋力搏杀，一边用水浇醒了李克用。

朱全忠见难以攻进驿站，就让人在驿站外面，放了一把大火，准备烧死李克用。

眼看大火越烧越旺，李克用已经在劫难逃，但突然之间，天降大雨，电闪雷鸣，天地昏暗。

李克用趁机在几名卫兵的保护下，登上了汴州城，并用绳子拴住身体溜了下去，而他的三百多名亲兵，全部被朱全忠所杀。

李克用酒醒之后，雷霆暴怒，准备召集军队，杀进汴州城，为亲兵报仇。但他的老婆一把拉住了他，劝他不能冲动。

一方面沙陀军已经没有了存粮，和朱全忠对打，不一定能够取胜。

另一方面，没有朝廷的命令，就去攻打朱全忠，会让天下人恐惧，以为李克用要吞并朱全忠。

所以，李克用只好强忍着怒火，咽下这口气，带军返回了河东。两个人因此结下血海深仇，在之后的几十年里不断混战，为五代十国的乱局，添加了无数出大戏。

李克用撤了之后，唐军对黄巢的追击，并没有停止。

一个月后（884年六月十五日），唐军再次将黄巢打得大败，黄巢只带着极小一部分军队逃到了山谷之中。

随后，黄巢的外甥林言，看到大势已去，发动兵变，斩下了黄巢和其兄弟、妻子的头颅，捆绑了黄巢的小妾，准备送到徐州节度使那里邀功。

但在路上，他又遇到一群唐军。这群唐军举起大刀，就砍了林言的脑袋，并夺取了黄巢等人的头颅和小妾，一同献给了朝廷。

884年七月，唐僖宗意气风发，昂首挺胸，亲临成都大玄楼，接受进献。

看到黄巢的小妾之后，他居高临下地问道："你们都是官宦子女，世受国恩，为何要跟着贼寇作乱？"

站在最前面的一位女子毫无惧色，回答道："贼寇逞凶作乱，大唐有百万军队，却不能固守祖庙，流落到巴蜀一带。今天陛下责备一个女子不能抗拒贼寇，朝中的王公大臣、将军统帅又怎么说呢！"

唐僖宗汗颜不已，下令将其全部斩杀。

看完以上内容，相信大家已经有了答案。

黄巢起义为什么能乱十年？

因为这是一场和安史之乱一样，相互比烂的战争。

黄巢之所以能够进驻长安，不是他的武力值有多的高超，也不是他多么得人心，而是唐朝政府烂到了骨头里，中央没有能臣，地方没有名将，而且每一个官员都各怀鬼胎。

再加上土地兼并严重、水旱灾害不断、天下流民遍野等一系列外因，才成就了黄巢。

而唐朝之所以能够平定黄巢之乱，也不是因为唐朝的武力多么剽悍，天下多么归心，而是因为老百姓们慢慢地发现，黄巢比李唐朝廷还要烂。

纵观历史上所有知名的农民起义领袖，黄巢的战斗力不属于上等，政治手段几乎等于没有，但他的残暴绝对位于前列，失败也就成了必然。如果历史可以穿越，隋朝末年的李密和窦建德，都能把黄巢玩弄于股掌。

"仁义不施，而攻守之势异也。"李唐朝廷与黄巢，用成百上千万百姓的生命，再一次证明了这一颠扑不破的真理。

可惜，后世的王朝以及大部分农民起义军，依然没有吸取这个教训！

一百九十九　大唐终章，一个理想主义的亡国之君

黄巢起义被平定之后，唐僖宗李儇终于从成都回到了阔别四年之久的长安。

但此时，长安城已经变成了一座原始生态城，到处是杂草绿藤以及猛兽野禽。

李儇因此悲伤不已，闷闷不乐。为了冲喜，李儇下诏大赦天下，改年号为光启。

但如果改年号有用的话，那还要军队干什么？大唐在此刻，已经进入了分崩离析的状态。

除了原本割据的河朔三镇以外，又冒出许许多多的军阀。比如河东李克用（今山西太原一带）、河中王重荣（今山西永济一带）、宣武朱全忠（今河南开封一带）、淮南高骈（今江苏扬州一带）、蔡州秦宗权（今河南汝南）等。

其中以秦宗权最为恶劣，打仗的时候从来不带军粮，把腌制的老百姓尸体放在车上，走到哪里吃到哪里，搞得整个江淮地区，白骨露于野，千里无鸡鸣。

而听从中央调令的地方，只剩下了四川、汉中、岭南和关中的一部分。

中央的财政税收因此大为减少，以至于六万左右的神策军的基本工资都难以发放。

为此，李儇头疼不已，但他又无能为力。因为此时，他已经成了有名无实的傀儡皇帝，中央的军政大权已经被太监田令孜全部夺去，李儇只能痛哭流涕，以泪洗面。

不知道这个时候李儇有没有后悔，当初把权力都交给了这个没有生育能力的"阿父"！

不过，田令孜也很头疼。因为如果他也搞不到钱的话，这些军队早晚会发生兵变，到时候他必将死无葬身之地。

经过一番谋划，田令孜就把目光投向了安邑、解县的两座盐池。

这两座盐池原本属于朝廷，所得利润全部上缴中央。但是，黄巢起义时，河中节度使王重荣趁机霸占了这两座盐池，每年只是象征性地给中央上缴三千车盐。

于是，885年四月，在田令孜的怂恿之下，李儇下诏任命田令孜为两池榷盐使，要求王重荣让出两座盐池。

王重荣本来就不是什么善类，当年赶走了节度使自任留后，后来又投降了黄巢，这种人怎么可能让煮熟的鸭子飞走。所以，他根本不理李儇派过去的使者，相反，还上书李儇，大骂田令孜十恶不赦。

田令孜见一招不行，又出第二招，让李儇下诏把王重荣调到泰宁担任节度使。

王重荣自然没有听从，还列举田令孜的十条罪状，要求李儇杀了田令孜。

既然谈不拢，那就只好打了。

于是，当年十一月，田令孜就联合静难（今陕西彬县）节度使朱玫和凤翔（今陕西宝鸡）节度使李昌符，准备给王重荣一点颜色看看。

由于当时朱玫和李昌符暗中依附了朱全忠（朱温），而李克用和朱全忠又有血海深仇，所以，王重荣就急忙向李克用求援。

眼看两边战事一触即发，李俨赶紧下诏，让李克用和田令孜和解。可是，李克用拒绝接受。

于是，当年十二月，双方就在同州附近大战了一场。朱玫、李昌符被打得大败，分别逃回自己的镇所，李克用率军直逼长安。

田令孜见大事不妙，急忙带着李俨出奔凤翔，而此时，距离李俨从成都回到长安，还不到一年时间。

更可气的是，朱玫和李昌符被李克用打败以后，觉得李克用才是长安街上的扛把子，于是，又转投到李克用的门下，准备杀了田令孜，劫持李俨。

田令孜大惊失色，急忙带着李俨跑到了汉中，准备再次逃往四川，投奔自己的哥哥西川节度使陈敬瑄（田令孜本姓陈，入宫被姓田的太监收养，才改姓田）。

但是，李俨跑到汉中以后，再也不愿意跑了。原因很简单，如果自己这一次再跑到四川，这辈子肯定出不来了。既然到哪里都是傀儡，还不如留在汉中，以后死了，至少还能埋在长安。

于是，田令孜自任西川监军使，一个人跑到西川投奔他的哥哥去了，而神策军的军权，则交给了另一位太监杨复恭。

就在李俨等人跑往汉中的时候，长安这边又发生了一件大事。

静难节度使朱玫觉得，既然李俨已经跑了，不如自己再立一个皇帝，挟天子以令诸侯，从此登上人生巅峰。

他的谋士劝他说，想立新皇帝可以，但你得有实力，让天下人都服你。不然枪打出头鸟，今天你敢立新君，明天就会有人以此为借口，吞并你的地盘。当年董卓就是这么死的，你自己看着办吧。

朱玫一想，董卓姓董，自己姓朱，和董卓没有半毛钱关系，他是怎么死的，与自己又有何干？于是，他坚持把襄王李熅立为新君，遥尊唐僖宗为太上皇，改年号为建贞，自任左右神策军十使，独揽朝政大权。

果然不出谋士所料，李克用和王重荣听说以后，大怒不已。

他们两个人出兵，把唐僖宗赶跑，背上了驱逐君主的骂名。结果倒好，朱玫一个人侵吞了胜利的果实，这种气无论如何也受不了。所以，他们立刻上书唐僖宗，要求出兵讨伐朱玫。

唐僖宗把他们的上书昭告天下，并向关中发布檄文，宣布谁能砍了朱玫，就授予谁静难节度使的官职。

没过几个月，朱玫的手下大将王行瑜因为打了败仗，害怕朱玫治自己罪，便发动兵变，杀死了朱玫，还把襄王李熅的脑袋，送到了汉中李儇那里，并请求李儇返回长安。

887年三月，在外逃亡了一年多的李儇百感交集，再一次率领群臣，准备返回长安。

但是，他刚刚到达凤翔，就被凤翔节度使李昌符，以长安宫室荒废为由，扣了起来。

没错，李昌符也准备"挟天子以令诸侯"。

但李昌符显然不知道"挟天子以令诸侯"必须有一个前提，就是你得讲信用，让谁今天死，保证他活不到明天，不然没有诸侯会听你的！

而唐僖宗李儇虽然没有多少权力，但是他手下还有将近六万的神策军啊，神策军中尉杨复恭怎么可能允许你一个节度使独揽大权。

所以，三个月后，李昌符和杨复恭的义子杨守立，就率领着部下在大街上狠狠地干了一架。

结果非常出人所料，唐中央神策军，打仗不太行，干架却第一名，仅仅用了半天时间，就把李昌符打跑了。唐僖宗命令神策军指挥使李茂贞率军猛追，两个月后，李茂贞终于在陇州追上李昌符，砍掉了他的脑袋，并灭了他的全族。

唐朝廷因祸得福，趁机收复了凤翔。

只是唐僖宗识人不善，又把李茂贞任命为凤翔节度使，而李茂贞恰好也是一个"二五仔"，后来为唐朝的灭亡添了不少柴。

处理完这一切，时间已来到了888年二月。这一年，唐僖宗年仅二十七岁，但是他的身体已经像一个百岁老人那样脆弱不堪了。

在他登基以来的十五年里，天下就没有太平过一天。

是的，天下大乱是他的错，他贪图享乐、不问政事、任用奸佞，是一个无道的昏君。可是，他登基的时候只有十二岁啊！

这本是一个放学之后连作业都不能留的年纪，偏偏却要他去处理国家大事，他又怎么能处理得了呢？

等他长大成人以后，天下已经大乱。非绝世之英雄，不能平定四海，他已无力回天。这是他的不幸，更是天下百姓的不幸。

三月，唐僖宗终于病重去世。在太监杨复恭的拥立之下，李儇的弟弟，二十二岁的寿王李杰，改名李晔，即皇帝位，是为唐昭宗。

谋事在人，成事在天，不可强也。《三国演义》中，诸葛亮在上方谷火烧司马懿失败之后，仰天长叹，让无数人心疼不已，而唐昭宗就有着类似诸葛亮的经历。

他喜好文学，尤重儒术，神气雄俊，史称有当年唐武宗之遗风。

为了让这个破败不堪的朝廷，重振当年的雄风，他刚一登基就把历史上所有的明君当成了学习的榜样。

他尊重和礼遇每一个大臣，尽可能地发掘和提拔人才。

他全面敞开言路，希望大臣们能够指出他的错误，以正自己，再正天下。

　　他拒绝一切奢华腐败，全身心地投入工作中，没日没夜地批阅奏章，每一个大政方针，他都会反复思量，仔细探讨，然后再下诏执行。

　　他不断地招兵买马，训练士卒，终于让神策军拥有了十万之众，虽不是兵强马壮，但也能震慑关中。

　　在他的不断努力之下，唐中央的威信，终于有了一点点的提升，朝中内外，全都称赞不已。

　　于是，唐昭宗就准备初试牛刀，把目光投向了西川（今四川）。

　　888年十二月，利州（今四川广元）刺史王建（前蜀开国皇帝），和西川节度使陈敬瑄、监军田令孜闹了一些矛盾。王建亲率一万多人，前去攻打西川，并上书李晔，希望得到名义上的支持。

　　李晔大喜过望，因为他和田令孜有着深仇大恨。

　　当年黄巢打到长安的时候，李晔跟着唐僖宗出逃四川。由于事发仓促，准备不足，李晔和几个王爷，只能一路步行。在到达一个山谷的时候，李晔已精疲力尽，便躺在一块岩石上休息。

　　这时候，田令孜刚好从后面过来，便催促他赶紧走路。

　　李晔表示，自己脚疼，希望得到一匹马。但没想到，田令孜大怒不已，不但把李晔大骂了一顿，还举起皮鞭朝着李晔一顿猛抽，要他赶紧滚。

　　李晔登基之后，第一件事就是找田令孜报仇，下诏让田令孜从西川滚回长安。可想而知，田令孜怎么可能听从这个命令。

　　所以，李晔不但批准了王建的奏请，还任命宰相韦昭度兼任西川节度使，率领几万神策军，以及其他各道十几万人马，前往西川助战。

　　在李晔看来，如果韦昭度能够平定西川，唐朝中央威信必将大增，整个关中和四川起码会老老实实地听从中央调令。

　　但是这一仗打了两年多，唐军虽然不断取胜，还把成都围得水泄不通，以至于成都百姓开始扔掉孩子以减轻负担，可唐军始终没有攻下成都。

而这时（891年三月），长安那边又传来了一条噩耗。

原来就在韦昭度攻打成都的时候（890年四月），李克用攻打云州吃了败仗。

云州防御使赫连铎（吐谷浑族），便联合卢龙节度使李匡威、宣武军节度使朱全忠（朱温），准备趁着李克用病，要了李克用的命。

所以，朱全忠就给李晔上了一封奏疏，把李克用的祖宗十八代问候了一遍，并加上一句，希望朝廷能任命一个大臣作为此次出征的总指挥。

从这封奏疏可以看出，朱全忠根本就没有期望中央能够出兵，只是想要一个出师的理由而已。

但唐昭宗李晔却有自己的想法。韦昭度打四川田令孜的时候，只带走了两三万神策军，中央留下的兵马至少还有七八万。

李晔觉得中央也应该派一些兵马参战，如果能够平定李克用，天下便再也没有人敢小瞧中央了。

所以，李晔就把四品以上的在京官员全部召集起来，商讨是否应该出兵。

大部分官员都认为不能出兵，原因很简单，李克用的战斗力极为剽悍，当年平定黄巢之乱，大家有目共睹，如今李克用只是打了一个败仗而已，实力依旧不容小觑。

但是，宰相张濬却力排众议，拍着胸脯表示，如果让自己率军出征，一个月就可以消灭李克用。

张濬之所以力主出兵，并不是因为他忠君爱国，而是因为他和李克用有仇。

当年平定黄巢的时候，张濬和李克用共过事，不知道什么原因，李克用极为蔑视张濬的为人。后来张濬当上了宰相，李克用还嘲讽他，说他只会空谈，不会办事。

所以，张濬就想借机公报私仇，打击报复。

而张濬之所以想当主帅，也不是因为他久经沙场，能征善战，而是因为他和掌握神策军兵权的太监杨复恭也有仇。

当年张濬为了向上爬，曾投靠过田令孜，而田令孜和杨复恭有仇，所以，张濬和杨复恭也就成了仇人。张濬想借出兵之机，夺过兵权，回京之后再杀了杨复恭。

另一位宰相孔纬，看张濬如此有信心，也站出来力挺张濬，并再次吹牛，国库资金完全够大军用一到两年。

李晔看到宰相们一个个胸有成竹，大喜不已，立刻下诏削去了李克用的官职，以及赐给他的李姓，任命张濬为主帅，率领五万神策军，配合朱全忠等三个节度使的军队，杀向了河东。

可惜理想很丰满，现实很打脸。经过半年的战斗，这四路军队全部吃了败仗，尤其是中央军败得最惨，被打得只剩下了一万多人。

李克用上书朝廷，大骂张濬、孔纬是奸臣，自己要率领大军打到长安，与张濬等人决一死战。

李晔大惊失色，为了稳住李克用，只好弃车保帅，把张濬贬为连州刺史，把孔纬贬为均州刺史。同时，又向李克用赐发诏书，恢复他以前的官职爵位，并加封李克用为中书令。

此战失败之后，唐朝中央本来就不多的威信，几乎丧失殆尽。

所有的希望，全寄托在围攻成都的韦昭度身上，如果他能够打下成都，唐中央的威信，指不定还能有救。

可惜，此时中央的国库已经空虚，再加上刚刚吃了大败仗，人心极为不稳。于是，朝中大臣纷纷上表，要求李晔休兵停战。

891年三月，李晔在重重压力之下，只好颁发诏书，命令韦昭度撤军。

但这时，利州刺史王建也起了异心，准备独吞整个四川。

于是，他忽悠韦昭度说，大功马上就要告成，不能轻易放弃，韦昭度可以先回朝廷，让自己率领大军继续围攻成都。

韦昭度对此犹豫不决，不知如何是好。

王建为了让韦昭度赶紧滚，便污蔑韦昭度的一个亲信偷窃了军粮，并派人把这个亲信剁成肉块，煮熟吃了。

韦昭度听说以后，一阵干呕，大为恐慌，急忙声称有病，把帅印以及自己带到四川的神策军全部交给王建，当天便窜回了长安。

等韦昭度刚刚走出剑门关，王建就命令士兵把守剑门关，严禁任何军队进入。

三个月后，王建终于攻破成都，砍掉陈敬瑄和田令孜的脑袋，送往了京城。

不久之后，王建吞并了整个四川，为以后建立前蜀，奠定了基础。

经此两战，李晔辛辛苦苦扩编的十万神策军，几乎全部"报销"，唐朝中央的威信终于彻底消失殆尽，再也没有一个节度使愿意听从中央的调令，唐中央能管理的地方，只剩下了一座长安城。

后来李晔还有过一次招兵买马，并把兵权交给了李唐皇室的几位王爷，准备东山再起。

但是他刚刚招募了两万多人，就被凤翔节度使李茂贞和华州刺史韩建派兵强行解散了。为了彻底打消李晔反抗的可能，韩建还把掌握兵权的八位王爷，全部斩杀。

至此，李晔的所有努力，全部化为灰烬，再也没有了反抗的资本。

唯一值得庆幸的是，在之后的几年时间，李晔大力打压太监，并在朱全忠的帮助下，彻底消灭了祸害唐朝一个多世纪的太监集团。

从当王爷开始，李晔就非常憎恨太监。所以，他登基之后，便一直想把太监集团一网打尽。为此，他把太监杨复恭的义子杨守立策反了，并赐给杨守立新名李顺节。

杨复恭见李晔要整自己，心中十分不爽，便以退为进，申请退休养老。

杨复恭本以为，李晔会客套地挽留一下自己，但没想到，李晔顺水推舟，直接就准许他退休了。

几个月后，有人告发杨复恭谋反，李晔便命令李顺节率领神策军，准备杀了杨复恭。但杨复恭经过拼死抵抗，竟然跑到汉中，投奔了自己的义子。

凤翔节度使李茂贞为了吞并汉中，赶紧上书朝廷，要求征讨汉中。在李茂贞的猛烈进攻之下，一年多以后，杨复恭终于在逃跑的路上被人所杀。

杨复恭被赶出京城几个月之后，李晔又设下鸿门宴，杀了李顺节。

经过这两次除监，太监的势力遭到一定的打击，但也留下了严重的后遗症——没有一个太监，再敢相信李晔。

900年十一月，太监刘季述害怕李晔会杀了自己，就带人发动兵变，拥立太子李祯即皇帝位，把李晔以及皇妃、公主软禁到少阳院，并用铅水堵死了门锁，只在墙上挖了一个小洞，用以递送食物。

当时的天气已经零下好几度，李晔的老婆、女儿都没有衣服御寒，天天被冻得号啕大哭，但刘季述根本不管不问，准备让他们全都死在少阳院内。

但几十天之后，在宰相崔胤的谋划之下，神策军军官孙德昭在901年除夕发动兵变，杀了太监刘季述，重新拥立李晔为帝。

此后，宰相崔胤学习东汉末年的何进，写信给军阀朱全忠（朱温），希望他能率领大军赶到长安，彻底诛杀太监集团。

太监韩全诲听说以后极为恐惧，急忙胁迫李晔投奔了凤翔节度使李茂贞。

朱全忠和当年的董卓一样，收到信后，立刻点兵杀到凤翔，并将凤翔包围了一年多，以至于城内"人肉每斤值百钱，犬肉值五百钱"。

而唐昭宗李晔也异常悲惨，他把自己的龙袍和小皇子的衣服全部卖了，也买不到足够的食物，只能天天喝粥。

903年七月，李茂贞走投无路，只好杀了韩全诲等二十多名太监，向朱全忠求和。

刚好这时候，东边的几个小军阀，正要联合攻打朱全忠。所以，朱全忠就同意求和，带着李晔返回了长安。

回到长安以后，朱全忠就把剩下的几百名太监全部斩杀了，只留下三十多名瘦弱的太监，在宫中扫地干活。

第二年（904年），等把东边的小军阀全部灭了之后，朱温便强迫李晔迁都洛阳。

当时，李晔的身边还有两百多个小伙子，陪同他打球、玩耍，朱全忠害怕他们有一天会成为祸害，便偷偷把这两百多个小伙子全部勒死，换上了自己早已挑选好的、相似的两百多人。

李晔刚开始还没有发觉，过了几天才发现自己已经成了瓮中之鳖，顿时惊出一身冷汗，不由得痛哭不已。

当李晔一行到达华州的时候，老百姓们夹道山呼万岁，李晔却哭着说道："勿呼万岁，朕不复为汝主矣！"

从此，那个曾经意气风发、神气雄俊的李晔，终于心灰意冷，终日借酒消愁，以泪洗面。

904年八月十一日，唐昭宗终于被朱温的手下蒋玄晖所杀。

"朕非亡国之君，臣皆亡国之臣"，这句话是用来形容崇祯帝朱由检的，但这句话也可以用来形容唐昭宗李晔。

朱由检十七岁继承哥哥明熹宗的大统，李晔二十二岁继承哥哥唐僖宗的皇位。

朱由检在位十七年，铲除阉党，勤于政事，生活节俭，励精图治，可天下越治越乱，最终在歪脖子树上结束了自己的生命。

李晔在位十六年，铲除权监，礼贤下士，颇有当年唐武宗之风，无数次招兵买马，试图削除藩镇，可藩镇却越削越多，最终死在了朱温的屠刀之下。

但与朱由检不同的是，朱由检登基之时，天下还没有大乱，中央政令畅通无阻。

而李晔即位当天，大唐已经具备了亡国的所有因素。灾害频发、天下大乱、太监当道、军阀割据、民不聊生，中央政令不出关中，而且就算在关中，也危机四伏。

即便如此，李晔仍然意气风发，信心满满，准备凭借一己之力，扶大厦于将倾，挽狂澜于既倒。

可惜，时来天地皆同力，运去英雄不自由。大唐天数已尽，非数百年不出的大英雄才能拯救，而李晔只是一个虽天资一般，但拼命努力的普通人而已。

李晔被杀的第二天，蒋玄晖拥立年仅十三岁的李柷即皇帝位，史称唐哀帝。

907年四月，朱温逼迫唐哀帝禅位，在开封即皇帝位，更名为朱晃，国号大梁。大唐至此灭亡，享国两百八十九年。